L'AUVERGNE

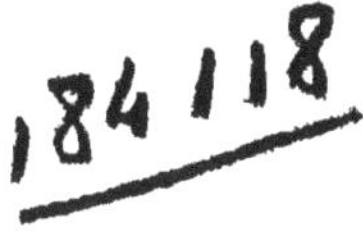

ARTISTIQUE

ET

LITTÉRAIRE

PAR

GEORGES VITOUX

12 Reproductions hors texte.

PARIS
LIBRAIRIE HISTORIQUE DES PROVINCES
EMILE LECHEVALIER
39, QUAI DES GRANDS AUGUSTINS, 39
1888

L'AUVERGNE

ARTISTIQUE ET LITTÉRAIRE

Il a été tiré de cet ouvrage 60 exemplaires numérotés à la presse sur papier de luxe.

—

10 exemplaires sur papier impérial du Japon numérotés de 1 à 10 au prix de 25 francs.

50 exemplaires sur papier de hollande numérotés de 11 à 60 au prix de 12 fr. 50.

N.o

DU MEME AUTEUR

POUR PARAITRE PROCHAINEMENT

L'AUVERGNE A PARIS

L'AUVERGNE

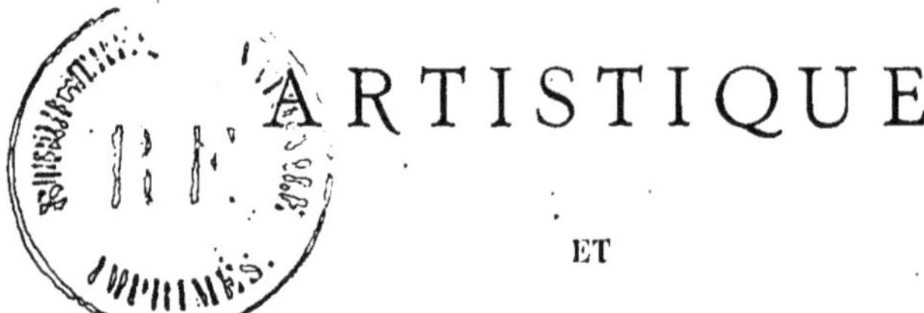

ARTISTIQUE

ET

LITTÉRAIRE

PAR

GEORGES VITOUX

12 Reproductions hors texte.

PARIS
LIBRAIRIE HISTORIQUE DES PROVINCES
EMILE LECHEVALIER
39, QUAI DES GRANDS AUGUSTINS, 39
1888

A

M. A. BARDOUX

Sénateur du Puy-de-Dôme et ancien ministre

de l'Instruction Publique.

A

M. H. GOMOT

Député du Puy-de-Dôme et ancien ministre

de l'Agriculture.

LES

ÉCRIVAINS

1

A. BARDOUX

Depuis près d'un demi-siècle, les études historiques semblent avoir pris une direction et un objectif nouveaux. Auparavant, elles consistaient essentiellement dans l'examen plus ou moins approfondi et sincère d'un certain ensemble de faits ; aujourd'hui, elles ont une tendance plus savante, plus philosophique, plus critique surtout ; elles tiennent compte des multiples influences qui ont pu agir sur les hommes et sur les choses, de la *question du milieu*, en un mot, et elles cherchent avant tout à établir les relations économiques, politiques ou sociales, existantes entre les évènements qu'elles s'occupent d'analyser.

C'est à cette école d'écrivains, dont le représentant le plus illustre est M. Taine, qu'appartient M. Bardoux. (1)

(1) M. BARDOUX, AGÉNOR, naquit en 1829 à Bourges. Ses études classiques terminées, il fit son droit, et, une fois reçu avocat, il se fit inscrire au barreau de Clermont-Ferrand, ville dont sa famille était originaire. En 1870, il fut nommé maire de Clermont-Ferrand. L'année suivante, ses concitoyens l'envoyaient à la Chambre où il se fit inscrire au centre gauche. Dans le ministère du 10 mars

L'œuvre de l'historien de la *Bourgeoisie française* présente en effet le caractère que nous venons d'indiquer, et par sa méthode et par son esprit.

M. Bardoux lui-même, d'ailleurs, s'est chargé de nous instruire à cet égard.

C'est le propre de la Révolution française depuis quatre-vingts ans d'être sans cesse interrogée. Les uns lui demandent raison de leurs mécomptes; d'autres y puisent d'indomptables espérances, tous reconnaissent qu'elle porte encore dans ses flancs l'avenir de notre pays. (1)

Ainsi commence-t-il un de ses ouvrages. Aussi, étudiant les conséquences de la Révolution sur le développement moral, social et politique de notre pays, interrogera-t-il sans cesse cette histoire si féconde en évènements grandioses ou tragiques et ira-t-il rechercher en les diverses classes de la société d'alors les éléments nécessaires à l'explication de la société qui va suivre.

Dans cette phase de notre histoire qui s'étend de 1789 à 1848, le clergé, la noblesse, la bourgeoisie, les avocats, ont joué un rôle considérable; ce rôle, M. Bardoux s'est occupé de le déterminer et il a écrit plusieurs ouvrages qui y

1875, il fut nommé sous-secrétaire d'Etat au ministère de la justice. Il donna sa démission lorsque le ministère se fut prononcé en faveur du scrutin d'arrondissement.

Aux élections législatives du 20 février, il fut réélu au premier tour de scrutin.

En 1877, M. Bardoux fut nommé ministre de l'Instruction publique et des Cultes, et il conserva son portefeuille jusqu'en 1879.

Il est aujourd'hui sénateur inamovible.

(1) A. Bardoux. *Le comte de Montlosier et le Gallicanisme,* page 1.

correspondent chacun plus spécialement, — le *comte de Montlosier et le Gallicanisme, la comtesse Pauline de Beaumont, la Bourgeoisie française de 1789 à 1848* et *les légistes et leur influence sur la société française,* — tout en étant intimement reliés entre eux par l'esprit critique et véritablement libéral dont ils sont inspirés et par l'objectif commun du but à atteindre.

I

Il est peu de figure plus intéressante que celle du comte de Montlosier, parmi les nombreuses personnalités de cette période troublée et si vivante de la fin du siècle dernier et de la première moitié du nôtre.

D'un tempérament essentiellement passionné, il est de ceux que l'on peut ne pas aimer, que l'on estime toujours, leur vie étant toujours digne d'eux-mêmes.

Ces caractères et ces esprits là, anciens gallicans, jansénistes attardés, aristocrates égarés dans un monde qui n'en voulait plus, servent aujourd'hui à comprendre les phases diverses qu'à traversées la conscience religieuse, et expliquent l'effacement politique auquel s'était condamné l'aristocratie. (1)

En ces lignes, se trouve contenu sommairement le portrait du comte de Montlosier ; d'ailleurs à différentes reprises, au cours de son livre, M. Bardoux s'occupera de le compléter en y ajoutant

(1) A. Bardoux. *Le comte de Montlosier et le Gallicanisme,* préface, page 1.

des touches nouvelles ; pour bien juger des évènements, en effet, on ne saurait trop connaître les hommes qui jouèrent un rôle dans leur accomplissement.

Le comte de Montlosier ne prit réellement une part aux affaires que du jour de son arrivée à l'Assemblée nationale, au mois de septembre 1789. De suite, il se mêla activement aux travaux législatifs et se lia avec les constitutionnels de l'assemblée, encourant ainsi la colère de la droite qui voyait avec peine un de ses membres reconnaître la nécessité de la Révolution et dire publiquement : « Le peuple français, dit-on, est peu sage, donc il ne lui faut pas de liberté ; — et moi, je réponds : Donc il lui faut de la liberté pour qu'il devienne sage. »

Aristocrate et libéral, vrai baron de la grande charte, critiquant les principes qui avaient servi de fondemeut à la *Déclaration des droits de l'homme,* mêlant à tout cela ses idées sur l'origine de la noblesse et des possessions féodales, parlant avec respect de l'institution de la religion, mais excluant le clergé de tout rôle politique, insistant sur la division des pouvoirs, et en même temps sur la création d'une Chambre haute où siègerait une pairie héréditaire, (1)

tel était Montlosier qui, malgré son tempérament aristocratique, admettait la nécessité d'une évolution sociale et la réclamait hautement.

Cette évolution, d'ailleurs, il était impossible

(1) A. Bardoux. *Le comte de Montlosier et le Gallicanisme, page 40.*

de l'arrêter et dès la fin de l'année 1789, l'état des esprits avait pris à cet égard un caractère nettement significatif. Une sorte d'ivresse entraînait tous ceux qui étaient entrés dans le grand mouvement révolutionnaire, et la jeunesse qui voyait s'ouvrir devant elle l'accès des places, de la fortune, et la population des campagnes qui, « dès le mois de juillet ne payait plus ni dîmes, ni censives, et ne craignait rien tant que le retour des anciens seigneurs, » (1) et les capitalistes, et les créanciers de l'Etat qui trouvaient dans la perspective de la vente des biens du clergé des garanties pour leurs créances, et la bourgeoisie dont l'influence allait s'accroître, en raison même de l'affaiblissement de la noblesse. L'anecdote suivante montre à quel point ce travail de transformation sociale était avancé :

A l'une des séances du soir, le 18 juin 1790, à la suite de la motion de Lameth, relative à la suppression du monument de la place des Victoires, un député du Midi, Lambel, avait demandé l'abolition de la noblesse héréditaire. Cette proposition appuyée par Lafayette, Mathieu de Montmorency et Saint-Fargeau, allait être mise aux voix. Le côté droit était surpris : il avait dans ses rangs un certain nombre de membres du tiers qui, dans toutes les questions touchant à la religion, au clergé et à la monarchie, avaient l'habitude de voter avec lui. Dès qu'il fut question de la suppression des titres, ils s'enfuirent vers le côté gauche. Montlosier en retenait un, qu'il connaissait plus particulièrement, par le

(1) A. Bardoux. *Le comte de Montlosier et le Gallicanisme*, page 33.

pan de l'habit. Le morceau faillit lui demeurer dans la main. « Je ne suis pas pour la noblesse », lui cria son voisin ; — et le décret fut voté. (1)

Cependant, les événements se précipitent ; en vain Montlosier et ses amis de la Constituante, essaient de les enrayer ; il n'est plus temps, et l'assemblée doit se séparer pour faire place à la Législative.

Son mandat de député étant terminé, Montlosier se décida à émigrer et partit pour Coblentz. On l'y accueillit mal ; les émigrés ne pouvaient lui pardonner ses alliances politiques, d'avoir été partisan des deux chambres, et malgré qu'il eut été admis, « il n'en fut pas moins obligé de se battre en duel avec le chevalier d'Ambly, qui critiquait son admission en terme plus que désobligeants. » (2)

D'ailleurs on se figurerait difficilement, le manque complet de sens politique des émigrés qui ne comprenaient rien et surtout ne voulaient rien comprendre au mouvement s'accomplissant sous leurs yeux.

La déraison des émigrés portait sur deux points : ils persistaient à croire que la Révolution était peu de chose, une simple mutinerie ; et comme ils ne connaissaient pas leur pays, un grand déploiement de forces pour abattre l'énergie matérielle de la Révolution leur semblait inutile. La marche des armées étrangères sur Paris devait être une promenade militaire. Pour en abattre l'énergie morale, il ne fallait pas

(1) A. Bardoux. *Le comte de Montlosier et le Gallicanisme*, page 34.
(2) id. *ibid.* page 68.

non plus tant d'efforts. Une simple proclamation suffirait; mais s'*encanailler* (nous empruntons ces mots à Montlosier) *avec ces scélérats appelés constitutionnels? Jamais! Les bottes du maréchal de Binder et l'épée du grand Frédéric suffiraient à tout.* (1)

C'est en ces termes que M. Bardoux nous dépeint ce monde aveugle, ignorant et frivole de l'émigration, et, un peu plus loin, il rapporte ce trait gros d'enseignement en lui-même.

Le marquis de Bouillé, ayant osé soutenir en plein conseil que le moment des sacrifices était arrivé et que l'on se trompait en croyant que la noblesse put rentrer dans tous ses privilèges, avait été relégué, le plus poliment possible, auprès de l'électeur de Mayence. L'abbé de Calonne, au contraire, était bien en cour, parce que, ayant entendu dire que le roi de Prusse arrivait avec cinquante mille hommes, il s'était écrié : *Que veut-il faire de tout cela? Quinze cents gentilshommes suffiront pour faire la contre-révolution.* (2)

Montlosier était trop bon politique pour penser de la sorte ; il avait vu les choses de près, savait qui avait raison du marquis de Bouillé ou de l'abbé de Calonne, et il jugea bien vite et sévèrement tout ce monde qui composait l'entourage des princes et dont, d'ailleurs, il était exécré. Il résolut alors de passer en Angleterre où se trouvait son ami Malouet.

A Londres, où il débarqua vers la fin de septembre 1794, l'émigration n'était pas plus raisonnable.

(1) A. Bardoux. *Le comte de Montlosier et le Gallicanisme*, page 58.
(2) id. *ibid.* page 71.

Partout la même légèreté et le même manque de vue ;

La confiance dans l'avenir était sans bornes. Si par hasard on doutait d'une restauration immédiate, on était déclaré jacobin. C'était toujours l'histoire de ces deux vieux évêques qui se promenaient au printemps dans le parc Saint-James : « Monseigneur, disait l'un, croyez-vous que nous soyons en France au mois de Juin? — Mais, Monseigneur, répondait l'autre après avoir mûrement réfléchi, je n'y vois pas d'inconvénient. » (1)

L'histoire de l'émigration à Londres est d'ailleurs en quelque sorte l'histoire de l'imprévoyance. Les futilités font le fond de l'existence et malgré la misère noire qui est là menaçante, on ne songe qu'aux frivolités :

Le secours voté par le Parlement pour les émigrés n'était que d'un schelling par jour et par tête. Dès le soir de leur arrivée à Londres, mesdames de Montregard et de Médavi s'étaient enquises, comme à Paris, des spectacles, des modes, des beaux magasins. (2)

Madame de Montregard est celle qui, au lendemain de son installation dans un superbe hôtel de Green-Street, disait au comte de Montlosier : « Que faites-vous si loin de nous ? Venez ici, nous avons un appartement à vous donner. — Mais, je n'ai pas de quoi le payer, répondit-il. — Bah ! ni nous non plus ; venez toujours. »

Tel est le monde au milieu duquel Montlosier

(1) A. Bardoux. *Le comte de Montlosier et le Gallicanisme*, page 96.
(2) id. *ibid.* page 102.

venait de se jeter et où il allait ne pas tarder à retrouver une partie des tracasseries qu'il avait dû subir à Coblentz et à Bruxelles où il s'était un instant réfugié avant de gagner l'Angleterre. Cependant, il résista, et, comme ses ressources s'épuisaient et qu'il fallait vivre, il entreprit de fonder le *Journal de France et d'Angleterre* qui ne fit pas ses frais, et bientôt après, il reprit des mains de l'abbé de Calonne le *Courrier de Londres* auquel il sut donner en peu de temps une importance considérable. Au point de vue français, la politique qu'il y soutint se résume admirablement en cette courte conversation qu'il eût en présence de M. Wyndham un des membres du cabinet britannique d'alors, avec lady Creeve dans le salon de laquelle avait lieu l'entrevue.

Monsieur de Montlosier, demanda lady Creeve, vous êtes bien pressé, j'en suis sûr, de voir vos princes en France.

— Oui, madame, mais avec une représentation nationale.

— Vous pensez bien que la monarchie est le seul gouvernement qui convienne à la France ? — Oui, madame, mais avec les libertés publiques. (1)

En 1801, Montlosier obtint sa radiation de la liste des émigrés ; de suite il abandonna Londres et vint établir son journal à Paris. Mais, la censure aidant, une semblable entreprise ne pouvait guère durer ; le journal fut supprimé après quelques numéros sous un prétexte plus ou moins futile,

(1) A. Bardoux. *Le comte de Montlosier et le Callicanisme*, page 124.

l'on accorda à son propriétaire, à titre d'indemnité de cette confiscation, un traitement de six mille francs et il fut de plus attaché au ministère des affaires étrangères pour des travaux extraordinaires. Durant toute la durée de l'empire, d'ailleurs, Montlosier allait demeurer à l'écart, se contentant seulement du rôle de spectateur « désintéressé mais clairvoyant ». Avec la Restauration nous le voyons se créer une situation dans la vie politique. Mais, c'est surtout à propos de la question religieuse qu'il va prendre position.

Les événements qui venaient de se succéder depuis une trentaine d'années, avaient considérablement modifié l'état social de la France ; la nation avait pris des idées sur des questions qui lui eussent autrefois semblées n'être pas de son ressort, et c'est ainsi que l'on était arrivé à voir dans la vie religieuse et dans la vie civile deux ordres de faits nettement distincts. Dans ces conditions morales, ce fut une faute d'insérer dans la Charte une religion d'Etat, à cause de l'apparence de pression en matière religieuse que comportait cette inscription imprudente. D'ailleurs, l'intolérance ne tarda pas à se manifester, à la faveur du mouvement contre-révolutionnaire, et la loi sur le sacrilège qui punissait de la peine de mort et même de mutilation le coupable, excita le plus vif mécontentement.

L'opinion y vit l'influence croissante du parti qu'on appelait la Congrégation.

La religion et la société civile, leur nature et leur indépendance respective, étaient de nouveau remises en question. On évoquait du passé ce vieux préjugé que la loi a une croyance religieuse, et que la vérité en matière de foi est de son domaine. (1)

Dès lors, la guerre fut ouverte, et Montlosier, à cette occasion, allait rentrer dans la lutte et attaquer avec passion la réaction cléricale et l'ultramontanisme que prêchait Lamennais. Son ouvrage, le célèbre *Mémoire à consulter sur un système religieux et politique tendant à renverser la religion, la société et le trône*, souleva une polémique d'une violence inouïe dont le premier effet fut de faire supprimer à Montlosier la subvention annuelle qu'il touchait au ministère des affaires étrangères en qualité d'attaché pour des travaux extraordinaires et le second de faire poursuivre le livre de Lamennais, *De la religion, considérée dans ses rapports avec l'ordre politique et social.*

En même temps, commença la guerre contre la compagnie de Jésus qui depuis plusieurs années déjà avait reparu, malgré le décret d'expulsion dont elle avait été autrefois l'objet, et, de tous côtés, à Paris et en province, tous les légistes se saisirent de la question et tous ou presque tous, ils soutinrent les principes de la déclaration de 1682. Fort de cet appui, Montlosier publia alors son volume la *Dénonciation à la Cour d'appel de Paris* qui se

(1) A. Bardoux. *Le comte de Montlosier et le Gallicanisme*, page 210.

déclara incompétente tout en déclarant, par exemple, que « l'état de la législation s'opposait formellement au rétablissement de la société de Jésus. »

Après la Cour d'appel, Montlosier s'adressa au ministre de l'Intérieur qui ne répondit point, puis, par voix de pétition, à la Chambre des pairs, qui refusa de passer à l'ordre du jour et vota le renvoi de la pétition au ministre.

Cependant, le ministère vivait péniblement et le comte de Portalis succédait bientôt à M. de Villèle. Alors, le débat se limite à la seule question de la compagnie de Jésus ; c'était une faute selon Montlosier, comme le prouvent les lignes suivantes qu'il écrivait le 5 juin 1828 : « Cette affaire des Jésuites a pris depuis quelque temps à la Chambre des députés ; elle est signée de l'abbé Marcet. Je ne puis en aucune manière m'associer au pétitionnaire, ni à la pétition. Ma pétition à moi n'embrassait pas seulement les jésuites ; elle embrassait les congrégations, l'ultramontanisme, en un mot, le parti prêtre avec tous ses débordements. »

Aussi, les deux ordonnances de juin dont la première soumettait au régime universitaire les diverses écoles secondaires ecclésiastiques du royaume et excluait de l'enseignement ou de la direction dans une maison d'éducation quiconque n'affirmerait pas préalablement par écrit qu'il n'appartenait à aucune congrégation non autorisée, et la seconde organisait les petits séminaires, en faisait des écoles exclusivement destinées aux élèves qui se préparaient au sacerdoce, prescrivait à quatorze ans le port du costume ecclésiastique, limitait à vingt-mille le nombre des écoliers, et, accordait comme dédommagement de cette limitation une somme de 1,200.000 francs pour des bourses, le satisfairent-elles médiocrement et il voulut une nouvelle fois, mais inutilement, tenter de soulever l'opinion publique. D'ailleurs, il s'était formé une école de penseurs et d'écrivains vraiment libéraux qui estimaient que la liberté devait être pour tous, *même pour les jésuites.*

A cette époque, malgré le courage qu'il déploya dans la lutte, Montlosier, il faut le reconnaître, n'était pas de son temps, comme d'ailleurs, le fait fort bien remarquer M. Bardoux.

Montlosier ne sentait pas assez qu'il n'y avait plus de place pour le système des castes et des corporations. Pour ceux qui avaient bien lu son ouvrage *De la monarchie française*, s'il poursuivait avec tant de rigueur le prêtre moderne, c'est qu'il voyait en lui un clerc rebelle au donjon ; c'est qu'il voulait faire prévaloir, même après la Révolution, une sorte de privilège seigneurial. (1)

Les dernières années du comte de Montlosier furent aussi actives que celles qui précédaient. En 1832, M. le duc de Broglie, ministre des affaires étrangères, l'avait fait nommer à la Chambre

(1) A. Bardoux. *Le comte de Montlosier et le Gallicanisme*, page 103.

des pairs et on lui avait rendu son indemnité supprimée injustement en 1826.

A la Chambre des pairs, dont il suivit assidûment les séances, il prit part à un certain nombre de discussions importantes et il lutta toujours pour ses convictions gallicanes ; « il ne pouvait comprendre le droit moderne, c'est-à-dire la société civile souverainement maîtresse chez elle, comme le prêtre, libre dans son for intérieur et dans l'Eglise. » D'ailleurs, il devait dans la suite, jusqu'aprés sa mort, subir le châtiment de la guerre qu'il n'avait cessé de mener contre les tendances ultramontaines du clergé; en effet, avant de mourir, il demanda un prêtre pour se confesser; l'autorité ecclésiastique voulut exiger de lui une rétractation et on entama des pourparlers pour l'amener à cette fin ; il s'y refusa formellement, succomba en persévérant dans ses sentiments, et l'évêché d'une intolérance extrême, refusa de laisser présenter son corps à l'église malgré qu'il le réclamait très nettement en son testament daté au 19 mars 1838. La seule concession faite fut celle-ci :

Le lendemain, au moment où le cortège défilait sur la place, la porte de l'église des Minimes fut ouverte à deux battants et laissa voir les autels dépouillés de leurs ornements. Le char funèbre continua sa course silencieuse à travers les neiges, jusqu'au bois de Randanne, où le tombeau a été élevé.

(1) A. Bardoux. *Le comte de Montlosier et le Gallicanisme*, page 347.

Les paysans des montagnes descendus des villages voisins, s'agenouillaient respectueusement sur la route. (1)

Telle fut la fin de cet homme remarquable, qui, comme dit M. Bardoux en la dernière phrase de son livre, s'il ne fut « ni un écrivain, ni un grand politique, fut, ce qui est aussi rare peut-être, un caractère ».

II

L'histoire de la haute société française, dans les dernières années qui précédèrent la Révolution, est condensée, en quelque sorte, dans l'histoire de quelques salons. C'est dire brièvement le rôle que la femme a joué dans son existence.

A aucune époque, en effet, l'influence féminine ne s'est autant fait sentir, et cela non pas seulement dans les classes aristocratiques, mais aussi dans les classes moyennes de la nation sur les mœurs de laquelle elle exerça une action considérable.

Aussi, dans l'étude de cette période si mouvementée de notre histoire, on ne saurait procéder avec plus de sens critique qu'en considérant longuement et attentivement la vie d'une de ces femmes d'élite, à l'esprit cultivé et affiné, dans le salon desquelles se réunissait tout ce qu'il y avait alors de gens distingués et jouant un rôle dans l'Etat.

(1) A. Bardoux. *Le comte de Montlosier et le Gallicalisme.* page 352.

A cet égard, nulle vie ne saurait être plus fertile en enseignements que celle de Madame de Beaumont, cette jeune femme de la plus haute naissance, fille de l'un des derniers ministres de Louis XVI, qui fut initiée de bonne heure à toutes les grandes affaires de ce temps, et traversa saine et sauve, par un prodige inouïe, la tourmente révolutionnaire dans laquelle devaient succomber tragiquement son père, sa mère et l'un de ses frères.

La vie de Pauline de Montmorin, comtesse de Beaumont, devait être courte et douloureuse ; née en 1770, elle s'éteignait le 3 novembre 1803 à Rome où elle s'était rendu pour voir une dernière fois celui qui devait lui donner ses seuls instants de bonheur, M. de Chateaubriand.

Les premières années de Pauline de Montmorin furent semblables à celles de toutes les jeunes filles nobles d'alors ; le couvent, avec une instruction très mondaine, et le mariage au moment de son entrée dans le monde avec un époux qu'elle ne connaissait point. Cet époux, le comte de Beaumont, était d'ailleurs complètement incapable de comprendre une femme aussi distinguée que l'était Pauline et bientôt la séparation se fit définitive jusqu'au jour où ils divorcèrent par consentement mutuel, en juin 1780.

Cependant en 1787, M. de Montmorin avait été nommé ministre et secrétaire aux affaires étrangères et sa fille se vit bientôt, ayant un rang à la cour et dut faire les honneurs du salon de son père.

A la veille de la réunion des Etats-Généraux, la Société française présentait un attrait tout particulier.

Ce n'étaient plus les grands salons que l'Europe entière était venue admirer. La mort les avait fermés les uns après les autres. Il y avait plus que la différence de deux règnes entre la conversation au temps de Louis XV et la conversation au temps de Louis XVI. L'âme de la fin du XVIIIe siècle n'était plus uniquement le plaisir : une vraie sympathie pour la nature humaine, l'idée de ses droits, le désir de son bonheur, le rêve de sa perfectibilité, avaient remplacé la passion désintéressée des choses de l'esprit. Le salon de Madame Necker avait servi de transition. Cette dernière époque, adoucie par des illusions sans aigreur, avait bien plus de sérieux et presque de la raideur. Il y a loin de Madame Du Deffant à madame de Staël. On causait partout et de tout. (1)

Tel est le monde aux préoccupations intelligentes et élevées au milieu duquel se trouve inopinément placée la jeune femme ; elle va s'y montrer à la hauteur des esprits qui l'entourent, apportant dans ce commerce avec des gens de premier mérite une insatiable curiosité intellectuelle. Et, à cet égard, il est bon de noter quelles furent alors les amitiés de Madame de Beaumont. C'est François de Pange, son parent, ce sont les frères Trudaine, c'est André Chénier, le poète délicat dont elle savait par cœur les plus beaux vers.

(1) A. Bardoux. *La Comtesse Pauline de Beaumont*, page 47.

Le ministère du comte de Montmorin, est en quelque sorte le procès de l'aveuglement fatal de Louis XVI, et surtout de la reine Marie-Antoinette, aveuglement qui conduisit la royauté à sa ruine sans qu'il fut un instant possible de faire dériver le mouvement révolutionnaire qui entrainait tout. Ce ministère depuis la convocation des Etats-Généraux, peut se diviser en trois périodes :

La première, où, d'accord complètement avec Necker, désirant comme lui une constitution, il s'approcha du système politiqne de l'Angleterre, et conserva l'espoir d'obtenir, de la noblesse et du roi, ce changement par les voies de conciliation ; la seconde période dans laquelle voyant la Révolution varier d'objet, poursuivre l'égalité plus que la liberté et rêver l'établissement d'une sorte de démocratie royale, il tenta avec Mirabeau d'arrêter les exagérations et de créer le parti modéré au milieu des tourmentes populaires ; la troisième période enfin, où, tous les moyens de se défendre manquant successivement à la royauté, Montmorin concentra tous ses inutiles efforts à sauver la personne même de Louis XVI. (1)

En ces quelques lignes, se trouve condensée d'une manière très nette l'histoire du passage aux affaires de M. de Montmorin. Le collaborateur de Necker, durant ces quelques années si remplies, devait montrer à diverses reprises qu'il était bien digne de la tâche qui lui avait été remise ; malheureusement, comme Necker, il dut toujours lutter pour avoir le droit d'agir comme il eut fallu le faire, et les

(1) A. Bardoux. *La Comtesse Pauline de Beaumont*, page 93.

résistances qu'il rencontra ont été la cause de biens des malheurs.

Cependant, les évènements marchent avec une rapidité extrême ; à la Législative, succède la Convention, et bientôt la Terreur va commencer. Le 31 octobre 1791, le comte de Montmorin avait donné lecture à la Législative de son rapport sur la situation de la France vis à vis des puissances et le roi avait accepté sa démission. Alors il va durant quelques semaines s'enfermer dans sa campagne de Theil, près de Sens, mais bientôt doit rentrer à Paris. En mars 1792, le roi le fait appeler et lui mande de faire partie d'un conseil secret auquel il abandonnerait la direction des affaires. La mesure était mauvaise, — Montmorin ne le cacha, — et de plus il était trop tard. Bientôt, la situation devint dangereuse ; Montmorin ne voulut pas abandonner le roi, malgré qu'il fut lui-même en but à des pièges continuels et il ne tarda pas à être l'objet de dénonciations et d'accusations perfides. Enfin, il est poursuivi, traqué comme une bête fauve, forcé de se cacher, et bientôt découvert. On le jette dans un cachot. Le 2 septembre, on le fait passer devant un tribunal révolutionnaire que préside Maillard ; il refuse de reconnaître de tels juges.

« Monsieur le président, les crimes de Montmorin sont connus ; — s'écrie un des acolytes de Maillard, — mais puisqu'il prétend que son affaire ne nous regarde pas, je demande qu'il soit envoyé à la Force. — Oui, oui, à la Force !

s'écrièrent à la fois tous les juges. » Est-il bien sûr qu'un éclair de joie ait alors illuminé le visage de la victime et qu'elle ait espéré échapper aux mains des bandits ? « A la Force ! » était à la fois l'arrêt et le signal de mort. Le grand seigneur sardonique et dédaigneux se réveilla :

« Monsieur le président, dit-il, puisqu'on vous appelle ainsi, je vous prie de me faire avancer une voiture. — Vous allez l'avoir, » lui répond froidement Maillard. Il fit un signe à l'un des assistants, qui sortit aussitôt pour avertir les assassins qu'ils allaient avoir un aristocrate de choix. Le misérable rentra dans la salle et dit à Montmorin : « La voiture est à la porte. » Montmorin réclame divers objets et des souvenirs qui étaient restés dans son cachot. Il veut les emporter. On lui répond qu'ils lui seront envoyés. Il sort, et Maillard écrit aussitôt en marge du registre d'écrou : *Mort*. Montmorin tombe à la porte au milieu d'une meute de forcenés. Ils se jettent sur lui le renversent et le frappent à coups de sabre ou de pique........

Percé de coups en plein corps, tailladé et labouré de plaies, Montmorin respirait encore ; les assassins alors l'empalèrent et le portèrent ainsi comme un trophée jusqu'aux portes de l'Assemblée. (1)

Cette fin terrible d'un père tendrement aimé, Madame de Beaumont ne l'ignora pas. Ainsi que sa mère, elle avait appris tout dans les moindres détails, et ce martyr atroce l'avait douloureusement impressionnée. Cependant, elle n'avait pas encore épuisé le calice ; le château de Passy où elle s'était réfugiée avec madame et monsieur de Sérilly, madame de Montmorin, sa sœur, madame de

(1) A. Bardoux. *La comtesse Pauline de Beaumont*. page 204.

Luzerne, et son frère Calixte, fut envahi par les commissaires du comité révolutionnaire. On ne voulut pas d'elle pour la mort et elle fut laissée en liberté alors que ses proches étaient envoyés devant le tribunal et de là à l'échafaud. Ainsi, en une même journée, elle voit périr sa mère et son frère Calixte, ce jeune homme de vingt-deux ans qui se montra d'une fermeté si admirable devant le supplice.

Quand les charrettes s'arrêtèrent, Calixte, respectueux envers madame Elisabeth, s'inclina devant elle. A chaque fois que le couperet de la guillotine descendait, il criait : « Vive le roi ! » avec un courageux domestique de la maison de Brienne, compris, lui aussi, dans la fournée. Dix-neuf fois, il poussa le cri de « Vive le roi ! » Lorsque la vingtième victime monta les marches, il essaya bien de crier ; mais, cette fois, le cri s'arrêta dans sa poitrine : c'était sa mère ! Calixte fut guillotiné après elle. (1)

Cette fin n'est-elle pas d'un héros, et digne en tous points d'un temps où les âmes étaient assez solidement trempées pour, dans les plus grandes infortunes, conserver leurs goûts de gens de bonne société, et où, dans une prison on pouvait trouver un tableau semblable à celui-ci :

Aux Carmes, les hommes étaient séparés des femmes. Cependant, à certaines heures de la journée, tous les prisonniers étaient autorisés à se réunir dans le préau. Les relations

(1) A. Bardoux. *La Comtesse Pauline de Beaumont*, page 213.

sociales s'y nouaient comme dans un salon ; on s'y faisait présenter. (1)

Cependant, à la suite de ces tragiques incidents, Madame de Beaumont s'était réfugiée chez Dominique Paquereau, un pauvre vigneron des environs de Villeneuve. C'est là qu'elle apprit successivement les multiples calamités qui l'avaient frappée et l'exécution de ses amis, celle des frères Trudaine et d'André Chénier, celle de M. de Malesherbes, et c'est là aussi que Joubert, instruit par la rumeur publique de « la détresse et l'abandon dans lesquels se trouvait la fille du comte de Montmorin, ému, alla frapper à la porte de l'humble maison où Pauline s'était réfugiée. » (2) Alors commença entre ces deux êtres d'une intelligence si vive, d'un cœur si élevé, un commerce d'amitié qui ne devait cesser qu'avec la vie, amitié précieuse pour madame de Beaumont qui alors n'avait plus que ses larmes et répétait volontiers le mot de Marguerite d'Écosse : « Fi de la vie ! Qu'on ne m'en parle plus ! » Et pourtant, la vie lui réservait quelques courts instants de ce bonheur qu'elle n'avait encore jamais goûté. Ces joies, les seules de son existence, c'est à Fontanes et à Joubert qu'elle les dut, car ce furent eux qui, un jour de mai 1800 lui présentèrent René de Chateaubriand. Dès lors, une vie nouvelle

(1) A. Bardoux. *Madame de Custine.* La Revue des deux mondes, livraison du 15 février 1888, page 839.

(2) A. Bardoux. *La Comtesse Pauline de Beaumont*, page 219.

commença pour elle, et, pour employer l'expression même de M. Bardoux, « c'en était fait, elle avait cessé de s'appartenir. » Ce fut une adoration ; ils allèrent jusqu'à vivre dans la retraite, et c'est dans la petite maison de Savigny qu'elle avait louée et dans laquelle ils demeurèrent sept mois, — sept mois d'une intimité continue, à peine traversée par les rares visites de quelques amis, — que Chateaubriand acheva son livre du *Génie du Christianisme.*

Mais les heures de joie ont des ailes et le départ de Savigny devait interrompre la vie commune si douce à l'âme aimante et passionnée de Pauline. Bientôt, Chateaubriand partait pour Rome et l'amour de Madame de Beaumont allait devoir se contenter des lettres de son ami. La séparation, ne devait point être longue ; Pauline, malgré que la maladie eût déjà brisé sa santé, voulut aussi se rendre à la ville éternelle ! Elle y arriva pour mourir entre les bras de celui qu'elle avait tant aimé.

III

La place occupée dans la société française par la classe moyenne, au moment où va s'ouvrir la Révolution, est des plus considérables.

Quand on ouvre l'Almanach royal de l'année 1788, on est étonné de voir que les premiers rangs du tiers état sont en possession de toutes les fonctions civiles, en dehors des charges de cour, des gouvernements de province et des grades militaires. Offices de judicatures et de finance, à tous les degrès, intendances, conseil d'Etat, bureaux des ministères leur appartiennent. En s'enrichissant par le négoce, les bourgeois ont créé les capitalistes et les financiers. Par l'importation en France du systéme des fermes générales, ils ont été chargés du recouvrement des impôts; ils font des avances au Trésor et prennent, de jour en jour, dans toutes les affaires de l'Etat, une influence prépondérante. (1)

Telles sont les premières lignes du beau livre de M. Bardoux sur la Bourgeoisie française de 1789 à 1848.

Ainsi, le bourgeois, c'est-à-dire le représentant de la classe moyenne de la nation, se trouve en réalité remplir dans la vie du pays une situation prépondérante. Pourquoi ? C'est qu'il est une force matérielle grâce à la puissance de l'argent qu'il détient, et une force morale grâce à l'instruction solide qu'il a acquise. Dans les salons aristocratiques, l'on rencontre des esprits subtils, distingués, des délicats de lettres; dans la classe bourgeoise, les connaissances sont plus profondes, plus sérieuses ; le jeune homme est initié aux études du droit, de la médecine, et à une telle école il devient vite un penseur. Au point de vue religieux, son instruction est sévère, mais d'une pratique raisonnable, et il s'inspire de la tradition janséniste.

Pour la jeune fille, l'éducation est également

(1) A. Bardoux. *La Bougeoisie française*, page 1.

mesurée; point d'érudition ; on les prépare à être des femmes capables de figurer avec honneur dans le monde et de savoir aussi diriger leur maison. En somme, pour la femme comme pour l'homme, la vie est envisagée comme une chose d'importance et l'on se dispose sérieusement à la traverser.

Cet état particulier de la classe bourgeoise est important à noter; il explique, en effet, comment elle fut, en réalité, l'instigatrice du grand mouvement social de 1789 et qui s'appelle la Révolution.

La Révolution sociale de 1789 ne fut que la fin logique et attendue des efforts persistants des classes moyennes depuis plusieurs siècles. Quand l'heure eût sonné, la haute bourgeoisie fut unanime sur ce point qu'il fallait résolument substituer aux institutions aristocratiques et féodales un état nouveau, simple, uniforme, ayant pour base l'égalité des conditions. (1)

Depuis longtemps, en raison même des fonctions que remplissaient ses membres, la bourgeoisie se trouvait représenter les aspirations de la multitude ; légistes, les bourgeois avaient toujours été « les patrons dévoués des paysans dans leurs légitimes revendications ; » cette fois encore, ils prendront la tête du mouvement, et ils dirigeront l'Assemblée Constituante s'efforçant de refondre la société civile.

Comment comprirent-ils cette Révolution ?

Les griefs existant étaient anciens et puissants ;

(1) A. Bardoux. *La Bourgeoisie française*, page 19.

les uns matériels, les autres moraux, et ces derniers n'étaient peut-être pas les moins sensibles. Le dédain dans lequel la noblesse, en province surtout, tenait les familles roturières, irritait si vivement les esprits que « des bourgeois quittaient la campagne pour venir habiter la ville afin de se soustraire aux humiliations des seigneurs voisins; » (1) les privilèges seigneuriaux, aussi, étaient l'objet de bien des récriminations amères. On avait soif d'égalité, plus que de liberté, et, ce sentiment était si intense qu'il fut impossible de ne pas lui donner satisfaction.

Dès les premiers jours de la Constituante, le vote individuel avait été substitué au vote par ordre; toute distinction de rang et de préséance entre les députés avait été prohibée; l'admissibilité, sans distinction de naissance, aux emplois civils et militaires avait été proclamée; et, comme un symbole est nécessaire aux yeux pour constater le triomphe d'une idée, la destruction de la Bastille prenait ce caractère pour la bourgeoisie. (2)

Bientôt, les privilèges, les préséances étaient abolis, le sol affranchi, et, révolution profonde, le principe de la propriété transformé dans la famille par la suppression des droits d'aînesse et de masculinité, au profit de l'égalité.

En matière religieuse les bourgeois de la Constituante apportèrent également des modifications

(1) A. Bardoux. *La Bourgeoisie française*, page 21.

(2) id, *ibid.* page 29.

considérables, déclarant que chaque citoyen était libre dans son culte, subordonnant le mariage devant le prêtre au mariage civil qui seul fut considéré comme engageant vis à vis de la société, renvoyant au pouvoir législatif la constatation des actes d'état-civil, ouvrant le cloître en interdisant la perpétuité des vœux, et enfin dissolvant le clergé comme ordre en ne reconnaissant plus que des individus, des prêtres, des citoyens.

En politique, ils furent des constitutionnels, plus démocrates que républicains, et leur idéal était non de renverser la royauté, mais de la transformer en changeant son caractère, tâche difficile qu'ils ne purent mener à bien pour des causes multiples et dont l'une des plus importantes, assurément, est que leurs conceptions étaient trop théoriques et manquaient de base expérimentale ; la métaphysique fut leur écueil.

Cependant, à la Constituante a succédé la Législative et la Terreur avait suivi. Cette lamentable évolution, la bourgeoisie jamais ne l'accepta, et, ceux de ses membres qui appartinrent à la nouvelle assemblée s'appelèrent les Girondins, et ils furent des martyrs.

D'ailleurs, les bourgeoises, en ces temps, furent d'un cœur égal à celui de ces vaillants. Quoi de sublime, en effet, dans sa simplicité, comme cette action d'une de ces nobles femmes dont nous trouvons le récit dans le livre de M. Bardoux.

Madame C..., noble cœur, douée, comme madame Roland, d'un esprit élevé et d'une grande fermeté de caractère, avait offert asile à un girondin proscrit, Pontécoulant. Elle ne le connaissait pas, elle ne l'avait jamais vu. Mais le jeune député avait adopté comme elle, avec ardeur, les principes de la Constituante. Il avait résisté courageusement à l'anarchie et aux mesures sanguinaires, cela suffisait pour le rendre sacré aux yeux de la vaillante femme.

« Il y va de la vie, dit Pontécoulant, qui franchissait le seuil.

— Qu'importe ! répondit-elle, la vôtre est utile à la Patrie, et je la sers en vous sauvant.

— J'étais donc attendu ?

— Non, pas vous ; mais j'avais fait vœu, dans la fatale journée du 31 mai, de sauver un proscrit si le Ciel m'en envoyait un, et j'étais sûre qu'il exaucerait ma prière. » (1)

Est-il un plus beau trait dans toute l'histoire de l'antiquité ?

La chute de Robespierre amena une détente dans la vie horrible que l'on menait alors. A la suite de jours si troublés, au lendemain de thermidor, Paris avait pris une physionomie nouvelle qui indiquait vivement combien terrible avait été la période dernière.

Les rues étaient débaptisées ; les plus brillants hôtels étaient devenus des restaurants ou des maisons meublées ; dans les églises mutilées, le bonnet rouge planté sur une pique remplaçait la croix ; dans les vieux quartiers, jadis tout noirs de couvents et d'abbayes, les cloîtres étaient éventrés, les chapelles transformées en échoppes, les clôtures

(1) A. Bardoux. *La bourgeoisie française*, page 76.

des jardins ébrèchées ; sur les murailles ces mots inscrits : *Propriété nationale à vendre!* A tous les étalages, chez les brocanteurs, des dépouilles à acheter, ornements d'autels, statues, reliquaires, tableaux, vieux livres ; les cafés et les cabarets multipliés ; seule la place de la Révolution était silencieuse, vide et nue. (1)

Dans ce Paris nouveau, allait se montrer une société nouvelle, en quelque sorte, le monde du Directoire, avec ses mœurs extravagantes, d'une licence effrénée. Alors, la bourgeoisie devient l'asile de la famille et des bonnes mœurs un instant méprisées : « elle refait la vie saine du pays par la solidité de son union et par son attachement au foyer domestique » (2) A côté du tableau de la débauche et de la dissolution, celui réconfortant des mœurs simples et de la vertu. Quoi de délicieux et de frais comme ce crayon d'une famille bourgeoise de cette époque que nous trace M. Bardoux, d'après le journal d'Ampère.

Quel intérieur modeste et sain que celui de cette famille Carron avec ces jeunes filles d'un esprit original et cultivé, rimant des fables, corrigeant les vers de leur ami, lisant une lettre de madame de Sévigné, une tragédie de Racine, après avoir repassé les bonnets de leur mère et s'être occupées des soins les plus humbles du ménage ! Que de raison et quelle grâce enjouée ! Que de droiture naïve dans ces deux sœurs, Elise et Julie, l'une plus délicate, plus calme, l'autre à l'imagination plus orageuse, prenant parti pour le pauvre Ampère amoureux, tremblant, si intéressant par ses larmes

(1) A. Bardoux. *La comtesse Pauline de Beaumont*, page 224.

(2) id. *La bourgeoisie française*. page 86.

qui sortent sans qu'il le veuille ! Quelle lutte intime et charmante que celle révélée par ces lignes d'Elise à sa sœur cadette : « Arrange-toi comme tu voudras, mais laisse-moi l'aimer un peu avant que tu l'aimes. Il est si bon ! Je viens d'avoir avec maman une longue conversation sur vous deux ; maman assure que la Providence mènera tout ; moi, je dis qu'il faut aider la Providence. Elle prétend qu'il est bien jeune, je réponds qu'il est bien raisonnable, plus qu'on ne l'est à son âge. » (1)

Cependant, durant cette période du Directoire et celle du Consulat qui suivit, des transformations importantes allaient s'opérer. L'état moral de la nation s'était modifié ; la nécessité d'un apaisement était absolue ; le temps était propice pour quiconque était capable de reconstituer la société civile, de lui donner la base, la stabilité qui lui manquait. C'est alors que vint Bonaparte et il fut accueilli comme le sauveur.

Tout avait conspiré pour faire de Bonaparte l'homme qui répondit à ces goûts et à cette lassitude. Les têtes les plus solides étaient folles de lui. Ceux qui ont traversé ces temps de désordre et de patriotisme ne parlent dans leurs lettres d'affaires que des récits déjà légendaires des batailles d'Arcole et de Rivoli. On s'embrassait dans les rues on pleurait d'attendrissement à la nouvelle que Bonaparte était arrivé d'Egypte ; les jacobins, préoccupés de leur bien-être, se préparaient à endosser des habits galonnés (2)

La nation était prête à accepter le 18 brumaire,

(1) A. Bardoux. *La bourgeoisie française*, page 88.
(2) id. *ibid.* page 102.

et, de fait, ce coup d'état lui parut presque une sorte de délivrance.

Alors, commence une édification nouvelle. On introduit l'unité absolue dans l'administration, on réorganise le pouvoir judiciaire et la société religieuse et civile. Si le régime nouveau n'était pas toute la liberté, du moins il était « l'existence légale et administrée. » En même temps, était créée l'Université, c'est-à-dire l'instrument le plus parfait d'éducation convenant à cette société fondée sur les principes de la Révolution.

Mais, ce n'était pas tout que d'avoir organisé ; il fallait animer le squelette que l'on avait construit ; la confiance publique s'en chargea, et, peu à peu, les transactions commerciales reprirent et ramenèrent la prospérité, grâce à la sagesse des mesures prises pour assurer la situation financière.

Les premières années de l'empire se présentèrent donc sous un jour favorable. Cela ne devait point durer ; le régime autoritaire sous lequel Napoléon voulut bientôt faire ployer la nation souleva un sentiment de révolte ; on se lassait de tant de guerres qui non-seulement causaient la ruine des fortunes les mieux établies, mais aussi qui épuisaient le sang le meilleur du pays, et, quand les revers arrivérent, quand il fallut subir l'invasion, alors la réaction se fit irrésistible et le rétablissement des

Bourbons apparut comme la seule solution possible à tant de maux.

La majorité des commerçants, le barreau, les esprits éclairés mettaient cependant deux conditions absolues au retour de la monarchie légitime : ne pas alarmer les intérêts nouveaux de la société française et constituer une liberté sage plaçant désormais la nation à l'abri des caprices de la volonté d'un seul. Les Bourbons sauraient-ils vivre avec la France moderne ? La connaissaient-ils ? Comprendraient-ils qu'elle avait donné à la Révolution, son sang, son cœur, et qu'au-dessus des crimes commis par quelques-uns, il y avait l'égalité et la sécularisation conquise par tous et pour tous ? (1)

Louis XVIII semblait devoir inspirer confiance. Mais, les émigrés rentrés avec lui ne voulaient rien voir du travail qui s'était opéré dans l'esprit de la nation ; ils furent dans la société d'alors, des représentants d'une société disparue et comme ils étaient incapables de comprendre les mœurs nouvelles, la division ne pouvait tarder à se créer profonde et irrémédiable. C'est là la raison qui fit accueillir avec un tel enthousiasme Napoléon débarquant sur les côtes de France et remontant, après une marche triomphale sans exemple dans l'histoire, sur le trône qu'il avait quitté seulement depuis quelques mois. Le désastre de Waterloo devait terminer l'épopée napoléonienne et ramener Louis XVIII. Alors, commença une période de réaction effrénée, et un instant on put revoir les mauvais jours de la

(1) A. Bardoux. *La bourgeoisie française*, page 163.

Terreur. Ce moment cruel montra les hommes de la bourgeoisie sous un jour magnanime ; eux seuls, en effet, se firent les avocats du droit et de la justice, eux seuls protestèrent contre les iniquités commises, et c'est un d'eux, M. Decazes, qui dans la situation terrible où se trouvait le pays osa proposer au roi le seul remède possible, rentrer dans la stricte observation de la Charte.

Les dernières années de la Restauration présentèrent un caractère tout particulier et significatif. La société s'y montre nettement délimitée en deux classes : l'aristocratie et la bourgeoisie, sans que des contacts s'établissent entre elles. La vie de la noblesse était isolée, repliée sur elle même, en quelque sorte ; celle de la bourgeoisie, au contraire, devient exhubérante, mondaine, et dans les salons et dans les fêtes, les habitants transportent la passion politique.

C'était le temps où, à un bal chez Laffitte, une aimable danseuse répondait au jeune D..., qui l'invitait à valser ?

« Au moins, monsieur, êtes vous pour la liberté de la presse ? (1)

Le mot est charmant et typique à la fois, car il montre bien à quel degré d'intensité tout ce public se passionne.

Cependant, cette lutte commencée par les classes moyennes représentant les aspirations libérales,

(1) A. Bardoux. *La Bourgeoisie française*, page 232.

contre un gouvernement de réaction, allait se poursuivre sous Charles X, plus intense encore, le progrès des idées politiques étant allé croissant. Elle se terminera par la révolution de Juillet 1830 et l'avénement de Louis-Philippe appelé sur le trône par cette proclamation de M. Thiers qui fut affichée durant la nuit du 30 juillet :

« Charles X ne peut plus rentrer dans Paris ; il a fait couler le sang du peuple français. La République nous exposerait à d'affreuses divisions ; elle nous brouillerait avec l'Europe. Le duc d'Orléans est un prince voué à la cause de la Révolution. Le duc d'Orléans ne s'est jamais battu contre nous. Le duc d'Orléans était à Jemmapes. Le duc d'Orléans a porté au feu les couleurs tricolores. C'est du peuple français qu'il tiendra la couronne. »

Dès lors, le régime parlementaire et la monarchie constitutionnelle étaient installés, et, durant dix-huit ans, avec des fortunes diverses, allait se poursuivre ce gouvernement si chèrement acheté.

La préoccupation de la bourgeoisie, fut de concilier la monarchie et la démocratie, tâche peu aisée et qui ne pouvait jamais aboutir. Du reste, durant ce règne de Louis-Philippe, son action fut double : après avoir fondé à grand peine le gouvernement, elle le laissa s'écrouler de sa faute même comme le constate M. Bardoux avec beaucoup de justesse.

Ces grands bourgeois de la monarchie de juillet devaient

succomber, moins sous le coup de leurs ennemis, dix fois vaincus, que par les querelles intestines.

Il semble qu'ils aient épuisé leur sève et leur force d'impulsion à disputer et à conquérir le pouvoir et qu'ensuite ils ne se soient pas renouvelés. Réunis à la tête du gouvernement, ces hommes doués de facultés diverses pouvaient faire le bonheur de leur pays, tandis que leurs divisions le troublèrent par de vaines agitations et finirent par perdre la cause qu'ils croyaient servir. (1)

Le révolution de 1848 qui marqua la fin de la royauté en France fut aussi le résultat de la décadence morale qui atteignait la bourgeoisie.

La haute bourgeoise n'avait pas eu un esprit politique assez sagace pour discerner les prétentions injustes des demandes raisonnables de l'opinion publique ; elle avait, pendant dix-sept ans, favorisé les progrès matériels de la démocratie, et elle n'avait pas su s'entendre pour mettre le gouvernement de son choix en harmonie avec la marche ascendante des idées et en contact avec le cœur de la nation. (2)

IV

L'étude de M. Bardoux sur les légistes est en quelque sorte, l'histoire de la constitution de toute notre organisation judiciaire ; elle est aussi, l'histoire du développement national.

(1) A. Bardoux. *La Bourgeoisie française*, page 406.
(2) id. *ibid.* page 432.

Nés avec le moyen âge, les légistes bientôt acquièrent une influence considérable et ils la méritent par leur vie sévère, employée au travail et à la lutte pour la revendication du droit. Ils sont les adversaires naturels de la puissance seigneuriale qu'ils contribueront à abattre, au profit de la royauté et de la nation.

Avec cet instinct civilisateur dont ils étaient doués, les hommes de lois s'attachèrent, dès Saint-Louis, à distinguer la souveraineté de la propriété, confondues au sein du monde féodal. (1)

Déjà, ils avaient semblablement considéré la justice comme étant « non plus inféodée, mais émanée du pouvoir souverain », et, plus tard, ils émettront cette dernière maxime : *Le roi est le souverain fieffeux du royaume.*

C'est, on le voit la guerre sans merci entreprise contre les privilèges et les tyrannies féodales. Et, le seigneur se sentait atteint par le légiste. Aussi, quel acharnement il mettait à le perdre quand la puissance lui en était donnée ! Que l'on se rappelle le procès de Jean de Doyat, l'ancien *compère* de Louis XI, nommé par son maître à la charge de gouverneur du haut et bas pays d'Auvergne, et qui, Charles VIII une fois monté sur le trône, fut poursuivi de la haine implacable du duc de Bourbon et subit la torture.

Cependant, un fait considérable était résulté de

(1) A. Bardoux. *Les légistes*, page 8.

cette lutte si ardemment soutenue par les premiers légistes, c'est la fondation d'un ordre judiciaire, d'un barreau, et, comme conséquence, la création d'un « esprit de corps qui conserva les traditions et permit la suite et la solidarité dans les desseins. »

Ils furent les véritables fondateurs de la bourgeoisie, et ainsi ils amenèrent lentement, mais sûrement, le triomphe des idées démocratiques et l'avènement des classes non privilégiées à la participation à tous les emplois ; ils furent les créateurs de l'égalité. Voilà ce que nous leur devons dans l'ordre social; dans l'ordre politique, comme nous l'avons indiqué déjà, ils contribuèrent à assurer l'unité de l'Etat et le principe de la souveraineté du peuple.

C'est là, tracé en quelques lignes, le rôle des légistes depuis leur première apparition jusqu'à nos jours, rôle que M. Bardoux a mis en pleine lumière en son beau livre d'un caractère si éminemment critique et philosophique, justifiant ainsi cette phrase de sa préface ; « Que sont les faits, si l'on n'en connaît pas l'esprit. »

V

Telle est, sommairement analysée, l'œuvre historique de M. Bardoux.

Nous l'avons vu étudier patiemment l'histoire de

la formation de notre société contemporaine, et pour cela, s'adresser successivement à toutes les classes sociales, afin par l'une d'expliquer l'autre, et ainsi dégager la raison immédiate des faits, d'en saisir la logique.

Une telle entreprise était considérable ; M. Bardoux a su la mener à bonne fin, avec un talent et un tact parfaits. Comme écrivain, sa langue est ferme, nerveuse, raffinée parfois ; comme penseur, son esprit va toujours droit au but et possède ce don si rare de savoir généraliser. Ces qualités, d'ailleurs, nous les retrouvons dans ses écrits et ses discours politiques ; l'auteur de *la Bourgeoisie Française*, ce livre d'un tempérament si solide et d'un jugement si juste, ne pouvait faire autrement que d'apporter dans tous ses travaux la même forme, la même ampleur et le même caractère hautement philosophiques.

FRANCISQUE MANDET

M. Francisque Mandet (1) qui a succombé à Riom, voici tantôt trois ans, fut un des écrivains les plus remarquables dont l'Auvergne actuelle ait à s'honorer. Son œuvre d'une haute valeur historique, est considérable, et, un seul de ses ouvrages, son *Histoire du Velay*, suffirait à remplir dignement l'existence de bien des auteurs. Mais, en dehors de ce travail de premier ordre, M. Mandet a encore écrit nombre d'études importantes et quantité de pages charmantes et fines, auxquelles il n'accordait pas lui-même une bien grande attention, mais qui, néanmoins, ne laissent pas que d'être pour nous du plus vif intérêt.

(1) M. FRANCISQUE MANDET est né au Puy le 29 août 1811. Il fut reçu avocat le 10 mars 1835 et se fit inscrire la même année au barreau du Puy. Quelques années après, il entrait dans la magistrature et était nommé substitut au parquet du Puy ; il occupa ensuite les fonctions de substitut du procureur général de Dijon, puis fut nommé avocat général en cette ville En 1849, il entra dans la magistrature assise et fut nommé conseiller à la cour de Dijon, poste qu'il échangea bientôt contre un siège semblable à la cour de Riom. En 1881, M. Mandet fut nommé conseiller honoraire.

M. Mandet qui était officier de la légion d'honneur, officier de l'Instruction publique, et correspondant de l'Institut depuis 1839, a succombé le 23 juin 1885.

Ce sont, dans ses rapports annuels à la Société du Musée de Riom, celles consacrées à l'examen des œuvres d'art nouvellement acquises, dont nous entendons parler ici.

Ces notes rapides, d'un style aimable, élégant et léger, nous montrent en effet en M. Mandet un homme nouveau, le critique délicat au goût sûr et éclairé.

I

Le premier grand ouvrage de M. Francisque Mandet est son *Histoire de la langue romane* publiée à Paris chez Dauvin et Fontaine en 1840. Ainsi qu'on le préjuge facilement d'après son titre, ce livre est un travail de pure érudition.

Le problème à résoudre était complexe.

C'est, en effet, qu'il fallait déterminer, d'une façon précise, scientifique, non seulement les origines premières de la langue, mais surtout, — et c'est là que résidait la grosse difficulté, — les multiples circonstances extérieures qui exercèrent une action plus ou moins profonde sur son développement.

M. Mandet ne se dissimula aucune des difficultés et il les aborda toutes franchement s'efforçant heureusement de les résoudre.

Tout d'abord après avoir examiné l'état de la

Gaule à l'époque de la conquête romaine, il nous fait assister à la diffusion par tout le territoire d'empire de la langue du vainqueur, nous montrant les raisons qui favorisèrent une semblable dispersion ; puis, à mesure que les siècles s'écoulent, il nous indique les diverses altérations que subit la langue latine sans cesse modifiée, transformée, et comme renouvelée grâce à l'introduction d'éléments nouveaux apportés par les invasions germaniques et qui auront pour résultat définitif de délimiter le pays en deux grandes zones, celle de la langue d'*oïl* et celle de la langue d'*oc*.

Le grand arbre de la langue française est planté dans les Gaules ; ses racines sont profondes et nombreuses ; elles viennent du nord et du midi. Ici les substances qui donneront l'éclat, la beauté, l'harmonie, les riches couleurs ; ce sont : *l'ibérien*, l'*espagnol*, le *grec* le *latin* ; là, les sucs généreux qui communiqueront avec abondance la dureté, la force, la taille vigoureuse, ce sont : le *gallois*, l'*écossais*, l'*irlandais*, le *belge*. (1)

Cependant, l'heure des invasions est dépassée ; Charlemagne a construit son fragile empire que ses fils ne sauront conserver ; à ce moment, la langue romane a enfin pris une forme et, au serment de Strasbourg, c'est en *Roman* que s'exprime Charles-le-Chauve jurant de s'allier à son frère Louis-le-Germanique.

Mais, le temps marche toujours ; les chevaliers

(1) Francisque Mandet. *Histoire de la langue romane*, page 28.

chrétiens s'en vont en Palestine, et, devant ce grand mouvement de la foi, les mœurs du temps se transforment, des habitudes nouvelles sont créées, des besoins inconnus autrefois surgissent, les esprits s'affinent, et la langue, semblable à une cire molle, conserve l'empreinte de ces influences si diverses et se modifie incessamment.

Et puis, le midi de la France a été mis en relation avec le Sarrazin venu d'Espagne, et le génie mauresque réagit à son tour.

Alors, surviennent les troubadours, les jongleurs et les comédiens, et la langue avec eux prend un développement merveilleux, et la poésie revêt les formes les plus variées.

C'est cette genèse littéraire si attrayante que M. Mandet suit curieusement au travers des temps, en véritable historien, avec un sens critique extrême, et aussi en délicat lettré. Et c'est pourquoi l'*Histoire de la langue romane* est un livre de première valeur, digne d'attirer l'attention de tous ceux qu'intéressent les sérieuses études d'érudition.

Mais, l'œuvre historique capitale de M. Mandet, c'est son *Histoire du Velay*.

Il est peu de localités qui possèdent d'aussi riches archives, d'aussi curieux monuments, et qui offrent à l'intérêt des savants et des artistes de si nombreux sujets d'étude. Les ruines antiques y abondent, et l'archéologue y rencontre un champ toujours ouvert à ses persévérantes investigations : la foi religieuse ne s'est manifestée sur aucun territoire avec une égale énergie : nulle part la féodalité ne développa son systéme de domination avec plus d'âpreté, plus de vaillance ; nulle part aussi la bourgeoisie opprimée ou triomphante ne sut montrer dans ses luttes incessantes un dévouement à ses convictions et un courage plus héroiques. (1)

En ces quelques lignes M. Mandet a fort judicieusement exposé les divers points qui ont formé successivement l'objet de ses études.

Tout d'abord, il a fait besogne d'archéologue, recherchant dans les débris du passé la raison des âges disparus ; puis, entrant plus immédiatement dans le domaine de l'histoire, il a suivi avec passion les diverses phases de l'évolution religieuse, et celles de l'existence même de la population, et enfin, pour couronner dignement son œuvre, il s'est occupé de faire revivre tous les hommes qui, au cours des temps, illustrèrent le Velay, dans les sciences, les arts ou les lettres.

Comme historien, M. Mandet appartient à cette école de savants qui estiment à juste titre que l'on ne saurait négliger sans danger ancune source d'informations ; et, en raison même de ce principe, il s'adresse aussi bien à la légende qu'au récit enregistré dans les chroniques écrites ; il interroge les pierres et les parchemins et ceux-ci souvent lui donnent la solution du problème.

(1) Francisque Mandet. *Histoire du Velay*, tome I, préface, page II.

II

Si M. Mandet fut un historien de premier ordre, il fut aussi un véritable ami des arts.

Sous cet aspect nouveau, le savant auteur de l'*Histoire du Velay* n'est guère connu que de ses collègues de la *Société du musée de Riom*, et pourtant c'est peut-être comme critique artistique qu'il a écrit ses meilleures pages.

On ne peut, en effet, ouvrir un des nombreux rapports qu'il fit durant de longues années aux membres de cette société du Musée, qui fut sa création entière, sans y trouver quelque description charmante, d'un style parfait, vif et sémillant, des diverses acquisitions ou des dons dont se sont enrichies les collections. Avec une verve exquise et pleine à la fois de grâce et de bonhomie, à propos d'une figurine, d'une estampe, d'une peinture ancienne, il décrit dans un langage élégant et simple, cependant, l'œuvre d'art considérée ; il en détermine les qualités, en recherche l'origine, la discute, et, son examen achevé, il se trouve souvent qu'il a élucidé, sans y prendre garde, presque, quelque point difficile d'esthétique, résolu une question importante de critique d'art.

Au surplus, en cette matière, ce n'est pas parler de M. Mandet qu'il convient de faire, mais le laisser parler lui-même ; la moindre citation est en effet caractéristique, comme on en peut juger par les lignes suivantes qu'il écrivait à propos de la *Psyché* d'Amaury-Duval.

Cette fraiche et délicate composition, vous la connaissez : Psyché est gracieusement couchée sur un lit d'ivoire ; la lampe qui brûle à ses côtés sur un trépied d'or est bien près de s'éteindre. Déjà les nobles claretés du jour glissent sur les lambris et pénètrent dans ce sanctuaire mystérieux qu'un Dieu vainqueur vient de quitter

Ce n'est plus l'innocente enfant qui reçoit sur son front virginal le premier baiser de l'amour, et dont Gérard a si poétiquement rendu la chasteté divine. Ce n'est pas davantage la jeune fille aux ailes de rose que Curzon a voulu peindre fuyant le sombre empire après avoir ravi le trésor de Proserpine. C'est l'épouse aimée de Cupidon dont Apulée raconte en traits ravissants la symbolique histoire, et qu'Amaury-Duval nous révèle dans toute sa splendeur au moment où l'étincelle céleste l'anime et l'enflamme.

Une draperie lilas, constellée d'étoiles d'or, tombe en plis harmonieux du côté d'où vient la lumière et la reflète en lueurs chaudes et nacrées sur ce corps charmant qu'aucun voile ne cache. L'œil noyé dans l'extase, elle relève languissamment son bras sur sa tête appesantie, et dans son abandon laisse se dénouer et se répandre sur sa couche les flots de sa blonde chevelure. L'amante si vantée de Praxitèle et d'Hypéride ne montra jamais à l'aréopage ébloui une plus triomphante beauté.

L'ordonnance du tableau est d'un goût exquis, d'une sobriété parfaite. Elle rappelle les plus délicates fresques des temples de la Grèce antique et semble n'emprunter qu'à regret le secours d'ornements secondaires. — Psyché est là en souveraine, inondée de lumière, de jeunesse et de grâce. Comme s'il eut voulu, par la virginité même du coloris, faire ressortir dans tout son éclat l'épanouissement de cette figure enchanteresse, l'artiste a choisi les nuances les plus tendres, les plus calmes, les plus éthérées, de telle sorte que le charme de sa peinture résulte précisément de ces teintes prestigieuses de perle et d'opale merveilleusement favorables au relief du sujet principal. (1)

Voilà, n'est-il point vrai, de la critique d'art au sens le plus élevé du mot, et, après avoir lu cette page aimable, charmeuse et savante aussi, n'est-ce point à bon droit que l'on peut dire de son auteur ? Celui-là fut un véritable artiste et un maître écrivain.

III

En chaque pays, si indifférent aux choses de de l'esprit soit-il, il vient toujours un moment où il se produit comme une sorte de révolution artistique et où, sous l'effet d'une influence directrice quelconque, l'on voit tout d'un coup se développer comme une pleïade de délicats et de lettrés, écrivains et artistes.

Dans notre histoire, l'on rencontre une de ces époques heureuses qui fut particulièrement brillante et qui s'appelle la *Renaissance*. Eh bien, ainsi que la France voici tantôt près de quatre siècles, l'Auvergne depuis une vingtaine d'années est, elle aussi,

(1) Francisque Mandet, *Rapport à la Société du Musée de Riom*, du 26 *décembre 1867*, page 14.

comme le siége d'une nouvelle renaissance artistique.

Sa population un peu âpre, si rebelle à tout ce qui n'est point l'existence pratique et positive, a enfin ouvert son âme à l'idéal, s'est passionnée à son tour pour des beautés trop longtemps méprisées, et de son sein est sortie toute une génération qui va sans cesse s'accroissant d'artistes de talent. Mais, quelle est la cause qui a produit cette métamorphose ?

En Italie, au XVIe siècle, la Renaissance se développa grâce à la protection que lui accordèrent les princes qui se partageaient le pouvoir des différentes villes du pays et qui rivalisaient entre eux de luxe et d'élégance ; en France, ce fut le roi même, François 1er, qui la favorisa.

Eh bien, pour l'Auvergne moderne, c'est M. Mandet qui aura eu pour une grande part l'honneur d'avoir joué ce beau rôle de Mécène.

Tout à l'heure, nous avons très sommairement analysé son œuvre littéraire si importante. Cependant, cette œuvre écrite n'est peut-être que le petit côté de sa personnalité. M. Mandet, en effet, en fondant la *Société du musée de Riom*, fit pour l'Auvergne plus qu'il n'avait fait pour le Velay en écrivant son histoire.

Grâce à son dévouement de tous les instants, grâce à sa science profonde, à son amour ardent pour la tâche qu'il avait entreprise, nos compatriotes apprirent à s'intéresser à des études autrefois négligées ; il fut, — et c'est là sa très grande gloire, — l'initiateur, celui qui ouvre les esprits.

Tel est l'homme remarquable à tant d'égards dont tout à l'heure en étudiant l'œuvre littéraire de M. Gomot qui fut son disciple, son second, et aussi son ami durant vingt-sept années, nous examinerons la vie si belle et si féconde.

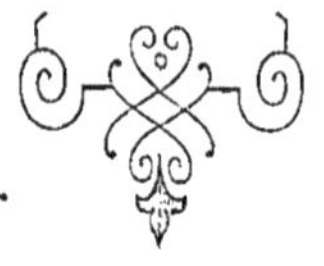

Hippolyte GOMOT

L'œuvre littéraire de M. Gomot (1) est assez complexe, en ce sens qu'elle s'étend sur un certain nombre de sujets.

Néanmoins, il est facile de la classer en deux ou trois divisions bien tranchées.

M. Gomot, en effet, est historien, biographe, et, par instants, journaliste ; — j'entends par là que à

M. GOMOT, Pierre, Eugène, Hippolyte, est né à Riom (Puy-de-Dôme), le 12 octobre 1838. Après avoir été reçu licencié en droit, il se fit inscrire comme avocat au barreau de sa ville natale et fut nommé, en 1864, substitut à Gannat. L'année suivante, il revint à Riom comme substitut et fut nommé procureur de la République au même siège, le 7 octobre 1874.

Au 16 mai, M. Gomot donna sa démission de procureur de la République et rentra au barreau de la Cour d'appel, où il conquit rapidement une excellente situation. Ses compatriotes le choisirent pour conseiller général du canton de Riom-ouest, et en 1878, il fut nommé conseiller à la Cour d'appel.

En 1881, M. Hippolyte Gomot posa sa candidature au siège de député à la première circonscription de Riom. M. Gomot obtint 9.215 voix. Il se fit inscrire à l'union républicaine et ne tarda pas à se faire apprécier par son esprit laborieux, une grande facilité d'assimilation et de précieuses qualités d'orateur.

Aux élections du 4 octobre 1885, M. Hippolyte Gomot a été porté sur la liste du congrès républicain du Puy-de-Dôme, et a été élu le deuxième par 78.144 suffrages, A peine de retour à Paris pour la réouverture du Parlément, M. Gomot a été appelé à faire partie du cabinet présidé par M. Brisson comme ministre de l'agriculture, en remplacement de M. Hervé Mangon. (Extrait de la *nouvelle Chambre. — Biographie des 584 députés*, par Félix Ribeyre).

différentes reprises il a donné à divers journaux de Paris, notamment au *Temps*, à la *Revue libérale* et à la *Revue bleue*, des articles sur des questions spéciales et qui ont été fort appréciés par le public *spécial* pour lequel ils étaient écrits.

Les travaux historiques de M. Gomot constituent surtout son œuvre capitale, et, par leur variété et leur objet, sont d'une étude fort instructive pour tous ceux qu'intéresse l'histoire locale d'Auvergne. Ils forment d'ailleurs actuellement deux importants volumes : *L'Abbaye royale de Mozat* et *Le Château féodal de Tournoël* ; de plus M. Gomot a également écrit une petite plaquette des plus curieuses sur les chroniques de Riom, *La Peste noire de 1631*, une autre intitulée *Le Refuge*, et aussi une notice historique sur Châtel-Guyon.

Enfin, pour compléter cet exposé sommaire des travaux de M. H. Gomot, ajoutons qu'il a publié deux livres, à notre avis, dignes de tous éloges, son étude sur le peintre orientaliste Prosper Marilhat et une biographie de M. Francisque Mandet.

Mais, laissons pour l'instant ces deux derniers ouvrages que nous examinerons tout à l'heure et étudions tout d'abord les travaux historiques de l'écrivain.

I

Dans un examen, si sommaire soit-il, des travaux

historiques de M. H. Gomot, il est impossible de séparer l'un de l'autre ses deux ouvrages : l'*Histoire de l'abbaye royale de Mozat*, et celle du *Château féodal de Tournoël*, comme il faudra relier à ces deux livres cette histoire des *Chroniques de Riom*, que l'auteur prépare depuis plusieurs années et à laquelle il a consacré déjà bien des heures et bien des recherches. C'est que, en effet, il y a un lien intime entre ces trois livres qui représentent chacun en leur cadre particulier, l'histoire de la province d'Auvergne ou mieux le caractère de cette histoire.

LE MONASTÈRE, — LE CHATEAU-FORT, — LA VILLE : — voilà, disais-je, les trois symboles de la puissance au moyen-âge que je me propose de mettre en relief.

J'ai choisi pour type du monastère la vieille abbaye de Mozat, si importante, si riche en souvenirs. Avec Tournoël j'étudie le pouvoir féodal, son établissement dans notre province, sa grandeur et les causes de sa décadence. Plus tard, je chercherai à mettre en relief, dans les chroniques de Riom, la lutte de notre vieille bourgeoisie contre les oppressions de la féodalité, et le développement des franchises municipales, (1)

C'est en ces termes que M. Gomot a lui-même exposé la nature et le plan de le tâche qu'il s'est imposée.

Ce qui caractérise essentiellement les travaux historiques du député du Puy-de-Dôme, c'est l'esprit critique et véritablement philosophique qui préside à leur conception.

(1) H. Gomot. *Histoire du Château féodal de Tournoël*, préface, page VII.

Ecrire l'histoire, estime-t-il à juste titre, ne consiste pas à déterrer de la poussière des bibliothèques de vieux parchemins plus ou moins inconnus, à compulser des mémoires interminables, à relever par le menu et à publier dans leur entier des minutes ou des chartes anciennes ; évidemment, un tel travail rentre dans la besogne de l'historien, mais comme un accessoire, indispensable : il est vrai, et il n'est jamais que le petit côté de l'œuvre ; ce qu'il importe sur toute chose, c'est de rechercher et de saisir, au milieu du fatras de tous ces documents si insignifiants en eux-mêmes, le lien qui les relie, d'en extraire la pensée et la vie des individus qui les créèrent, de reconstituer avec leur aide la physionomie d'une époque disparue, de faire revivre, en quelque sorte, une société morte pour jamais et de la faire revivre avec tous ses caractères, son esprit, ses aspirations, sa morale, ses conceptions artistiques, scientifiques et religieuses, de mettre en pleine lumière le rôle qu'elle a joué dans l'évolution générale de l'humanité, de déterminer sa place précise par rapport aux sociétés qui l'entouraient, et enfin, d'expliquer par elle celles qui lui ont succédé, comme elle-même était l'explication des sociétés qui la précédèrent.

Envisagée de cette sorte, la tâche de l'historien cesse d'être aride et devient la plus attrayante qu'il soit possible pour un esprit large et épris à la fois d'idéal et de vérité.

Les quelques lignes que nous avons citées plus haut nous montrent bien que M. Gomot a compris l'histoire de cette façon, il nous faut voir, maintenant, comment il a traduit sa conception.

I

L'Histoire de l'Abbaye royale de Mozat a pour objet de rechercher quelle fut en Auvergne, du VIe au XVIIIe siècles l'importance et la condition des ordres monastiques.

Pour mener à bien une œuvre semblable, M. Gomot a pensé avec raison qu'il était oiseux d'égarer ses recherches sur la multitude des couvents et autres institutions religieuses qui pullulaient en ces époques de foi ardente, mais qu'il valait mieux synthétiser pour généraliser ensuite, et il a choisi pour objet principal de ses études l'abbaye de Mozat, une des plus importantes et des plus anciennes de France, une de celles où « les traditions se sont conservées longtemps les plus homogènes, » (1) et, sur une large période de douze siècles, il va poursuivre patiemment son étude. Sous sa direction, nous pouvons suivre d'âge en âge, d'instants en instants, les transformations multiples de l'institution monacale à travers le temps ; nous apprenons à connaître les services énormes qu'elle a rendus à l'humanité et à la

(1) H. Gomot. *Histoire de l'abbaye royale de Mozat.* Introduction, p. VI.

pensée humaine, nous assistons, plus tard, à l'effondrement et à la désorganisation, fruits des bouleversements survenus dans la constitution sociale de notre pays, de ces corps religieux jadis si prospères et si puissants.

Durant tout le moyen âge, la société religieuse brilla d'un éclat incomparable ; la destruction de la féodalité fut le signal du lent travail dissolvant qui peu à peu devait la réduire à n'être plus que l'ombre d'elle même.

Quand la monarchie, victorieuse de la féodalité, eut dominé tous les éléments de la puissance nationale, les abbayes et leurs richesses séculaires ne tardèrent pas à passer en des mains étrangères ; le droit d'élection fut ravi aux moines, et cette première spoliation décida de leur sort. Leurs domaines ne leur appartenaient plus, ils ne s'appartenaient plus eux-mêmes, n'ayant plus ni franchises, ni libertés. On leur imposait leurs dignitaires, leur abbé, le maître commendataire auquel ils devaient obéir. Ce maître était un grand seigneur, il vivait loin d'eux, sans eux et par eux ; les moines ne le connaissaient que par ses titres et pour lui transmettre les revenus de leur patrimoine. Le peuple monacal, ainsi dépouillé se désintéressa insensiblement d'une œuvre qui n'était plus la sienne ; il n'avait conservé du cloître que le servage, il voulut s'affranchir en désertant le cloître. (1)

Ces quelques lignes qui terminent la remarquable introduction que M. Gomot a mise en tête de son volume sur l'abbaye de Mozat, sont grosses d'enseignement et renferment rigoureusement la

H. Gomot. *Histoire de l'abbaye royale de Mozat*, introduction. p. XIII

raison de ce démembrement moral de la communauté religieuse qui, commencé à l'avènement de la royauté comme puissance réelle, devait se parachever dans la grande tourmente révolutionnaire qui termina le siècle dernier.

II

A côté de la puissance religieuse, il en est une autre qui s'éleva formidable durant toute cette sombre période du moyen âge, et qui devait disparaître pour les mêmes causes qu'elle, la féodalité !

A côté du couvent, la citadelle du seigneur, plus bandit que maître, toujours prêt à la rapine, et qui opprime sans relâche le pays et ses habitants.

La loi du plus fort règne en souveraine maîtresse et l'histoire n'est plus qu'un drame lamentable, que le martyrologe de tout un peuple en butte continuelle aux attentats de ses seigneurs.

Aussi, les conséquences fatales d'une telle situation ne se font point attendre ; l'apauvrissement est général, les terres les plus fertiles sont à peine cultivées ; à quoi bon, en effet, semer le blé pour le voir foulé à peine levé, par le pied des chevaux, ou, s'il vient à maturité, pour voir le maître larron s'en emparer en vertu de son pouvoir sans borne et sans contrôle.

La vie, à cette époque, est devenue une lutte perpétuelle, et la condition d'être humain est moins enviable que celle des bêtes de somme, si par malheur on appartient à la plèbe taillable et corvéable à merci.

Des évêques traîtreusement faits prisonniers, — des abbayes, des églises, des bourgades assiégées, pillées, — des tombes profanées, — des vassaux odieusement opprimés, — des châtelains nuitamment surpris, leur demeure saccagée, eux-mêmes chassés et leurs enfants couverts d'outrages ; — la débauche installée au château, — les familles voisines contraintes à s'exiler en grande hâte pour éviter d'implacables vengeances......... rien n'y manque. L'histoire redit en cet endroit, ce qu'elle répète ailleurs. (1)

C'est en ces termes que M. Gomot représente la synthèse de l'histoire féodale de Tournoël, histoire lamentablement tragique, où l'on marche continuellement dans l'horreur et dans le crime, et qui ne se transformera réellement que le jour où la noblesse féodale sera définitivement vaincue et abaissée.

Et, ce qui se passe à Tournoël, c'est également ce qui se passe dans les autres terres du royaume ; les mœurs sont les mêmes à peu près partout. Aussi, pour la nation, l'extension de la domination royale, en donnant à chacun un peu de sécurité, sera-t-elle un bienfait immense pour le misérable serf condamné à vivre sous l'ombre du château, comme l'institution communale en conférant à l'habitant des villes ses franchises municipales sera

H. Gomot, *Histoire du château féodal de Tournoël*, introduction, p. 7

également un progrés énorme, car elle constituera une première étape vers la liberté,

L'Histoire du château féodal de Tournoël, c'est donc en raccourci l'histoire , ou mieux le drame de la féodalité entière, et ce drame, parfois, prend une grandeur épique devant laquelle disparaissent toutes les atrocités qui l'accompagnent ; mais, ces moments sont rares, et plus souvent la tragédie sinistre surnage seule.

Voilà ce que dans son livre M. Gomot a montré d'une manière intense. De sa plume ardente, il évoque à nos yeux les seigneurs malandrins, les routiers, les serfs, tout un peuple, accomplissant sa vie ; il nous fait pénétrer dans la demeure de chacun et nous initie à son existence même, et, grâce à lui, la chronique de ces temps si troublés tout à coup s'éclaire merveilleusement et nous en saisissons l'intelligence.

Son histoire du château de Tournoël était le complément indispensable de son histoire de l'abbaye de Mozat ; les deux livres se complètent l'un l'autre.

III

Quelques mots sur la *Peste noire de 1631.*

Cette plaquette, est consacrée au récit terrible de l'épidémie de peste noire qui, en l'an 1631, vint jeter l'épouvante dans toute la contrée.

Ce petit travail a surtout son intérêt absolument

local et ne prête point aux généralisations comme les deux ouvrages que nous venons d'analyser. Néanmoins, comme il jette des lueurs singulièrement vives sur l'état des esprits et des mœurs à cette époque, comme il nous montre ce que la crainte de la mort peut faire de l'homme épouvanté devant son appareil sinistre, comment elle peut lui arracher tout sentiment d'amour et de pitié pour son semblable, le faisant bien conformément à la cruelle formule, *homo homini lupus*, il était bon de le rappeler et de le signaler au cours de cette simple étude.

D'ailleurs, ces quelques feuillets consacrés à une des phases les plus mémorables des chroniques Riomoises intéressent trop vivement l'Auvergne entière, qui fut en grande partie ravagée par cette épidémie, pour que nous les ayons complètement passés sous silence.

II

Parmi les divers ouvrages de M. Gomot, il en est, avons-nous dit, deux tout particulièrement intéressants à cause de leur caractère tout différent de celui des autres travaux de pure érudition coutumiers à l'écrivain.

J'entends parler de son étude sur le peintre Prosper Marilhat et sur son œuvre, et de la biographie de M. Francisque Mandet ancien conseiller de la cour de Riom.

Ces deux noms, celui du grand artiste Marilhat et celui de M. Francisque Mandet rappellent des hommes trop chers à l'Auvergne pour que nous ne nous arrêtions pas un instant sur les pages charmantes et émues que leur a consacrées l'historien de l'*Abbaye de Mozat* et du *Château de Tournoël*. Aussi bien, d'ailleurs, appartenait-il à M. Gomot, plus qu'à tout autre, de parler avec autorité de ses deux compatriotes : sa haute compétence en tout ce qui touche aux choses de l'art le désignait tout spécialememt pour analyser le talent d'un des maîtres orientalistes de l'école française moderne ; son ancienne et profonde amitié pour M. Mandet lui faisait un pieux devoir d'élever ce suprême hommage à la mémoire de l'homme distingué, de l'écrivain de race, qui a laissé à Riom et dans toute l'Auvergne un si vif et si impérissable souvenir.

I

Le travail de M. Gomot sur Marilhat mérite certainement à bon droit de figurer à côté des meilleures monographies d'artistes qui aient été écrites. Grâce à son récit si simple et en même temps si précis, si lumineux, si attrayant, nous pouvons suivre pas à pas les différentes phases de l'existence trop courte, hélas, du prestigieux peintre de cet admirable tableau le *Souvenir des bordsdu Nil*;

nous assistons à ses premiers essais, à ses enthousiasmes de jeune homme qui pressent le grand art et qui se sait au fond de l'âme la ferme volonté de surmonter tous les obstacles et une véritable puissance créatrice ; nous le voyons, arrivant à Paris et venant dans l'atelier de Ciceri, puis chez Roqueplan, chercher la science du beau qu'il voulait si ardemment connaître ; nous savons enfin, quelle circonstance, petite en apparence, décida du sort artistique de Marilhat et le jeta inopinément dans cette étude de l'Orient où il devait acquérir tant de célébrité. Au surplus, il est bon à ce propos de citer la page où M. Gomot raconte dans un langage plein d'humour comment le jeune peintre fut amené à faire ce voyage en Orient qui allait avoir sur son existence une influence si capitale.

En ce temps là, Marilhat, depuis un an déjà, suivait assidument les leçons de Roqueplan, et, déjà en ce moment, il se montrait « épris d'exactitude et de sincérité. »

Ce tempérament froid, classique, lui nuisait dans l'esprit de ses camarades, qui lui reprochaient sa sécheresse. « Pourquoi, répondait-il, vouloir me faire mettre au cou de mes moutons des rubans roses ? ils n'en portent pas dans mon pays. »

On lui reconnaissait une qualité, qu'il revendiquait lui-même, la précision ; mais on en riait, et c'était un prétexte à plaisanteries continuelles. Il s'y prêtait de la meilleure grâce du monde et répondait même au sobriquet de « Précis » qu'on lui donnait quelquefois.

Cette plaisanterie d'atelier décida du sort de Marilhat ou tout au moins donna à sa carrière artistique une direction que rien ne permettait de prévoir.

Par une froide matinée du mois de février 1831, on annonça à Roqueplan la visite d'un grand personnage conduit par un attaché du ministère des affaires étrangères.

C'était un allemand, grand, blond, rougeaud, maussade, tous les traits de la race. Il s'appelait le baron de Hugel, et préparait une expédition scientifique et artistique en Orient. Comme il lui fallait un dessinateur, il était venu le chercher à Paris, et il espérait le trouver dans l'atelier de Roqueplan.

La conversation s'engagea devant les élèves très attentifs aux explications de l'étranger. Celui-ci, en assez mauvais français, scandait les qualités qu'il attendait de son dessinateur, et chaque phrase finissait par ces mots : « *De la brécision, de la brécision* ».

Marilhat devint bientôt le point de mire des regards moqueurs de ses camarades. Roqueplan sourit lui-même, mais frappé de cette désignation muette, il présenta Marilhat à M. de Hugel.

Séance tenante, les engagements furent pris.

Deux mois après l'expédition s'embarquait à Toulon sur le brick le d'*Assas*. (1)

A partir de ce moment, Marilhat est devenu lui-même et il ne va plus guère avoir d'autre maître que la nature, et quelle nature, ces admirables paysages d'Orient éclatants de lumière, et d'un charme si étrange avec leur végétation luxuriante ou leur aridité désolée. Aussi, à peine le peintre a-t-il mis le pied sur la terre d'Afrique qu'il est conquis, possédé.

(1) H. Gomot. *Marilhat et son œuvre*, p. 14.

Tout l'enchante, le site sauvage, tantôt aride et nu, tantôt chargé d'une exhubérante végétation, le ciel éternellement d'azur, le soleil qui transforme hommes et choses sous son pinceau de feu. Une armée vient d'arriver à Alexandrie, Arabes, Turcs, Maugrabins, Cophtes, Abyssins sont là réunis. Bronzés, presque nus, ils passent calmes et fiers drapés noblement dans leurs guenilles bariolées.

Au loin la plaine est garnie de cahutes basses, creusées comme des tanières et recouvertes de briques ou de branchages. Ces retraites, qui rappellent un peu celles des *temps préhistoriques*, dont nous trouvons chaque jour les vestiges, notamment au centre de la France, servent de demeure aux femmes et aux enfants qui suivent l'armée. Et toute cette population hétérogène grouille le jour dans les rues d'Alexandrie ! types incomparables qui se révélent avec cette richesse de coloris que donne le soleil d'Orient à tout ce qu'il éclaire, avec cette vigueur sculpturale d'attitude qui appartient aux peuples primitifs. Marilhat est là, attentif charmé. Il dessine tout ce qu'il voit avec une ardeur fébrile comme s'il voulait se hâter de fixer sur le velin une vision prête à disparaitre. (1)

C'est ainsi que le biographe de Marilhat nous rapporte le ravissement du peintre séduit, empoigné par le pittoresque intense de l'admirable pays où il vient de débarquer. A partir de ce moment, la joie des yeux, non plus que la fiévre du travail, ne quitte plus l'artiste qui, même une fois qu'il est redevenu son maître, ses engagements avec M. de Hugel étant remplis, ne peut se décider à s'éloigner de sa ville d'élection le Caire, où il est venu passer

(1) H. Gomot. *Marilhat et son œuvre*, p. 21

l'hiver et où, paraît-il, il y est « plus préoccupé d'amour que de travail, » à ce que disent ses amis. Cependant, toute chose a un terme ; Marilhat se décida enfin à regagner la France et prit passage sur le *Sphinx*, bateau à vapeur de l'Etat qui remorquait l'obélisque de Louqsor.

Une fois rentré en France, une autre vie allait commencer pour le jeune Orientaliste. Il allait enfin mettre à profit ses études de deux années et à son tour bâtir sa renommée.

De l'étude de M. Gomot, cette seconde partie est certainement la plus intéressante, car elle est la plus féconde en renseignements précis sur les habitudes, sur les modes de travail de l'artiste, et sur le milieu social dans lequel il vivait.

Au fur et à mesure que nous déroulons ces pages vives et colorées, nous apprenons à connaître Marilhat tel qu'il était, avec ses qualités et ses quelques défauts ; mieux que cela, nous voyons le peintre se détailler lui-même et livrer le secret de son être en même temps qu'il expose ses affections et ses sympathies ; nous assistons, enfin, à cette dernière période de sa courte vie, si triste et si puissamment navrante.

Au point de vue critique, l'intérêt n'est pas moindre. M. Gomot, en effet, est un juge éclairé et la sûreté de son goût ne saurait être mise en défaut.

Son travail, d'ailleurs, a été mené avec une

méthode qui exclue toute fausse interprétation, grâce à sa rigueur.

Il a d'ailleurs, dans l'avant dernier chapitre de son livre, pris soin de résumer en quelques lignes d'une précision parfaite, son impression sur la nature du talent de Marilhat, et, ces quelques phrases sont un modèle de critique d'art que nous nous devons de citer en leur intégrité.

Chez Marilhat, écrit M. Gomot, — le dessin est d'une admirable pureté, il est aussi d'une surprenante exactitude. Veut-il rendre un monument, une ruine ? Un plan géométrique ne serait pas plus minutieux, et, s'il peint un arbre, il le fait si *ressemblant* que le botaniste le plus exercé n'y trouve rien à reprendre. Ses paysages sont, dans leurs lignes générales et dans leurs détails, de véritables photographies, mais des photographies intelligentes, pleines de mouvement et de grâce.

Nous ne voulons pas dire que Marilhat ait constamment trouvé sur sa route des tableaux tout préparés et qu'il n'ait eu qu'à les transporter sur la toile. L'artiste peut avoir quelquefois de ces rencontres heureuses, mais elles sont rares, et quoiqu'il fasse, il doit toujours arriver à la composition. Il suffit d'étudier l'œuvre de Marilhat pour saisir sur le vif la manière dont il exécute la plupart de ses tableaux.

Tous ses croquis, très arrêtés, très finis, ont été faits d'après nature. Il en avait une énorme collection, admirablement classée, et presque tous étaient accompagnés d'annotations destinées à venir en aide à sa mémoire. Dans l'atelier, il reprenait dessins et aquarelles, les assemblait, les groupait. Il animait le paysage par une caravane, plaçait quelques Arabes autour de la ruine qu'il voulait peindre, harmonisait son ciel avec la composition ; en un mot, il enveloppait son sujet, il lui donnait de l'unité par l'arrangement. C'est ainsi que d'une suite de croquis et de souvenirs il composait un tableau.

Un tel procédé permet au peintre de garder son originalité et de *créer*, ce qui est le but suprême de l'art, tout en restant l'imitateur de la nature. N'est-ce pas créer, en effet, que de donner au corps humain l'attitude, au regard l'expression, au ciel le reflet, au paysage la couleur ! Un tableau ne jaillit pas subitement de la conception d'un artiste, comme Minerve tout armée sortait du cerveau de Jupiter. Il faut du temps, des soins, des rapprochements, et c'est par ce travail de comparaison et de recherche que le peintre, pour me servir du beau vers de Chénier,

Des traits de vingt beautés forme la beauté même.

Ce qui est le plus remarquable chez Marilhat, c'est l'impression qui se dégage de ses œuvres, et en même temps, la simplicité des moyens employés pour la produire...... (1)

II

La biographie de M. Mandet, le dernier travail qu'ait publié M. Gomot, est, ainsi que je l'ai dit plus haut, un pieux hommage rendu à une amitié de vingt-sept années, « une amitié douce et tendre, exempte de défaillances, » comme il l'écrit lui-même dans une courte préface mise en tête du livre.

« En écrivant ces lignes, j'obéis à un besoin de mon cœur, » dit-il encore un peu plus loin ; la tâche a du lui être bien douce et bien amère à la fois.

(1) H. Gomot. *Marilhat et son œuvre*, page 79.

En effet, en lisant les pages de ce volume, on apprend à connaître ce qu'était M. F. Mandet, et, à mesure que l'on pénètre un peu plus dans son intimité, on se prend à l'aimer davantage, on conçoit bien vite combien sa perte a dû être douloureuse à ses proches, à ses amis, combien elle a dû être sensible à ses concitoyens, et l'on comprend sans peine quel charme mélancolique l'ami du disparu a dû éprouver à faire revivre une figure aussi chère.

La vie de M. Mandet est, dans toute son étendue, celle d'un homme de bien et d'un homme de cœur ; elle est presque celle d'un homme sage, s'il est donné à personne de prétendre à ce vocable ambitieux.

Francisque Mandet semble avoir été un privilégié de l'existence ; en vérité, sa vie a été heureuse autant que possible, mais parce qu'il l'a subordonnée toujours à l'observance stricte de ce qu'il estimait être son devoir, parce qu'il l'avait prise au sérieux et qu'il eut jugé indigne de lui de la gâcher dans l'oisiveté ou dans des occupations frivoles. Ce n'est pas qu'il fut jamais froid ni compassé ; non, il eut aussi les fougues et les ardeurs de la jeunesse, mais il sut les tourner vers un but utile et louable, véritablement digne de sa nature généreuse.

C'est ainsi que nous le voyons à Paris, où il arrive après les longues et dures années de collège pour *faire son droit*, dédaigner quelque peu certains salons mondains dont ses relations de famille lui ouvraient l'accès pour un monde au commerce moins banal quoique moins brillant, peut-être, celui des artistes et des lettrés. Bientôt, même, il ne se contente plus de la société de ses nouveaux amis ; il aspire à être des leurs, et, comme il a la volonté, l'ardeur travailleuse, et des connaissances solides, il ne tarde pas à voir s'ouvrir devant lui bien des portes inaccessibles à ce que l'on eut pu croire.

Tour à tour, en effet, il collabore à plusieurs journaux importants, s'essaie dans des productions dramatiques qui reçoivent de Casimir Delavigne et de Scribe, les deux grands maîtres du théâtre d'alors, des encouragements flatteurs, puis il s'éprend de passion pour les recherches historiques dans lesquelles il a pour guide Mérimée.

Devant une existence littéraire si bien remplie, et si pleine d'avenir, il semble que M. Mandet n'avait qu'à se laisser conduire, en quelque sorte, pour se créer dans le monde lettré parisien une situation de premier ordre.

Il devait en être autrement ; le père de M. Mandet occupait au Puy une situation importante dans le barreau de cette ville ; il désira que son fils vint revêtir à ses côtés la robe d'avocat. Le jeune homme, malgré qu'il lui en coutât, s'empressa de se rendre à l'appel de son père, et, « le 13 novembre 1835, le bâtonnier du Puy eut la satisfaction de présenter lui-même son fils au tribunal et de le faire admettre au stage » (1)

Dès lors, une existence nouvelle commença pour le jeune avocat à qui les travaux du palais ne firent point abandonner ses études. Seulement, les recherches historiques nécessaires à l'édification des grands ouvrages d'érudition allaient lui devenir désormais bien difficiles, pour ne pas dire impossible, éloigné qu'il était de toute grande bibliothèque. M. Francisque Mandet prit vite son parti et il résolut de circonscrire ses efforts au labeur qu'il avait la faculté d'embrasser et de mener à bonne fin ; c'est alors qu'il entreprit son œuvre capitale, son *Histoire du Velay*, qui est un des livres d'histoire locale les plus remarquables que l'on ait écrit et qui lui valut le suffrage de l'Institut de France.

Cependant, entre temps, M. Mandet avait quitté le barreau pour la magistrature et, après avoir occupé au Puy les fonctions de substitut, il avait été nommé quelques années après substitut du procureur général à Dijon, puis avocat général à la même cour et enfin conseiller, poste qu'il échangea le 7 avril 1850 pour celui de conseiller à la cour de Riom, heureux qu'il était de rentrer enfin dans sa chère Auvergne, et, surtout, dans cette ville de Riom qui avait été le berceau de sa famille et qu'il ne devait plus jamais quitter.

(1) H. Gomot. *Biographie de M. Mandet*, page 9.

Cette dernière phase de la vie de M. Mandet n'est pas la moins intéressante, ni la moins belle et la moins utile. Le musée de Riom, n'est-ce pas lui qui eût cette glorieuse initiative de le créer ? — « En effet si créer est faire quelque chose avec rien, M. Mandet est bien le créateur de cet établissement que la ville de Riom peut montrer avec orgueil » (1)

Une telle œuvre, pourtant, n'était point commode à mener à bonne fin, et il fallait la volonté un peu tenace, un violent amour de tout ce qui touchait à l'art, comme M. Mandet, pour conduire à son terme une œuvre de cette importance, et surtout pour y arriver avec des ressources relativement bien faibles. Il est vrai, que pour accomplir une tâche semblable, M. Mandet comme le fait fort bien remarquer son biographe, avait une grande qualité :

> M. Mandet n'était ni peintre, ni sculpteur, ce qui lui permettait de diriger le musée sans partialité, sans parti pris d'école. Néanmoins il recherchait plus spécialement les productions des peintres hollandais. En cela il devança et pressentit le goût du public dans ces dernières années ; aussi eut-il la bonne fortune d'acheter presque pour rien des toiles vraiment belles de Karl Vanloo, de Crasbaech, de Van Goyen, de Breughel, etc. (2)

Aujourd'hui, le conseil municipal de Riom a rendu un dernier hommage bien mérité à la mémoire

(1) H. Gomot. *Biographie de Francisque Mandet*, page 41.

(2) H. Gomot. *Biographie de Francisque Mandet*, page 45.

de M. Mandet en décidant que le musée qu'il avait fondé porterait son nom. Une délibération semblable est de celles qui honorent les citoyens qui l'ont votée !

Les derniers moments de la vie de M Francisque Mandet dont M. Gomot nous fait le récit dans son livre, sont d'une simplicité touchante et en tous points dignes de la vie entière de cet homme de bien.

M. Mandet ne fut pas effrayé devant la mort ; elle n'était plus pour lui que le passage à la vie éternelle. Il la vit venir sans faiblesse, un doux sourire aux lèvres, semblant dire : « Je suis prêt, » (1)

Et plus loin.

Sa verve était restée la même et l'on éprouvait une étrange impression à entendre sortir de ce lit de douleur des mots pétillants d'esprit, des réparties promptes, originales, presque gaies. (2)

Cependant, cette lente agonie dura 15 jours.

Le 22, les forces diminuèrent. Il parlait moins, mais il était heureux de nous voir autour de lui et il nous souriait. Le lendemain matin, fatigué des angoisses d'une nuit sans sommeil, il dit : « Je ne croyais pas que ce fut si long pour mourir. » Et comme on lui répondait par des sanglots : « Ne pleurez pas, murmura-t-il, c'est une délivrance. » Ce fut sa seule plainte. Quelques heures après, il rendait le dernier soupir entre les bras de sa fille dont l'énergie dans cette longue épreuve avait été à la hauteur de la sienne. (3)

(1) H. Gomot. *Biographie de Francisque Mandet*, page 83.
(2) id. *ibid.* page 83.
(3) id. *ibid.* page 84.

III

Telles sont, bien sommairement résumées d'après les deux livres de M. Gomot, les deux existences si belles et si bien remplies du peintre et du magistrat. Ces travaux paraîtront peut-être à certains esprits étroits peu dignes d'attirer l'attention ; nous en avons jugé autrement, car nous estimons, à bon droit croyons-nous, qu'il n'est pas de plus noble tâche pour un écrivain que de raconter à tous la vie de ceux de leurs concitoyens qui ont brillé par leurs talents et leurs vertus. C'est faire là, en effet, une œuvre saine et utile entre toutes, une œuvre patriotique au sens le plus élevé du mot. Et c'est pourquoi, de l'œuvre entière de M. Gomot, malgré le puissant intérêt qui se dégage de ses beaux travaux historiques, nous préférons encore ces deux petits volumes qui, nous en sommes bien certain, lui sont à lui aussi, pareillement chers.

HENRI DONIOL

L'œuvre littéraire de M. Doniol (1) est considérable et en même temps des plus complexes, et, par sa nature particulière, elle échappe en grande part à l'analyse.

Erudition, économie politique, linguistique, biographie, politique, histoire, archéologie, M. Doniol a en effet successivement publié des travaux importants sur ces diverses matières, et son dernier ouvrage, l'*Histoire de la participation de la France à l'établissement des Etats-Unis d'Amérique* vient d'être imprimé à l'Imprimerie nationale et doit figurer à l'Exposition universelle de 1889 comme spécimen des travaux de cet établissement.

Cet ouvrage, d'ailleurs, est un travail de premier

(1) M. HENRI DONIOL est né à Riom (Puy-de-Dôme) en 1818. Il entra de bonne heure dans l'administration, après un court séjour dans le barreau, et il y occupa des situations importantes. Concurremment avec ses travaux administratifs il mena toujours de front ses occupations littéraires. En 1863, il devenait membre correspondant de l'institut et, l'année suivante il était nommé inspecteur adjoint de l'agriculture.

M. Doniol, qui est actuellement depuis déjà plusieurs années, directeur de l'Imprimerie nationale, a été nommé officier de la Légion d'honneur au mois d'août 1878.

ordre et qui jette principalement sur l'histoire politique de ces années si fécondes en évènements de toutes sortes, un jour tout nouveau, grâce aux nombreuses pièces justificatives qui l'accompagnent et qui sont tirées, pour la plupart, des documents et des correspondances diplomatiques du temps.

Cependant, quand l'on considère l'ensemble de son œuvre, on ne tarde pas à s'apercevoir que M. Doniol est surtout un historien et que s'il sacrifie de temps à autre à des recherches d'une autre nature, c'est pour lui l'accident. D'ailleurs, ces derniers mémoires se rattachent presque toujours par un côté quelconque à ses études favorites ; tel, par exemple, *Les patois de la basse Auvergne, leur grammaire et leur littérature*, une intéressante et curieuse brochure où il s'occupe de déterminer les origines des divers patois de l'Auvergne, où il étudie en grammairien leur structure propre, ou il examine en artiste leur littérature spéciale, écrite et orale, et cela à travers les temps, depuis l'époque des troubadours jusqu'à notre siècle. Là, est la part historique de l'œuvre et ce n'est pas la moins attrayante.

Mais, des recherches semblables ne sauraient jamais retenir bien longuement M. Doniol plus attiré par les grands travaux d'érudition. En outre de ses deux volumes sur l'établissement des Etats-Unis d'Amérique, il a encore écrit deux mémoires importants : le premier, *Histoire des classes rurales en France* et l'autre *la Révolution française et la Féodalité*. Dans ces deux livres, leur auteur étudie en philosophe et en économiste, avec un sens et un tact critique très développés, deux ordres de fait du plus haut intérêt, nous faisant connaître, d'une part, l'organisation de la société dans les campagnes, nous initiant à la formation de la propriété en France, nous montrant les multiples conditions de la vie du paysan à partir du XIIIe siècle jusqu'à l'époque de sa complète émancipation ; de l'autre, nous instruisant des réelles circonstances sociales qui amenèrent la révolution et la destruction de l'ancienne féodalité, et, surtout, par un travail remarquable de généralisation, nous faisant voir comment dans les autres états d'Europe, notamment en Angleterre, s'accomplit la grande évolution des classes inférieures secouant peu à peu le joug qui pèse sur leurs épaules.

Ce sont des œuvres considérables et utiles entre toutes, et, quand l'on examine attentivement le soin avec lequel elles ont été élaborées, on se demande comment leur auteur, si zélé soit-il, a pu encore trouver le temps d'écrire tant de brochures, de mémoires répartis dans des revues diverses, de collaborer à d'importantes publications économiques ou historiques, et, entre autres, à ce magnifique monument littéraire et artistique élevé à la gloire de l'Auvergne par l'éditeur P. A. Desroziers de Moulins, et qui s'appelle l'*Ancienne Auvergne*.

Ce sont là des mystères qu'explique seule une vie entière de labeur constant. Le savant directeur de l'Imprimerie nationale a le droit d'être fier de son œuvre, et nous, nous avions le devoir de la signaler, tout en regrettant que son objet souvent trop spécial nous ait empêché de l'analyser en détail et à loisir.

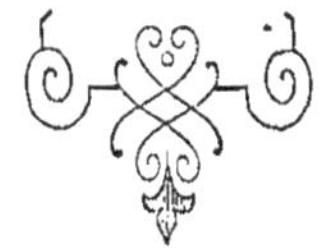

GABRIEL MARC[1]

I

Il est un trait fort curieux et qui caractérise d'une manière toute particulière notre époque, c'est la part considérable prise par l'art, plus que cela, par le dilettantisme qui est une sorte de raffinement de l'art, dans notre société de civilisation à outrance.

(1) M. GABRIEL MARC est né en Auvergne en 1840 à Lezoux (Puy-de-Dôme). Tout jeune encore, il fut pris de la passion poétique, et, en 1857, c'est-à-dire à l'âge de 17 ans, il voyait ses premiers vers dans le *Moniteur du Puy-de-Dôme*. Bientôt, pourtant, il quittait l'Auvergne et venait s'établir à Paris après avoir conquis son diplôme de licencié en droit. Dès lors, il prit une part active au mouvement poétique qui s'est développé peu à peu autour de la librairie Lemerre et il figure dans les publications collectives de cet éditeur : *Sonnets et Eaux fortes, Parnasses contemporains, Tombeau de Théophile Gauthier, Anthologie des poètes du XIXme siècle* récemment parue. En même temps, il collaborait alternativement à un certain nombre de journaux et de revues. *Le Nain jaune, l'Eclair, la Revue Moderne*, l'*Artiste*, l'*Evènement*, le *Gaulois*, la *Vie Moderne*, la *Nouvelle Revue*, la *Jeune France*, la *Jeune Revue*, *Paris-Moderne*, *etc . . ;* il faisait représenter au Gymnase une saynète en un acte en vers : *Quand on attend. . . . !*, et il était admis à lire au théâtre Français une comédie italienne, en vers, *Pierrot poète*, qui est demeurée inédite.

M. Gabriel Marc est membre correspondant de l'Académie de Clermont-Ferrand et a été membre du Comité de la Société des Gens de Lettres, dont il fait partie depuis 1868. Nommé officier d'Académie en 1878, il a été promu officier de l'instruction publique, le 1er janvier 1884.

L'évolution des individus est double, et, en même temps que certains esprits se livrent activement aux études positives et se tournent uniquement vers le *pratique*, d'autres, plus spéculatifs, veulent bien oublier qu'il y a des chiffres dans l'existence et, dédaignant tout le reste, se consacrent entièrement au culte du beau et du pur idéal. Et c'est ainsi que le siècle des chemins de fer et de l'électricité est aussi celui des Hugo, des Musset, des Sully-Prudhomme et des Leconte de l'Isle. A côté des chercheurs et des travailleurs de la science, les chercheurs et les travailleurs du rêve.

D'ailleurs, — et le fait mérite d'être noté, — le développement industriel de l'humanité est loin d'être un danger pour son développement artistique. Les formidables entreprises du commerce, les conceptions les plus audacieuses des ingénieurs, comportent un sentiment poétique tout aussi réel que celui qui inspire le ciseleur de rimes.

Le XVIIIème siècle, époque de philosophes raisonneurs, et de logiciens, ne possède pas un seul vrai poète parmi la foule de ses versificateurs ; jamais on ne rima autant, et jamais aussi les âmes ne furent plus insensibles, malgré que ce mot de sensibilité se trouve écrit à chaque page de leurs œuvres. Combien autre est notre temps ; à la froideur correcte précédente a succédé l'émotion vraie, et il est des cœurs pour sentir les passions humaines, pour comprendre la nature, des voix pour chanter les harmonies des choses, pour traduire les souveraines beautés de la forêt sauvage ou de la vaste plaine qui s'étend à perte de vue et qui, à l'horizon, s'estompe dans une brume nuageuse.

L'abbé Delile, St-Lambert, Laborde, Dorat et les mille autres rimeurs d'alors si habiles à décocher une épigramme ou à tourner un madrigal à Cydalise, n'intéressent plus guère que quelques lettrés ; le public d'aujourd'hui connait le nom de ses poètes, et il les aime eux-mêmes ; il partage leurs sensations délicates et fugitives et son esprit se plaît dans leur fréquentation.

Aussi, de tous les temps de l'histoire littéraire de notre pays, le dix-neuvième siècle est-il assurément le plus attirant pour tous ceux qui s'intéressent aux choses de l'art, sous quelque forme qu'il se présente.

D'ailleurs, comme maintenant, jamais l'esprit n'a revêtu tant de formes, parlé tant de langues, jamais scruté aussi intimement, aussi délicatement les moindres de nos pensées, tantôt mystique comme Baudelaire, — et d'un mysticisme si élevé qu'il n'est plus compris — tantôt fougueux et puissant avec Hugo, tantôt mièvre et charmant avec Mandès, — un adorable échappé du dix-huitième siècle joignant à la grâce parfaite de cette époque la corruption exquise de tous les âges passés, — ou bien encore détraqué ou mieux étudiant le détraquement de nos vies comme les Goncourt, ou examinant, sans la juger, notre société, comme les maîtres de l'école naturaliste, se contentant d'en tirer un profond dégout de l'humanité, une rancœur infinie devant la platitude et la bêtise énorme de l'espèce homme.

Et c'est là l'explication de cette multiplicité des écoles littéraires, des cénacles de tout genre qui dans toutes les branches de l'art, auront traversé le siècle, ayant un moment prétendu se mettre à la tête du mouvement des esprits, ou même imposer leur névrose impuissante.

C'est aussi pourquoi chaque littérateur, pauvre grand'homme de province, ou tempérament véritable, s'offre au public, — peut-être par un sentiment de naïve et pure religion de la patrie, — dans le costume de son terroir, et même parfois le garde toute sa vie.

Et puis, cette superstition, qui fait du pays aimé comme une divinité protectrice, va se trouver accompagnée de la quasi assurance d'exciter plus vivement le nervosisme du lecteur, grâce à la fraîcheur plus grande de l'expression, à son énergie souvent farouche, à sa rudesse âpre qui vient éveiller en nos sens comme un souvenir des fenaisons embaumées.

Voyez Cladel, un maître styliste, comme il est attaché à sa rude terre du Quercy et quelle intense poésie il sait dégager des guérets embrasés. Lisez

Sand ; est-il rien de plus charmant, de plus simplement beau que ces histoires de l'amour des humbles naissant et se développant, luttant contre toutes les passions avec la vigueur et la même sève ardente qui font se tordre les cîmes des arbres dans le grand réveil du printemps.

Oui, tous, vous procédez de la terre natale et lui devez grâce, car elle est votre force, et seule elle a le pouvoir de vous soutenir contre l'écœurement du spleen.

II

Le talent poétique de M. Gabriel Marc est assez complexe ; naïf et raffiné tout à la fois, énergique et tendre, il est celui d'un parisien dilettante, mais d'un parisen qui n'a point oublié les senteurs agrestes des grands paturages de sa montagne et qui en a conservé l'amour. L'auteur de *Liaudette* n'est point en effet un sceptique ni un triste ; la vie, pour lui, comporte des jouissances, et il ne prend pas son plaisir à sentir les odeurs enivrantes et lourdes des fleurs d'asphodèle ou de jusquiame ; il est de ceux que charme la blonde lumière du soleil et qui estiment que la vie peut encore être bonne, puisqu'il nous est donné des yeux pour admirer, une âme pour sentir et pour aimer tout ce qui est beauté et grâce.

Son vers, coquet et élégant, d'une finesse parfois railleuse comme dans les *Sonnets parisiens* et dans les *Soleils d'Octobre,* devient ému et attendri quand il doit célébrer les paysages familiers de l'enfance et prend une ampleur et une gravité pleine de noblesse pour chanter la légende épique de l'Auvergne.

Car, et le fait mérite d'être noté, M. Gabriel Marc appartient à cette phalange d'artistes qui aiment à se placer sous le patronage de leur pays natal et qui jamais ne l'oublient, mais lui consacrent toujours, au milieu des multiples entraînements de la vie parisienne, un souvenir dans leur esprit, une place choisie dans leur cœur. Comme Brizeux, le poète de la Bretagne, comme Mistral et Jean-Aicard, les chantres de la Provence ensoleillée, comme le peintre Jules Breton qui a retracé en de si beaux vers les calmes et mélancoliques paysages noyés de brume de la France du nord, M. Gabriel Marc a tenu à consacrer le meilleur de son talent à célébrer sa belle Auvergne, et les riches plaines de la Limagne, et les grands puys granitiques, et il s'est souvenu de cette parole de Gœthe : « *Poète, occupe toi de ton pays. Là sont tes chaînes d'amour ; là est le monde de tes pensées* »

III

L'œuvre poétique *locale* de M. Gabriel Marc, —

s'il est permis de parler ainsi, — se trouve condensée en deux volumes, dans *Soleils d'Octobre*, dont une importante part est réservée à l'Auvergne, et dans *Poèmes d'Auvergne*. Ce dernier livre, surtout, est plus particulièrement intéressant, le talent de l'auteur s'y montrant sous deux formes distinctes.

La première partie de l'ouvrage que le poète place sous la protection de Victor Hugo à qui il emprunte en guise d'épigraphe, le dizain suivant tiré de la légende des siècles :

De l'empreinte profonde et grave qu'a laissée
Ce chaos de la vie à ma sombre pensée,
De cette vision du mouvant genre humain,
Ce livre, où près d'hier on entrevoit demain,
Est sorti, reflétant de poème en poème
Toute cette clarté vertigineuse et blême ;
Pendant que mon cerveau douloureux le couvait,
La légende est parfois venue à mon chevet,
Mystérieuse sœur de l'histoire sinistre :
Et toutes deux ont mis leur doigt sur ce registre.

est intitulée ÉPISODES ET RÉCITS et est, en quelque sorte une petite *Légende des siècles de l'Auvergne*, comme le dit lui-même l'auteur dans une courte préface.

Le style en est fier, d'une ampleur farouche ou hautaine, vraiment lyrique, avec une pointe de mysticisme et même de galanterie, mais de cette galanterie particulière aux temps du moyen âge et des cours d'amour, où les nobles chevaliers s'élançaient au combat, pour Dieu et pour leur Dame, puis, vainqueurs, s'en revenaient docilement soupirer aux pieds de la châtelaine, tandis que les pages jouaient de la viole, et qu'un ménestrel chantait quelque chanson de geste relatant les hauts faits des preux, ou plus simplement, une histoire dolente ou amoureuse,

Oh ! Combien elle est charmante cette assemblée des nobles seigneurs et des gentes dames.

Sur le roc gazonné qui domine la plaine,
Et d'où l'on voit Issoire aux rives de l'Allier,
Les basaltes d'Usson et les tours de Sémier
Et le vaste horizon bleuâtre des Monts-Dore,
Là s'assemble la cour d'amour.

Cependant, on devise joyeusement de doux propos, et bientôt va s'ouvrir le tournoi poétique.

Très belle encore,
Dans sa cotte-hardie, aux samys de carmin,
Assalide paraît, un bouquet à la main.
Elle va présider, réglant de sa voix douce
Les amoureux débats.

Mais, voici les lutteurs ;

...Maenzac, très jeune et galant damoisel.

s'avance, et, s'accompagnant de sa mandore :

Je l'aime tant et ne puis autre chose
Que bien l'aimer ; mais d'un amour constant.
Au fond du cœur, comme on garde une rose,
Je veux garder son image bien close.
Ainsi je vis et je mourrai content;
Je l'aime tant.

Après lui, c'est Saint-Didier, « grand, svelte et

sec » qui fredonne une chanson joyeuse, puis Peyrols qui douloureusement soupire, en même temps qu'il joue de la viole, une romance où il raconte combien son âme est triste, brisée de l'abandon de sa mie :

Rien ne peut effacer la trace
De mon douloureux souvenir
Je vais pleurant et rien ne chasse
Mon déplaisir.

Or ça, je n'ai plus qu'à mourir,
Regardez ma face blémie,
Si ne venez me secourir,
Ma gente amie.

Le tournoi poétique est clos. Il ne saurait y avoir de vainqueur, a jugé l'assistance, et la belle Assalide, qui préside la fête, partage entre les trois rivaux le prix tant convoité, son bouquet aux fleurs symboliques, et donne à chacun le gage mérité :

Le lys pur et sans tâche, à la fleur demi-close,
Revient à Maenzac ; à Saint-Didier, la rose ;
A Peyrols qui sait bien regretter, le souci ; »
Et les trois cantadors répondirent « Merci ». (1)

Tout cela n'est-il pas adorable ? Quoi d'exquis et de gracieux comme ce petit poème si mouvementé, si rempli de vie et d'intérêt, et qui nous retrace de si fidèle façon les mœurs courtoises de siècles disparus.

(1) Gabriel Marc. *Poèmes d'Auvergne*, Une cour d'amour, page 71,

Et que dire de cette autre pièce intitulée COURTOISIE.

I

Bonnebaut-Bonnelance erre dans la campagne.
Il chevauche à travers les blés de la Limagne
Semblant chercher quelqu'un. C'est un beau chevalier
Qui vient, avec Geraud, sire de Boutelier,
Du Bourbonnais pour faire aux Anglais rude chasse.
Il a vingt ans à peine. Il est fier, plein d'audace
Et charmant. Mais déjà la souffrance d'amour
A pâli son front. Or, la veille de ce jour,
La dame dont le cœur est plus dur qu'une roche
Et qui ne permet point que Bonnebaut l'approche,
Lui dit : « Je souffrirai que vous baisiez ma main,
Si vous me ramenez un prisonnier demain. »

II

Bonnebaut, escorté de ses dix hommes d'armes,
Ne voyant rien venir, versait presque des larmes.
Devant lui, tout à coup, obstruant les sentiers,
Se dressèrent cinquante Anglais : « Sus aux routiers ! »
Cria-t-il, bien qu'il vit la partie inégale.
Le grillon se blottit dans l'herbe et la cigale
Cessa son chant, au bruit terrible de l'estoc
Du chevalier brisant les morions. Le choc
Fut sanglant. Bonnebaut, tuant d'une main preste
Trente des compagnons, fit prisonnier le reste ;
Et, suivi des routiers, vers sa dame il revint :
— « Sur la joue un baiser, ma dame, en voici vingt » (1)

Mais, à côté de ces gracieux dessins voici maintenant la note énergique et sauvage ; les armes

(1) Gabriel Marc. *Poèmes d'Auvergne*, Courtoisie, page 93.

retentissent, les épées se froissent, les boucliers se heurtent, les lances frappent des coups terribles et le sang rouge inonde la plaine.

Nous sommes devant Gergovia, la vaillante cité assiégée par César,

La bataille est ardente, et, cette fois, la déroute est proche pour les aigles romaines, et Vercingétorix est vainqueur.

Les cavaliers gaulois, franchissant les rochers,
Tombent sur l'ennemi. Les frondeurs, les archers,
Les Arvernes trapus armés de leur cateis,
Les Helves aux colliers éclatants sur leurs saies,
Les Cadurkes portant de larges boucliers
En poussant de grands cris suivent les cavaliers.
L'espoir renait alors dans la cité. Les femmes
Lamentables tantôt, ont maintenant des flammes
Dans les yeux ; les vieillards s'arment et les enfants
Excitent leurs aînés par des cris triomphants.
Fabius et les siens, poussés jusqu'aux murailles,
Se brisent sur les rocs où pendent leurs entrailles.
Le bardit retentit sinistre, affreux, strident
Et le fils de Celtill farouche et l'œil ardent
Apparaît formidable au sommet d'une roche. (1)

Le tableau est saisissant, et la peinture d'une réelle puissance.

Cependant le poète poursuit le cycle de ses récits d'Auvergne et il nous retrace d'un même vers ample et dramatique la légende tragique et

(1) Gabriel Marc. *Poèmes d'Auvergne*, Une page de commentaires, page 37.

mystérieuse et les diverses épisodes de la vie d'antan.

Ce sont d'abord les *Femmes-Fées*, la tête ceinte de verveine, les cheveux dénoués et flottants, qui, enveloppées dans leurs longues et blanches tuniques de lin, accompagnent la prêtresse d'Esus ! Maintenant, elles dorment au pied de Montjuzet, les Femmes-Fées, et ne quittent plus leur asile sauvage pour venir célébrer, autour de l'autel de pierre, dressé dans la forêt profonde les cérémonies sacrées.

Et puis, c'est l'appel guerrier que les héros d'armes lancent d'une voix mâle, pour appeler leurs frères à de nouveaux combats :

Les buccins hurlent dans l'air,
Des sommets jusqu'à la mer,
Partout.
Hommes blonds au regard fier,
Debout ! (1)

Cependant, les siécles se déroulent lentement, et la Gaule druidique est devenue la France chrétienne et chevaleresque. Alors, nous voyons tour à tour se succéder les multiples phases de l'épopée ; nous assistons au solennel jugement où Grégoire de Tours, le saint évèque calomnié, implore la clémence royale pour celui qui l'avait indignement poursuivi ; nous entendons la sombre et diabolique légende de la *Pierre qui danse* ; nous

(2) Gabriel Marc. *Poèmes d'Auvergne* Bardit, page 33.

assistons au défilé grandiose des routiers audacieux qui tiennent la campagne ou s'emparent des villes, à la mort sublime du martyr Brugière brulé comme hérétique en la ville d'Issoire. Puis, c'est le monde moderne qui s'entrouvre, et le poète termine sa chanson héroïque.

Telle est, bien sommairement esquissée, la première partie de ce beau livre des *Poèmes d'Auvergne* où M. Gabriel Marc a mis le meilleur de son âme et qui est un véritable monument littéraire dressé à la gloire de sa patrie.

IV

Mais, avons-nous déjà dit, à côté du poète à l'inspiration hautaine, il est, en M. Gabriel Marc, un autre poète plus accessible et qui sait s'intéresser aux menues choses de la vie familière, qui ne dédaigne pas d'en relever fidèlement d'un vers pimpant et léger les moindres aspects, qui, surtout, a été profondément touché par les beautés des paysages d'Auvergne et s'est heureusement efforcé de les peindre dans un langage simple, ému et plein de charme.

Voyez avec quelles tendresses il parle de la Dore, la petite rivière aux flots bleus :

Comme une amante gracieuse
Qui déroule ses cheveux blonds,

Tu caresses, voluptueuse,
Le pied des monts (1)

La Dore est pour lui la bien aimée, la préférée entre toutes :

Mais celle qui m'est chère et dont je rêve encore,
C'est la rivière calme aux flots bleus ; c'est la Dore ! (2)

A chaque instant, dans ces poésies familières, il songe à la rivière qu'il aime et il se met en coquetterie à son intention, et c'est avec complaisance qu'il décrit minutieusement les moindres aspects de ses bords fleuris et charmants. Le tableau est complet : voici les ilots de sable blanc entre lesquels coulent joyeusement les eaux vives, le vieux pont de pierres aux arches couronnées de mousses et de lichens, l'étroit chemin qui le précède et sur les bords duquel est installé un campement de bohémiens couverts d'oripeaux et de loques, les paysans chargés de leurs outils et qui reviennent de leur travail, les roseaux qui croissent sur la rive et les petits bouquets d'abres qui, de place en place, projettent leur ombre sur la pelouse toute semée de thym et de bruyère et à travers laquelle vaguent paisiblement les troupeaux des bergères. La délicieuse idylle, fraîche et reposante comme un paysage de Breughel de Velours, le vieux maître hollandais !

(1) Gabriel Marc, *Poèmes d'Auvergne*, La Dore, page 137
(2) id. *ibid.* La préférée, page 143

M. Gabriel Marc, a le sentiment de ces tableaux naïfs et champêtres. Prenons, par exemple, ses triolets *La Glaneuse*, dédiés au peintre Jules Breton et qui furent couronnés au concours poétique ouvert en 1877 par l'Académie de la Rochelle.

Le soleil dardait ses rayons
Et brûlait son col et sa bouche,
Sur sa poitrine et ses haillons
Le soleil dardait ses rayons.
C'était la reine des sillons
Superbe, naïve et farouche.
Le soleil dardait ses rayons
Et brûlait son col et sa bouche.

Quand elle passa près de moi,
Je dis : « Bonsoir Mademoiselle »
J'éprouvai comme un vague effroi,
Quand elle passa près de moi.
Mais simplement et sans émoi :
« Bonsoir, monsieur, » répondit-elle.
Quand elle passa près de moi,
Je dis : « Bonsoir mademoiselle, » (1)

Il y a, dans ces quelques strophes d'un rythme si léger, une simplicité et aussi une petite pointe de sentimentalité, pas banale du tout, qui rappellent au lecteur d'autres vers d'un des maîtres de la littérature moderne, j'entends parler des si gracieux et bien connus triolets des *Prunes* de Alphonse Daudet. Le poète, d'ailleurs, se complait à retracer les menues scènes de la vie agreste ; il aime à noter

(1) Gabriel Marc. *Poèmes d'Auvergne*, la glaneuse, page 150.

les moindres bruits des champs, et, tantôt, il module gaiement une bourrée, la danse traditionnelle ;

Ma belle, un baiser ?
— Oui, mais je n'ose.
Ma belle, un baiser ?
— Faut-il oser ?

Sur ta lèvre rose
Ma lèvre se pose.

Nanette, au revoir,
A la nuit close.
Nanette au revoir,
Près du lavoir. (1)

tantôt il décrit les coutumes locales de son pays, et c'est alors *la Fête des Brandons* ou bien *la Coupe de cheveux.*

Sur le marché de Latour, elles sont là les belles filles du Mont-Dore et des villages d'alentour, et elles s'apprètent joyeusement à livrer aux ciseaux leurs chevelures longues et soyeuses en échange de quelque colifichet ou de quelque autre brimborion.

Cependant quittant leurs coiffures
Et dénouant leurs chignons lourds,
Elles livrent leurs chevelures
Pour quelques rubans de velours.

Et, le sacrifice consommé, elles s'en vont, les insoucieuses, riant et folatrant.

Et, le soir, elles danseront,

(1) Gabriel Marc *Poèmes d'Auvergne*. Bourrée, page 172.

Sur l'herbe, en longue kyrielle,
Et souriant aux doux aveux,
La bourrée, au son de la vielle,
Sans regretter leurs longs cheveux (1)

Des danses et des chansons, les sons fallots de la vielle, accompagnant les propos d'amour, tels sont les détails du tableau de genre si pittoresque que nous figure le poête.

Toutes ces scènes ont leur franche saveur de terroir, un peu âpre, peut-être, mais si parfumée, leur physionomie locale discrète, et partant elles sont chères à nos cœurs. Là est la raison pour laquelle M. Gabriel Marc en les retraçant a écrit une belle et bonne œuvre ; ainsi faisant, en effet, il accomplissait son devoir de reconnaissance filiale pour sa patrie d'enfance.

V

Les Soleils d'octobre, et surtout les *Sonnets parisiens*. nous vont montrer M. Gabriel Marc sous un jour tout nouveau. Ici, l'inspiration change ; la muse est bien encore familière, mais elle est aussi et surtout empreinte *de Parisine*, coquette toujours, et nuancée par instant d'une teinte légère d'ironie. Le sonnet, la forme poétique favorite de l'écrivain, à cause même de ses régles rigoureuses qui obligent à la

(1) Gabriel Marc *Poèmes d'Auvergne*, La coupe de cheveux, page 212.

concision et à une précision parfaites se prête volontiers à traduire les moindres subtilités de l'esprit ; habile à célébrer en un galant madrigal la beauté de Sylvie il sait aussi, à l'occasion, lancer la raillerie innocente ou perfide.

M. Gabriel Marc, il est vrai, est un poète trop peu morose pour être jamais méchant ; son ironie s'arrête à fleur de peau, indique d'un trait léger la faute ou le ridicule, mais ne cause point de blessures mordantes. D'ailleurs, s'il morigène autrui il rit également de lui-même, de ses illusions ou de ses chimères.

Prenons, par exemple, dans *les Soleils d'Octobre* le sonnet la *Mansarde*.

La fenêtre sourit dans son cadre coquet
De bleus volubilis et de cobéas roses,
Où les petits oiseaux, mieux que les virtuoses,
Chantent matin et soir, comme dans un bosquet.

Mon esprit fend l'espace et, poussant le loquet
De la porte, je vois les paupières mi-closes,
O blonde enfant ! La nuit te berce. Tu reposes
Entre les draps jaloux, fraîche comme un bouquet.

Heureuse, tu t'endors dès que le travail cesse,
Tu loges près du ciel, et, comme une princesse,
Tu t'es fait un jardin suspendu sur les toits.

Mais à l'aube du jour ma voisine s'éveille.
Elle ouvre ses rideaux... O terreur ! J'aperçois
Le front chauve et ridé d'une petite vieille. (1)

(1) Gabriel Marc, *Soleils d'Octobre*, La mansarde, page 127

La chute est plaisante, et, comme nous le disions tout à l'heure, l'auteur ne s'y ménage point. Il a fait un songe couleur de rose ; mais las, la déception est vite venue, le château en Espagne s'est écroulé ; pourquoi pleurer ? Ne vaut-il pas mieux rire d'avoir mis son espoir en des billevesées.

Il est encore d'un semblable sentiment cet autre sonnet que nous empruntons aux *Sonnets parisiens*

LE SQUARE

Je visite souvent les squares encombrés
De bonnes, d'ouvriers, d'enfants, de militaires.
Le square est le jardin chéri des prolétaires,
Qui ne connaissent pas les forêts et les prés.

Ça et là sur les bancs, quelques vieux désœuvrés
Rèvent, les yeux fixés sur les fleurs des parterres
Courbés sur leurs bâtons, ou marchent solitaires,
Epiant les derniers soleils décolorés.

Comme un galant Sylvandre auprès de Cydalise,
Un jeune fantassin cause avec sa payse,
Le long du petit lac entouré de ciment.

Cependant un beau cygne à l'ombre d'un grand vase,
Seul, immobile et fier, mélancoliquement
Regarde les canards se vautrant dans la vase. (2)

Le tableau n'est-il pas exquis ? On dirait du Coppée le plus pur ! Tout y est :, le petit sujet très familier, trés banal, même ; le ton bon enfant, simplet ; le menu détail et l'épithète.

(2) Gabriel Marc *Sonnets parisiens*. Le square, page 7

En vérité, voici de la bonne ironie, fine, spirituelle et sans méchanceté.

Mais ce n'est pas tout ; si vous voulez, M. Gabriel Marc vous va, une fois de plus, montrer combien son talent est souple.

Aprés avoir ri de lui-même, nous l'avons vu rire d'autrui, et voici maintenant comment il rit des choses.

A LA FRÉGATE

Toi qui devrais bondir sur la mer, ô frégate,
A travers la mitraille et les flots irrités,
Quel triste sort te rive aux pierres des cités,
Et te pend une enseigne au front, comme un stigmate.

Morne, ainsi qu'un oiseau retenu par la patte,
Tu regrettes l'azur et les immensités.
Le bourgeois se prélasse en tes flancs attristés,
Et ta quille a des airs navrés de cul-de-jatte.

Le batelet t'insulte et le lourd remorqueur,
En rampant devant toi, te lance un cri moqueur.
Oh ! Qui pourra sonder ton destin sans exemple ?

Ta cale désormais sert aux ablutions ;
Ta proue est enchaînée, et ta hune contemple
La Caisse des Dépôts et Consignations !

Cependant, il ne faudrait pas juger les aptitudes poétiques de M. Gabriel Marc par ces quelques citations plaisantes, et, de même qu'il sait atteindre à la véritable inspiration quand il chante l'Auvergne, de même il a aussi la note discréte et élégante,

(1) Gabriel Marc. *Sonnets parisiens.* A la Frégate, p. 17.

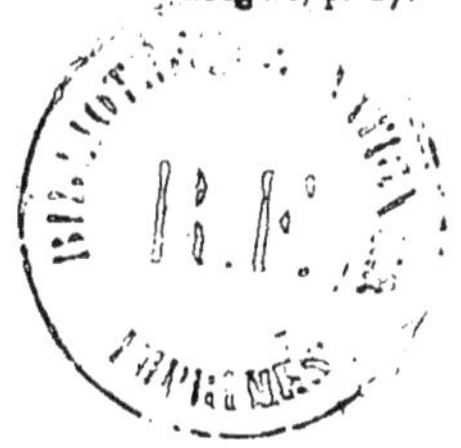

d'une grâce charmante, comme dans la ballade suivante qui est inédite et dont nous lui devons l'obligeante communication :

PRÈS DU LAVOIR

Sur les bords fleuris de l'étang,
Qui, le long du grand pré, s'étale,
Un livre à la main, je m'installe,
Le cœur libre et l'esprit content.
Les vieux ormes, comme une voute,
Sur mon front croisent leurs bras noirs.
Je m'étends sur l'herbe, et j'écoute
Le gai tapage des battoirs.

J'aperçois un linge flottant
Sur les eaux, comme un blanc pétale,
Et, dans ma pose horizontale,
Mon esprit rêve et se détend.
Tout près, la lessive s'égoutte,
Suspendue à de longs séchoirs.
Je sommeille à l'ombre, et j'écoute
Le gai tapage des battoirs.

La jeune laveuse, en chantant,
O vrai supplice de Tantale !
Rouge comme une digitale,
A genoux, se courbe et s'étend.
Une autre, venant sur la route,
S'approche des grands réservoirs.
Je souris aux deux, et j'écoute
Le gai tapage des battoirs.

Envoi

Amis, dans les prés que veloute
Le gazon vert, par les beaux soirs,

Ne me troublez pas, quand j'écoute
Le gai tapage des battoirs.

Ou franchement lyrique et de grande envolée :

Grotte des aigles ! Pics neigeux ! Ravins ! Torrents !
Où Joceleyn guidait mes pas à l'aventure !
Notre âme se mêlait à tes flots murmurants,
A tes parfums, à tes chansons, grande nature !

Nous allions, contemplant ces chefs-d'œuvre de Dieu,
Et nos voix s'unissant trouvaient des mélodies,
Pour célébrer les rocs de glace, le ciel bleu,
Et les montagnes reverdies.

Jours heureux. Je marchais, m'appuyant sur ton bras.
Je sentais ton amour éclore dans ton âme,
Et tu me souriais ; car tu ne savais pas
Que Laurence était une femme. (1)

Ainsi, dans l'ode dramatique, la *Gloire de Lamartine*, parle Laurence, l'héroïne du poème de *Joceleyn*. Voilà n'est-il point vrai, le véritable langage de l'art, et c'est à bon droit que nous pouvons dire : celui-là est un bon ouvrier de la pensée qui sait parler une telle langue.

VI

Jusqu'ici, en M. Gabriel Marc, nous n'avons étudié que le poète ; voici maintenant le conteur.

Liaudette, a qui l'Académie française vient d'accorder un de ses prix Monthyon, est un recueil de courts

(1) Gabriel Marc. *La gloire de Lamartine*, page 11

récits touchant tous plus ou moins à l'Auvergne, et que l'auteur lui-même a groupés sous le titre général *Contes du pays natal*. Dans ce volume, fait sans aucune prétention, d'un style simple, facile, coulant, d'une excellente facture, d'ailleurs, il est quelques nouvelles qui méritent tout particulièrement d'attirer l'attention.

C'est d'abord *Liaudette*, celle qui donne son nom au livre.

L'histoire de Liaudette est presque banale ; c'est celle d'une pauvre petite bergére, à l'âme naïve, qui s'éprend follement d'un bellâtre rencontré dans la lande. Longtemps, dans ses songeries, de fillette perdue dans la montagne où paissent les bêtes remises à sa garde, elle a rêvé au prince charmant qui lui apparut un matin, déguisé en chasseur, beau comme un ténor d'Opéra, et elle s'était plu à le doter de toutes les qualités et de toutes les noblesses.

Cependant, un jour qu'elle allait par la bruyère, elle voit arriver celui qu'elle aime, « élégant et beau comme la première fois, dans son gracieux costume de velours, la plume au chapeau et la corne d'ivoire à la main. » Une vive émotion s'empare de Liaudette et son trouble redouble quand elle s'entend interpeller par le chasseur. Mais, hélas, le charme ne dure guére, et le réveil est terrible ; celui que son esprit s'était plu à orner si magnifiquement est un grossier et un brutal ; il n'est point l'héritier du roi qui vient chercher la bergère pour la conduire en son carrosse doré au château de son père, mais le fils de l'huissier, de celui qui a consommé la ruine de ses parents à elle, la pauvre ! Alors, elle pleure, et sa frêle imagination d'enfant succombe dans cet effondrement de tous ses rêves. Liaudette devient folle, et, toute sa vie durant, elle ira par la montagne menant paître les troupeaux, et elle chantera son amour envolé :

Il était si beau, si doux
Dans ses habits de velours !
Pour lors, je m'en va seulette...
Je le revoirai bientôt,
Quand passeront les vanneaux... (1)

A côté de ce récit doux et mélancolique, il en est d'autres de franche gaieté, comme *Halte forcée*, une amusante anecdote du roman comique que vécut Albert Glatigny, le bohême poète, auteur des *Vignes folles* et des *Flèches d'or* ; comme *le Cheval de Saint-Georges*, comme *une Coquille*, comme *l'Amour au collège*.

Cependant, entre ces nouvelles, il en est une d'un caractère tout particulier et qui rappelle les histoires extrordinaires d'Edgar Poë. Le *Squelette* en effet, est un récit fantastique et même quelque peu macabre.

Un vieux savant, le docteur Alcibiade Raynaud

(1) Gabriel Marc, *Liaudette* page 19

après avoir passé une bonne partie de certaine journée d'octobre à lire un manuscrit curieux et fort ancien où était relaté *la très merveilleuse et très authentique histoire de l'homme désossé,* — celle d'un moine qui, « en punition de ses infractions aux régles de son ordre touchant la sainte vertu de continence, s'était vu condamné à vivre privé de ses os et avait été livré ainsi, pendant de longues années, à tous les appétis immondes » — était allé, se livrer pour prendre un peu de repos, à la placide occupation de la pêche à la ligne dans un étang voisin de sa demeure. Les poissons s'étaient montrés rebelles devant l'appât et le docteur voulant rentrer chez lui, se met en devoir de replier sa ligne ; mais, il éprouve une forte résistance ; il tire le fil avec précaution, pensant avoir affaire à quelque grosse capture, et il ramène sur la berge un squelette humain merveilleusement disséqué et présentant cette particularité étrange que les os en étaient reliés les uns aux autres par leurs ligaments naturels. Dominant sa première émotion, le docteur rapporte chez lui, sur son dos, la pièce anatomique, afin de l'examiner à loisir. Une fois dans sa chambre, il se met à l'étude, et bientôt il tombe dans une songerie profonde. A ce moment, on gratte à sa porte, mais, avant qu'il ait pu répondre, il entend le squelette se remuer sur son lit avec un bruissement d'osselets froissés et crier d'une voix brève : entrez ! La porte s'ouvre, et parait un prêtre dont le corps semblait flasque et élastique comme s'il eut été composé seulement de substance gélatineuse.

Cependant, l'homme sans squelette — car l'infortuné en était privé comme l'homme désossé du vieux manuscrit, — raconte au docteur qu'un jour dans un accès de folle passion, il commit une action criminelle en punition de laquelle il fut condamné par la puissance divine à vivre privé de ses os tant que sa victime ne lui aurait pardonné. C'est ce pardon qu'il vient demander, et, bientôt, le docteur voit s'accomplir ce prodige de la réunion du corps informe et du squelette, et il apprend alors que le prêtre qu'il a devant lui et qui était un de ses amis d'enfance, avait causé la mort de sa fiancée. A cette révélation, le docteur ne peut maîtriser sa colère, et, s'emparant d'un poignard, il en porte un coup terrible au prêtre qu'il renverse sur son lit. Mais alors, l'hallucination cesse ; l'être de chair et d'os a disparu, et il ne reste plus que le squelette.

Quelques mois plus tard, le docteur apprenait que sur les côtes de la Chine, un abbé Raphaël, — c'était le nom de son ami d'enfance, celui-là même qu'il avait cru poignarder, — avait été assassiné dans son lit le jour-même où il avait fait sa pêche lugubre.

Tel est, très sommairement rapporté, ce conte d'allure un peu sinistre et qui, narré le soir, durant les longues veillées d'hiver, ne manquerait pas de faire frissonner les auditeurs.

A la suite des quelques nouvelles qni composent son volume, M. Gabriel Marc a placé une série de petites pièces toutes fort courtes, mais qui ne laissent pas, néanmoins, de présenter un réel intérêt à cause de leur caractère. Ce sont des tableaux de genre, comme *le Bal*, *le Bouquet*, *Franchise* ; des portraits humouristiques, comme *la Dame du Comptoir*, *la Jeune fille du coin de l'Omnibus* ; des peintures de caractère comme *l'Esprit d'ordre* ou *l'Amour du prochain* :

Vincent le laboureur est en train de travailler dans son champ et il regarde avec envie la belle terre de son voisin Benoît, qui confine à la sienne. Tout à coup, le Bon Dieu lui apparait sous la forme du père Eternel, tel qu'il est peint dans l'église de la paroisse, avec une longue barbe blanche et assis sur un gros nuage doré, et lui dit :

— Vincent, mon ami, je veux récompenser tes efforts. Demande moi ce que tu voudras, je te l'accorderai à l'instant même... mais à une condition. C'est que ton voisin Benoît en aura le double.

Vincent le laboureur est, d'abord transporté de joie. Il voit la fortune, les honneurs, tout ce qu'il a rêvé, à sa disposition. Il n'a qu'à formuler ses souhaits. — Allons, hâte-toi, reprend le Bon Dieu, tu n'as qu'à me dire ce que tu désire. Tu l'auras et ton voisin en aura le double.

Eh bien, dit Vincent, arrachez moi un œil. (1)

L'étude morale est complète ; cela est précis,

(1) Gabriel Marc. *Liaudette*, L'amour du prochain, page 260

cruel, humain, et, en lisant ces lignes, on se prend à penser à d'autres petits morceaux finement ciselés et semblablement philosophiques, aux *Petits poèmes en prose* de ce grand artiste, Baudelaire !

Qu'un tel rapprochement se fasse dans l'esprit du lecteur, M. Gabriel Marc a le droit d'en être fier !

VII

Dans les quelques pages qui précèdent, nous avons examiné les diverses formes du talent de M. Gabriel Marc. Tour-à-tour, nous l'avons vu, poète et narrateur, chantant l'Auvergne, son pays natal, et Paris, son pays d'élection. Pour compléter notre modeste étude, il nous reste à signaler un trait particulier de son existence littéraire, et non le moins important peut-être, à cause de l'influence qu'il a pu exercer sur un certain nombre de ses compatriotes.

M. Gabriel Marc, depuis plus de vingt ans, s'occupe de critique d'art, et, il a surtout porté son attention sur les artistes, — peintres, sculpteurs, graveurs, etc,., — originaires d'Auvergne, ou sur ceux qui comme les Berthon, les Schenck, les Bellel, se sont pris d'affection pour les beaux paysages de la montagne, ou qui se sont passionnés à retracer dans leurs toiles les scènes diverses de la vie des habitants de notre province.

Les *Salons* de M. Gabriel Marc sont donc intéressants à plus d'un titre ; en effet, en dehors du côté critique pure, ils sont comme la synthèse de l'évolution artistique en Auvergne.

L'auteur de *Liaudette* a depuis longtemps estimé non sans justesse, qu'il pouvait être utile de rechercher, dans le grand mouvement des arts en France, quelle était la part revenant à son pays ; il a pensé qu'une œuvre semblable, encore qu'elle fut sans prétention aucune, était appelée à rendre des services réels à tous les gens épris du beau et de l'idéal ; il a jugé, enfin, qu'il accomplissait une tâche éminemment patriotique en écrivant la chronique de l'art en Auvergne, en relevant minutieusement l'effort de quiconque a consacré partie de son talent à glorifier son pays d'enfance, en réunissant dans le livre ceux qu'avaient déjà réunis une commune idée d'enthousiasme ou d'amour.

Un tel sentiment était digne de l'écrivain qui a songé à célébrer les *Poètes du pays natal*, — c'est à dire tous ceux qui ont réservé leurs affections pour la petite patrie du foyer paternel, — et à former ainsi, en quelque sorte, la légende littéraire des provinces de France.

Comprise semblablement la critique d'art *régionale*, — s'il est permis de parler de la sorte, — est une œuvre essentiellement bonne et généreuse, et celui-là mérite tous les éloges qui lui a consacré son talent et ses veilles. Heureusement, et c'est justice, de tels travaux ne manquent jamais d'avoir leur récompense, la plus haute et la plus désirable pour l'homme de lettres véritablement soucieux de son rôle, l'estime et l'approbation de tous les lettrés et de tous les artistes.

FÉLIX RIBEYRE

I

Des divers écrivains de l'Auvergne actuelle dont nous ayons l'occasion de parler au cours de notre travail, M. Félix Ribeyre (1) est certainement l'un des plus curieux à étudier, à cause de l'importance et de la variété de son œuvre.

(1) M. FÉLIX RIBEYRE, homme de lettres et journaliste, est né le 6 janvier 1831, à Pont-du-Château, charmante petite ville de la Limagne d'Auvergne, sur les bords de l'Allier.

Son père, M. Hyppolite Ribeyre comptait de glorieux services militaires et par sa mère notre confrère appartient à l'une des anciennes familles de la noblesse d'Auvergne, la famille des de Layros de Verdonnet.

M. Félix Ribeyre fit ses études classiques à Clermont-Ferrand et à Paris ses études médicales qu'il poursuivit jusqu'au seuil du doctorat. Mais, entraîné par ses goûts littéraires, il renonça à la médecine pour se consacrer à la littérature et au journalisme.

Après avoir dirigé plusieurs organes des plus importants de la presse départementale et entr'autres le *Mémorial de la Loire*, le *Courrier du Hâvre* et le *Journal de Maine et Loire*, il se trouvait encore en province, lorsque M. de Villemessant, qui le connaissait depuis longtemps et appréciait son expérience du journalisme, l'appela en 1878 au *Figaro* pour créer une rubrique à laquelle il attachait une grande importance : la *Presse étrangère*. Cette rubrique fondée et rédigée par M. Félix Ribeyre et par M. Marie Escudier obtint un grand succès et fut adoptée par la plupart des grands journaux parisiens.

M. Félix Ribeyre est avant tout et surtout un journaliste, et, en cette qualité, il a été amené à s'occuper de sujets les plus divers, tantôt d'ordre politique ou économique, tantôt, au contraire, d'ordre purement littéraire ou historique.

Quoiqu'il en soit, qu'il écrive des brochures ou des livres inspirés par la passion politique ou que, au contraire, il s'occupe d'ouvrages de tout autre caractère, son tempérament de polémiste se traduit toujours, et par la vivacité et la légèreté de la phrase qui va droit au but sans s'embarrasser en de vaines digressions, et par la logique serrée qui ne permet jamais à la discussion de s'égarer.

Ce sont là des traits essentiels que l'on rencontre trop rarement chez les écrivains et qu'il est bon de noter au passage.

Mais, sans plus tarder, examinons rapidement les diverses publications de M. Ribeyre ; c'est encore là la meilleure façon d'apprendre à le connaître et, par suite, de pouvoir le juger comme il le mérite.

M. Félix Ribeyre, avons nous dit, est surtout un

M. Ribeyre appartient depuis plus de quinze ans à la Société des gens de lettres et, pendant quatre ans, il a eu l'honneur de faire partie du Comité.

Un mot encore sur l'écrivain dont nous nous occupons. M. Félix Ribeyre ne nous pardonnerait certainement pas, en effet, de passer sous silence son ardent amour pour l'Auvergne, amour qu'il n'a jamais laissé échapper une occasion de manifester.

Il a été un des fondateurs de l'association artistique et littéraire d'Auvergne à Paris qui a pris pour titre: La *Soupe aux choux* ; enfin, il est membre correspondant de l'Académie des sciences, arts et belles lettres de Clermont-Ferrand.

journaliste ; et, en effet, si nous recherchons parmi ses nombreux travaux, nous voyons qu'un grand nombre d'entre eux, — pour ne pas dire la presque totalité, — sont œuvre d'homme de presse, de polémiste, de chroniqueur, encore pourtant que leur forme soit plus soignée que ne l'est d'ordinaire celle des productions volantes destinées au journal. Quelques uns sont purement politiques, comme *la Paix et l'Opinion* et *le Couronnement de l'édifice* où, comme les quatre volumes dans lesquels il a réuni les biographies des députés au corps législatif, celles des membres de l'Assemblée Nationale de 1871, des sénateurs et des députés siégeant dans nos deux assemblées parlementaires en l'an 1877, et enfin celles des cinq-cent-quatre-vingt-quatre membres de la Chambre actuelle élus au scrutin du 4 et 18 octobre 1885.

Ces quatre derniers volumes, en dehors de leur caractère particulier de livres documentaires, ne laissent pas de présenter un certain intérêt ; leur auteur, en effet, a su éviter avec beaucoup de bonheur les divers écueils des travaux de cette nature, et ses biographies, tout en étant succinctes et malgré cela très fournies de renseignements, ne sont pas d'une lecture aride et ont encore ce mérite fort appréciable et assez rare d'être rédigées sans esprit de parti.

Mais, ces divers ouvrages que nous venons d'énumérer ne sont point à proprement parler des œuvres littéraires et M. Félix Ribeyre, sans sortir du cadre des productions inspirées par le journalisme ou s'y rattachant de plus ou moins près, a écrit des livres d'une plus haute importance : tel, par exemple, son volume, *les Annales de l'exposition maritime du Hâvre*, un long et considérable travail où l'auteur raconte par le menu les mille détails de l'exposition et décrit en un langage simple et facile, avec un talent remarquable de vulgarisateur, une foule de choses du domaine de la science pure et de la technologie et qui, au premier abord, sembleraient devoir ne jamais se prêter à fournir matière à des articles susceptibles d'intéresser la masse des lecteurs ; tel son livre *les Grands journaux de France*, travail des plus curieux et dont les exemplaires, fort rares aujourd'hui, sont devenus presque introuvables.

II

Des travaux de M. Félix Ribeyre, les *Grands journaux de France* (1), qu'il écrivit en collaboration avec M. Jules Brisson, — ce dernier dans tout le volume n'a rédigé que les pages consacrées au *Journal des Débats* — est une œuvre d'une réelle importance tant par son sujet que par la manière dont elle a été

(1) *Les grands journaux de France* un vol. in-8. 1862. Paris.

réalisée. Ce livre, d'ailleurs, est à peu près le seul, — le seul méritant l'attention, du moins, — que l'on ait écrit sur un sujet qui pourtant n'a jamais cessé de passionner vivement le public, à notre époque surtout où le journal grand ou petit, politique ou littéraire, savant ou artistique, a pris une si grande place dans la vie de chaque jour.

Le plan d'exécution des *Grands journaux de France* est des plus simples, et en même temps des plus rationnels.

L'auteur fait successivement la monographie de chacun des journaux de quelque importance existant à l'époque où il entreprit son travail.

Chaque article débute par un chapitre consacré à « l'historique du journal » et où se trouvent retracées les diverses péripéties qui en ont accompagné la fondation et les phases diverses par où il a passé depuis son premier numéro.

Vient ensuite un second chapitre où le lecteur est initié aux multiples opérations si complexes de la confection même de chaque journal, et enfin un troisième et dernier chapitre réservé à la biographie et à une étude littéraire sur les nombreux écrivains grands ou petits, qui composent ce que l'on appelle : la Rédaction.

Un tel volume est donc, en quelque sorte, une histoire complète du journalisme moderne bien capable de faire rêver ceux qui n'ont jamais pénétré dans cet enfer du travail qu'est un journal et qui, volontiers, se représentent les journalistes comme des gens vivant dans une sorte de *far niente* perpétuel. Il faut avoir été mêlé, ne serait-ce qu'un instant, à cette vie laborieuse et fiévreuse, harcelante et mortelle parfois, pour savoir combien la légende dorée qui entoure les hommes de presse est mensongère, et combien souvent leur existence laborieuse est cruelle. A ce point de vue, le livre de M. Ribeyre est une bonne action, car il a dû détruire chez un grand nombre cette fausse opinion qui tend à identifier le titre de publiscite avec celui de bohême.

Mais, sans nous lancer dans de semblables considérations, revenons aux *Grands journaux de de France* . Aussi bien, avons-nous beaucoup à y puiser.

Peu de livres spéciaux, en effet, présentent un semblable intérêt de lecture ; c'est que ici, à chaque page, à côté du fait, du document précis, technique, nous retrouvons l'anecdote instructive ou amusante, parfois aussi la critique aimable ou même d'une ironie mordante. Qu'on en juge par ces quelques lignes que nous empruntons à l'article qu'il réserve à M. Edmond About, l'ancien rédacteur en chef du *XIX*[me] *Siècle,* mort au moment où il allait occuper à l'académie un fauteuil ardemment désiré.

Les anciens élèves de l'instruction Jeauffret n'ont pas oublié la physionomie moqueuse et l'humeur satirique de leur camarade About. Dans le jeune rhétoricien se révélaient

déjà les tendances d'une nature intelligente et ambitieuse, visant à l'esprit et sacrifiant tout, même l'amitié, à un bon mot. M. Edmond About est resté fidèle à ce rôle de petit-fils de Voltaire ; et, aujourd'hui, nous retrouvons dans l'auteur de *Rome contemporaine* les défauts et les qualités auxquelles il doit beaucoup de lecteurs et très peu d'amis, une certaine notoriété et une médiocre sympathie, des succès bruyants et des chutes éclatantes, *La Grèce contemporaine* et *Guiliery !*
Mais qu'importe à M. About ? Ce qu'il place au-dessus de sa renommée littéraire, c'est la réputation d'homme spirituel. Les lauriers de Voltaire, de Champfort et de Rivarol, l'empêchent de dormir, et c'est à peine s'il se contenterait d'être le Grimm du XIXeme siècle et de prendre rang, de nos jours, après M. Méry et les deux Dumas. Que voulez-vous ? Chacun ici-bas porte en lui-même sa petite vanité ; et, après tout, mieux vaut marcher à la conquête de la célébrité à la façon de M. About qu'en imitant Erostrate, d'autant mieux que les victimes du trop spirituel *Vicomte de Quévilly* se portent à merveille. (1)

Et cette phrase que nous trouvons quelques pages plus loin tout à la fin de l'article consacré à M. Francisque Sarcey, *l'alter ego* du spirituel auteur des *Mariages de Paris.*

Ne négligeons pas d'ajouter qu'il (M. Sarcey) est né à Dourdan ; le département de Seine-et-Oise ne nous pardonnerait point un tel oubli. (2)

Ne voila-t-il pas de la bonne ironie, spirituelle et mordante ! Et, quel portrait que celui de About ! Il serait difficile d'être plus acerbe. En vérité, il

(1) Félix Ribeyre et Jules Brisson. *Les Grands Journaux de France* page 187, t. I
(2) id. ibid. page 193. t. I

ne fait point bon de n'être pas des amis de M. Ribeyre. Il est vrai que ce dernier s'il sait à l'occasion déchirer ainsi à belles dents, a l'humeur trop aimable et trop conciliante pour se montrer agressif de parti pris. Quand il attaque, c'est l'exception, et plus ordinairement, il est plein de bienveillance.

A chaque page, dans ce volume des *Grands journaux de France*, nous trouvons des récits du plus haut intérêt, et qui nous font connaître par leurs côtés intimes une foule de gens célèbres par leurs talents de premier ordre. Quoi de plus charmant, par exemple, que ce petit tableau où l'auteur nous montre *Théophile Gauthier*, « le magicien ès-lettres françaises, » comme l'appelle Baudelaire.

Théophile Gauthier, — ce farouche romantique, — vit plus bourgeoisement qu'un rentier de Carpentras. Il se sacrifie littéralement à sa famille, se couche de bonne heure, quand le théâtre ne le réclame pas, et se lève matin ; enfin, étonnant les plus vertueux par sa sobriété et son économie. (1)

Que nous voilà loin des gilets écarlates de 1830 et de cette nuée de petits papiers rouges portant imprimé ce mot espagnol *Hièro*, fer, que l'écrivain admirable de *Mademoiselle de Maupin* et des *jeunes Frances*, le soir de la bataille d'*Ernani*, lançait du haut des galeries supérieures du théâtre sur le parterre et les loges.

Mais, de toutes les monographies de journaux

(1) Félix Ribeyre et Jules Brisson. *Les Grands Journaux de France*, page 247, t. I

parues dans le livre de M. Ribeyre la plus fertile en anecdotes curieuses et spirituelles est très certainement celle consacrée à *Figaro*, à l'ancien *Figaro* littéraire de M. de Villemessant, et qui, est due, nous dit lui-même M. Ribeyre, à la plume d'un des familiers de la maison, à celle de M. Firmin Maillard. Cependant, M. Ribeyre a aussi donné une part de collaboration à cet article ; il s'est chargé de présenter les rédacteurs du journal qu'il a connus d'ailleurs intimement, pour la plupart.

Un autre des côtés éminemment intéressant du volume les *Grands journaux de France*, c'est que, au cours des divers articles qui le composent, non seulement son auteur écrit en quelque sorte l'histoire de la presse de 1830 à 1860, mais aussi qu'il en détermine, scientifiquement presque, c'est-à dire en économiste, toute son évolution si curieuse qui eut pour résultat, en diminuant le prix du journal, en introduisant les éléments de la réclame, en multipliant et les organes et les lecteurs, de transformer d'une façon profonde une industrie entière et d'introduire dans la vie sociale un élément nouveau d'une puissance considérable et inconnue jusqu'alors.

Cette révolution industrielle, c'est à M. Emile de Girardin qu'elle est due en grande part, ainsi que nous le rapporte M. Ribeyre au cours de son étude sur cette figure de journaliste si particulièrement remarquable. D'ailleurs, les pages qu'il a consacrées à l'ancien fondateur de la *Presse* ne relèvent pas seulement de la biographie ; par instants, elles touchent à l'histoire. Pourrait-il en être autrement, en effet, quand il s'agit d'un homme ayant toute sa vie été mêlé d'une façon aussi complète aux affaires de son pays, et comme publiciste militant et comme représentant de la nation. Peu de personnalités, du reste, ont exercé comme M. de Girardin une influence considérable sur la foule. Les quelques lignes suivantes que nous empruntons à M. Ribeyre le prouvent amplement.

Nous sommes le 24 février 1848, la révolution gronde dans la rue et il s'agit d'essayer de réduire l'émeute. M. de Girardin, qui vient de décider le roi à abdiquer en conférant la régence à madame la duchesse d'Orléans, quitte les Tuileries sans autre garantie que la parole royale.

Au coin de la rue Richelieu et de la rue Saint-Honoré, il est arrêté par de nombreux gardiens de la barricade.

Il leur annonce l'abdication du roi, la régence de la duchesse d'Orléans, la dissolution de la Chambre, l'amnistie générale.

On ne veut pas y croire.

Est-ce imprimé? est le premier mot qui s'échappe de toutes les bouches.

— Non.

— Est-ce écrit ?

— Non.

— Quelles garanties nous en donnez-vous ?

— Ma parole.

— Qui êtes-vous ?

— Emile de Girardin.
— Le député qui a donné sa démission ?
— Oui.
— Cela nous suffit.
— Passez, passez..... Des acclamations se font entendre ; on crie avec transport : « Le roi a abdiqué ! la Chambre est dissoute ! . . » (1)

L'anecdote est curieuse et méritait d'être relatée, car, en dehors de son intérêt historique elle nous prouve avec quel soin M. Félix Ribeyre a composé son ouvrage.

III

En dehors de son important travail sur la presse française, M. Félix Ribeyre a aussi écrit un volume qui a obtenu à son apparition un gros succès du public. C'est de son étude sur *Cham, sa vie et son œuvre* (2), qui parut d'abord dans les suppléments du *Figaro*, avant d'être publiée en volume, que je veux parler.

Il est peu d'artistes qui aient eu une vie mieux remplie, plus laborieuse, que celle de Cham ou mieux de Amédée-Charles-Henri de Noé, fils du comte de Noé, pair de France.

Tout enfant, l'esprit fertile et primesautier du futur caricaturiste saisissait avec un bonheur

(1) Félix Ribeyre et Jules Brissson. *Les Grands journaux de France* p. 117, t. 1
(2) Félix Ribeyre. *Cham, sa vie et son œuvre.* un vol in-18 chez Plon.

remarquable et une verve fort amusante les aspects plus ou moins comiques des personnes que le hasard mettait en sa présence, et, un de ses plaisirs était de s'essayer à les reproduire,

Une voisine du château de l'Isle de Noé, chez laquelle le fils du comte de Noé venait souvent, nous racontait qu'il passait des heures entières accroupi par terre, crayonnant et charbonnant avec une véritable passion. Et il avait à peine six ans ! Dès qu'une personne entrait dans la maison, il la regardait et lui disait :

— Mettez-vous là, je vais vous faire votre portrait.

Ses parents, craignant qu'il ne se fatiguât, lui retiraient le crayon des mains. Il s'emparait d'un charbon. On le lui enlevait aussi. Alors, il allait dans le parc, dans un endroit où il avait découvert de la terre glaise, et s'amusait à pétrir des bonshommes. On voit que la vocation artistique s'affirmait de bonne heure chez le futur caricaturiste. (1)

Cependant, le jeune bambin grandit peu à peu ; en même temps, ses instincts artistes se développent, et, en quelque sorte, il marque chaque année de son existence par des essais qui vont toujours se perfectionnant. Un des autres traits distinctifs de Cham, son goût pour la mystification, se traduit aussi de fort bonne heure, et se développe concurremment avec sa passion pour le dessin. C'est ainsi qu'étant en pension, ils s'avisa un jour, et y réussit à la grande joie de ses camarades, de faire croire à l'un de ses condisciples, un jeune homme quelque peu naïf, qu'il était le fils de Louis-Philippe, si bien

(1) Félix Ribeyre. *Cham, sa vie et son œuvre*, page 22.

que ce condisciple ne doutait pas d'arriver par sa protection aux plus hautes fonctions de l'Etat.

Ses études finies, Cham qui avait failli entrer à l'école polytechnique, fut admis, par l'entremise de son père, comme expéditionnaire au secrétariat général du ministère des finances. Mais, la carrière bureaucratique n'avait guère de charme pour lui et Cham, au lieu de transcrire des rôles, préférait de beaucoup esquisser la charge de tous ceux qui se présentaient devant lui, chefs, collègues ou simples visiteurs. Avec des dispositions semblables, il eut été étrange de voir le jeune expéditionnaire s'éterniser dans les occupations monotones de la vie d'employé ; aussi, il ne tarda pas à quitter l'administration et à déclarer qu'il voulait être artiste. Cette détermination ne plaisait que médiocrement au comte de Noé qui, néanmoins, reconnaissant en son fils de réelles dispositions, ne l'empêcha pas de suivre sa vocation artistique et le fit même entrer dans l'atelier du peintre Charlet puis dans celui de Paul Delaroche. Alors commence pour Cham une vie charmante, où au travail se mêlent les distractions plus ou moins innocentes et les charges d'atelier dont quelques unes, grâce à son esprit inventif, sont d'une bouffonnerie véritablement désopilante. Telle, par exemple, celle-ci qui fut commise à l'atelier de Paul Delaroche.

Quelquefois les élèves avaient pour but de mystifier un créancier. Un marchand de couleurs auquel un camarade de Cham devait une assez forte somme, venait souvent le relancer dans l'atelier. L'ayant aperçu dans la rue Mazarine, Cham se hâte de faire coucher son ami dans le tiroir d'un énorme meuble où l'on plaçait les plâtre pour la bosse. Le marchand arrive, et Cham, de son air le plus sérieux, lui montre l'élève en lui disant :

— Il a commis une faute, et il a été condamné à huit jours de tiroir. Il a encore six jours à rester là dedans.

Le débiteur naïf s'apitoya sur le sort du pauvre prisonnier et se garda bien de lui rappeler sa dette. (1)

L'histoire n'est-elle pas d'une réelle drôlerie et digne en tous points de ce forcené mystificateur qui, le jour même de son mariage, aussitôt le *oui* prononcé devant M. le maire, égaya tous ses amis présents par la plaisanterie suivante :

On sait que le modeste hôtel-de-ville de Puteaux s'élève sur les bords de la Seine, que l'on aperçoit des fenêtres de la mairie. Cham s'approche du secrétaire, et désignant la Seine :

« Pardon, Monsieur, combien y a-t-il de pieds d'eau ? »

L'employé un peu surpris de la question :

« Il y en a au moins douze à vingt pieds. »

Cham avec un grand calme :

« Je vous remercie beaucoup, cela me suffit... » Et il acheva sa pensée en faisant le geste d'aller piquer une tête dans l'eau. (2)

Inutile de dire que seul de l'assistance, le secrétaire ahuri ne riait pas.

(1) Félix Ribeyre. *Cham, sa vie et son œuvre*, page 65

(2) id. *ibid.* page 211.

Cependant, le moment vint où Cham dut faire ses débuts d'artiste ; c'est à Philipon, le fondateur du *Charivari* qu'il se présenta et il fut si heureux que les premiers dessins qu'il offrit et qui formaient une suite de caricatures dans le goût des albums de Topfer furent acceptés par l'intelligent éditeur et payés séance tenante.

A partir de ce moment, l'artiste n'allait plus s'arrêter de produire sans cesse, jusqu'à son dernier jour presque, une foule de dessins d'une verve et d'un esprit étourdissants, répartis dans nombre de journaux ou de livres. Aussi, son œuvre est-elle excessivement considérable et a-t-il fallu à M. Ribeyre une véritable persévérance pour mener à bien ce travail critique qu'il avait entrepris. Il est vrai que le faisant, il a eu sa récompense et la plus précieuse possible pour un écrivain soucieux de sa dignité professionnelle, la satisfaction d'avoir rendu accessible au grand public, de lui avoir fait connaître et appris à aimer le tempérament et le caractère d'un véritable artiste qui fut autrefois son ami.

IV

En dehors des ouvrages que nous venons de parcourir, M. Félix Ribeyre a encore publié un certain nombre de travaux de biographie et d'histoire qui méritent d'attirer l'attention du lecteur.

Parmi les premiers, nous remarquons spécialement ses notices sur le *Cardinal Morlot*, l'archevêque de Paris qui succéda à Mgr. Sibour, le prélat assassiné en l'église de Saint-Etienne-du-Mont par le prêtre Verger ; sur le *docteur Blanchet*, le savant médecin philanthrope qui le premier trouva le moyen d'apprendre au sourds-muets à se servir d'un organe dont ils ignoraient l'usage et à lire au mouvement des lèvres les paroles de leurs interlocuteurs ; sur un poète normand, *Léon Buquet* le fondateur du *Courrier du Havre*, et qui fut une véritable victime de la grande bataille littéraire.

Au nombre de ses ouvrages historiques, figurent en première ligne son *Histoire de la seconde expédition française à Rome* et son *Histoire de la guerre du Mexique*.

De ces deux volumes, le premier est une œuvre écrite avec passion, ce qui n'est peut-être pas d'une méthode excellente au point de vue de la vérité historique même, mais ce qui donne au travail un caractére de vie tout particulièrement intense.

Quant à l'*Histoire de la guerre du Mexique*, c'est un livre qui renferme des chapitres réellement remarquables et où se trouvent condensés les renseignements les plus précis sur la situation historique, économique, agricole et géographique de cet état de l'Amérique centrale.

Enfin, pour avoir parcouru à peu près en son

entier l'œuvre littéraire de M. Félix Ribeyre, il nous reste encore à citer son volume intitulé : *Histoire des petites sœurs des pauvres*, un long travail historique sur l'origine et le développement de cette institution religieuse qui remonte à 1840 et dont le premier promoteur fut M. l'abbé Le Pailleur, vicaire de Saint-Servan, petite localité voisine de Saint-Malô, et deux volumes publiés en 1884 sous les titres de *Royat-illustré* et de *Chatel-Guyon-illustré*. Ces deux derniers petits livres, est-il besoin de le dire, rentrent dans la catégorie des guides ; ajoutons, d'ailleurs, qu'ils peuvent compter au nombre des guides intéressants et que en leur compagnie le touriste ou le baigneur est assuré de pouvoir faire avec l'Auvergne une connaissance sérieuse et instructive.

V

Il nous reste maintenant à examiner en M. Ribeyre un nouvel homme. Nous l'avons vu tour à tour journaliste et littérateur ; voici maintenant l'auteur dramatique.

L'œuvre théatral, de M. Ribeyre, d'ailleurs, est peu considérable, cet écrivain ayant presque toujours été éloigné de la scène par ses occupations du journal et du livre ; néanmoins, il compte un certain nombre de véritables succès.

Son premier début fut un petit à propos en un acte, *L'Invasion Autrichienne ou les Français en Italie*, qui vit le feu de la rampe en mai 1859, et qui mérite tout au plus d'être cité pour mémoire.

Il est vrai que depuis son auteur a largement pris sa revanche.

Quoiqu'il en soit, après cet essai sans portée, nous le voyons durant longtemps rester complètement étranger aux choses du théâtre et c'est seulement en 1879 qu'il commence à se faire connaître comme auteur de ballets.

De toutes les formes de l'art dramatique, il n'en est pas de plus facile en apparence, de plus difficile en réalité, que le ballet. Les raisons de ce fait sont multiples ; en effet, la nécessité absolue de n'employer pour traduire les divers sentiments de l'âme que la mimique oblige le librettiste, — les ressources des jeux de physionomie du visage étant forcément d'un nombre très restreint, de même que la série des gestes, — à ne poser comme thème des scènes chorégraphiques qu'un petit nombre de motifs ; de plus, cette absence obligatoire de toute trame compliquée enlève une grande part de ses moyens à l'invention qui doit toujours être simple et ne peut partant profiter du bénéfice de l'imbroglio ; enfin, la danse étant un art essentiellement plastique, un art noble, il est de toute nécessité que les sentiments qu'elle doit traduire soient eux-mêmes conformes à son objet, et cette condition essentielle ne contribue pas pour peu à augmenter les difficultés du genre. Aussi, les beaux ballets sont-ils rares et voyons-nous des maîtres de la littérature donner tous leurs soins à en composer les légendes, comme Théophile Gauthier, par exemple, qui écrivit l'adorable poème de *Giselle*.

Les principaux scenarios composés par M. Ribeyre sont les *Séléniennes*, les *Roussalki*, la *Kermesse* et la *Mexicaine*.

De ces quatres ballets, celui des Roussalki qui fut représenté pour la première fois sur la scène des Folies Bergères le 24 avril 1880, est peut-être le plus curieux, à cause de l'ingéniosité et du charme de la légende qui lui sert de thème et qui est empruntée à une croyance populaire des paysans Petits-Russiens. Cette œuvre, d'ailleurs, a obtenu un très vif succés et, en quelques mois, atteignit plus de cent cinquante représentations.

Depuis son dernier ballet, la *Mexicaine*, qui fut dansé en 1882, M. Ribeyre a encore donné au théâtre une œuvre importante, la *Cantinière*, une opérette dont il écrivit le livret en collaboration avec M. Burani, et qui fut représentée, non sans succès, au théâtre des Nouveautés où elle fut reprise plusieurs fois et au répertoire duquel elle est restée.

Actuellement, l'heureux écrivain des *Grands journaux de France* a cessé de travailler pour le théâtre, au moins momentanément ; on ne saurait, en effet, se figurer un auteur qui ayant une fois gouté aux joies enivrantes des applaudissements du public puisse se résoudre à ne plus jamais s'occuper d'un art où il est en droit de compter sur de nouveaux et durables succès.

Eugène LINTILHAC (1)

Parmi les personnalités littéraires du siècle dernier, il n'en est pas qui, plus que Beaumarchais, ait davantage passionné la foule, ni été l'objet de plus de sympathies et aussi de plus de calomnies.

Sa vie fut essentiellement bruyante et tourmentée, coupée tour à tour par les infortunes et les succès éclatants, et, successivement, il s'est trouvé jouer les rôles les plus divers et les plus considérables.

Aujourd'hui encore, bien que le temps ait forcément apporté un calme relatif dans les esprits appelés à le juger, c'est au moins autant par le côté scandale que par l'autre qu'il est connu, et, si l'on admire sans réserve la verve de Figaro, l'on se plait également à relire les *Mémoires*, ces admirables pamphlets qui peuvent au premier rang prendre place parmi les modèles du genre.

(1) M. Eugène LINTILHAC est né à Aurillac (Cantal) le 5 janvier 1854. Après avoir suivi ses études classiques, il prit ses grades universitaires à la Faculté de Paris, fut reçu licencié-ès-lettres en 1876, et docteur ès-lettres à l'unanimité le 6 février 1888.

M. Lintilhac, qui est agrégé des lettres depuis 1881, est professeur au lycée de Versailles.

Beaumarchais appartient en entier à la passion, et jusque dans son souvenir : « son immortalité, image de sa vie, est un combat. » (1)

C'est cette figure si attirante de l'auteur du *Mariage de Figaro* que M. Eugène Lintilhac a voulu faire revivre à nos yeux, et, surtout, qu'il a tenu à nous montrer telle qu'elle était, sans le grossissement de l'enthousiasme aveugle ou le rapetissement de la critique malveillante et de parti pris.

A cet égard, son livre est une œuvre éminemment précieuse, car il apporte un jour précis sur la personne, la vie, les travaux et le talent de Beaumarchais.

L'ambition de l'écrivain de *Beaumarchais et ses œuvres* a été non de tracer une biographie, mais en quelque sorte, de reconstituer l'histoire de son esprit, et, pour ce faire, il s'est adressé à Beaumarchais lui-même, étudiant scrupuleusement tous les papiers et les manuscrits qu'il a laissés, y suivant minutieusement les différentes phases de sa composition laborieuse, recherchant enfin dans sa correspondance et dans les actes de son existence, l'explication de son être moral.

Nous avons rapproché ensuite de ses œuvres définitives tous ces documents, « ces copeaux épars sur le chantier, » comme il les appelle quelque part. Ils nous ont alors raconté son éducation tardive mais opiniâtre, les tatonne-

(1) Eugène Lintilhac, *Beaumarchais et ses œuvres*, page 364.

ments de son génie naissant, ses procédés de composition, les incertitudes de son goût ; toutes les métamorphoses de sa verve humoristique et satirique, depuis les gravelures plaisantes de ses parades, jusqu'aux plus comiques saillies de ses mémoires et de ses comédies : il nous ont fait assister à de piquants conflits entre l'humeur du père de Figaro, né plaisant, et les accès de cette sensibilité très sincère, qui en firent tour à tour un disciple de Molière ou de Diderot ; ils nous ont permis de constater, sous la bigarrure et la disparité de toutes ses œuvres, *bluettes littéraires*, en vers et en prose, parades, drames, comédies et mémoires, l'identité de leur auteur ; en un mot, ils ont comblé à nos yeux toutes les lacunes de l'histoire de son esprit (1)

Aussi, son étude achevée, l'homme a été exposé en détail, tant comme individualité que comme personnalité littéraire, et, le portrait est tout en faveur du modèle.

Parti de peu, Beaumarchais sut se conduire et s'élever dans le monde :

La faveur vint, puis la fortune. Il ne pouvait se refuser à leurs avances, et il ne cessait pas d'être honnête homme, parce qu'il s'élevait au-dessus de sa condition (2)

D'ailleurs, quoique la calomnie ait pu dire sur son compte, il ne manqua jamais aux devoirs que lui imposait sa situation. Serviable au possible, il fut une providence pour nombre de malheureux et d'opprimés ; négociant, il entreprit les affaires les plus considérables et les plus profitables à son pays ou à sa gloire ; littérateur, il a laissé trois

(1) Eugène Lintilhac, *Beaumarchais et ses œuvres*, préface, page III.

(2) Eugène Lintilhac, *Beaumarchais et ses œuvres*, page 348.

chefs-d'œuvres, et a su se placer, comme polémiste au premier rang immédiatement au-dessous de Pascal, comme auteur de comédie, l'un des premiers après Molière.

« Je sais bien que vivre, c'est combattre, et je m'en désolerais peut-être, si je ne sentais en revanche que combattre, c'est vivre », disait le père de Figaro ! C'est ce rôle de lutteur perpétuel que M. Lintilhac a mis en pleine lumière, et grâce à lui ce caractère ardent, militant, si mal connu et surtout si faussement jugé de Beaumarchais sera peut-être entrevu sous un jour plus précis et plus vrai. Son livre, à cet égard, est digne de tous éloges, car il est essentiellement une œuvre non de réhabilitation, — la mémoire de Beaumarchais n'en a pas besoin, — mais de simple justice, et en vérité, c'est à bon droit qu'il a autorité pour dire : « Nous avons pansé de notre mieux les plaies que lui ont faites les censures des rigoristes et « les traits envenimés de la calomnie. » (1)

(1) Eugène Lintilhac, *Beaumarchais et ses œuvres*, page 364.

ARTHUR TAILHAND

Parmi les littérateurs d'Auvergne, M. Arthur Tailhand (1), depuis longtemps déjà, a su se créer une réelle situation, et, par ses multiples travaux d'ordres divers, il a mérité d'attirer l'attention.

Tour à tour, en effet, nous le voyons, auteur dramatique donner au Théâtre Français un acte en vers *Les Trois amours de Tibulle*, et à l'Odéon, une autre pièce également en vers, *Le Premier tableau du Poussin* ; puis, abandonnant le théâtre, il publie un volume de vers *Poésies paternelles*, qui est couronné par l'Académie française, et tout récemment, il essaye son talent dans un autre genre et écrit un roman, *Le Testament de Berthe*. De plus, en feuilletant les revues et les journaux de ces dernières années, on retrouverait en grand nombre des articles littéraires inspirés par les mille circonstances de l'actualité.

(1) M. ARTHUR TAILHAND est né à Riom (Puy-de-Dôme) le 27 avril 1831. De bonne heure, il entra dans la magistrature, après un court stage comme avocat près de la cour de Riom, et poursuivit sa carrière judiciaire jusqu'en 1870, époque où il fut destitué. Le ministère du 16 mai le réintégra dans ses fonctions qu'il occupa jusqu'au jour de l'exécution des décrets, époque où il donna sa démission.

Depuis lors, M. Tailhand s'est consacré uniquement à ses travaux littéraires.

Comme l'on voit, ce n'est pas la variété qui manque dans les écrits de M. Tailhand ; cependant, malgré cette diversité, il ne laisse pas que d'y avoir une réelle unité dans ses productions, unité non dans la forme, mais dans le fond, dans la pensée, dans la philosophie même de son œuvre, si ce mot peut ici être employé.

Ce trait caractéristique de M. A. Tailhand, c'est un vif sentiment de la dignité morale, c'est un besoin d'idéal qui lui fait mépriser tout ce qui est bas et vil. La vie doit être ennoblie, estime-t-il, et c'est se dégrader, pour un écrivain, que d'en raconter seulement les turpitudes ; par suite l'œuvre littéraire n'est réellement digne de ce nom que si elle répond à cette nécessité essentielle, primordiale, d'être noble et moralisatrice.

I

Les débuts littéraires de M. A. Tailhand ont été consacrés au théâtre et, en moins de deux mois, il eût, tout jeune encore, cette fortune peu commune de voir s'ouvrir devant lui les portes de nos deux grandes scènes, l'Odéon et le Théâtre Français.

Le Premier tableau du Poussin, qui fut représenté pour la première fois à l'Odéon le 11 février 1852 est une pièce d'une simplicité charmante. Nicolas Poussin est pauvre et inconnu ; à force de sacrifices, sa mère et sa femme s'efforçent de le faire vivre ; mais, que peut le travail de deux femmes ! Là misère est là et bientôt il faut avoir recours à l'usurier. Ce dernier, un misérable juif, père d'une fille adorable aimée d'un musicien ami de Nicolas, a reconnu le talent réel du peintre, et, pour quelques méchants écus qu'il abandonne comme une aumône, il s'empare d'une toile merveilleuse qu'il va revendre de suite pour une grosse somme.

Mais, sa traitrise et sa rapicité ne doivent pas rester impunis ; Campana, le musicien ami de Nicolas, découvre la filouterie et le vieux juif, sous peine de se voir livré à la justice doit marier sa fille à son amant. De plus, Nicolas sait maintenant qu'il a du génie et la misère ne doit plus l'atteindre car il a du même coup trouvé un acquéreur pour ses tableaux.

Les Trois amours de Tibulle suivirent de bien près la comédie dont nous venons de donner une courte analyse. C'est en effet le 26 mars 1852 que la première représentation en fut donnée au Théâtre-Français.

Ici, la trame est encore plus légère que tout à l'heure, et l'intérêt réside surtout dans la présentation des scènes et des personnages. L'intrigue, et il y en a si peu, repose sur la lutte entre le caprice et l'amour. Le poète Tibulle a pour maîtresse Délie dont il est aimé tendrement. Mais, il a rencontré au cirque la courtisane Sulpicie et il s'éprend pour ses beaux yeux. Plus tard, ayant manqué son rendez-vous avec la coquette, il se rend chez sa maîtresse où il ne trouve que Néréa, une simple esclave ; il s'aperçoit qu'elle aussi est belle, et il le lui dit.

Délie apprend la double infidélité, et, comme elle aime, elle est cruellement affligée. Mais, comment résister à des larmes. Tibulle est revenu, et il n'a point de peine à persuader son amante que seule elle a son cœur, qu'il n'a jamais cessé de l'adorer, même dans ses erreurs de passion, et il reçoit son pardon.

Dans ces deux pièces, comme on le voit, l'intrigue est bien menue ; mais, le vers est charmant, vif, alerte, franchement poétique, et de bonne langue. Avec cela comment ne pas réussir ?

Quoiqu'il en soit, on ne saurait le contester, M. Tailhand était véritablement doué pour le théâtre et ses deux essais si heureux semblaient lui présager un bel avenir comme écrivain dramatique. Il a préféré se consacrer à d'autres études, et se faire poète et romancier,

Nous allons le suivre en ces deux successives transformations.

II

« Ce livre s'adresse surtout à la famille. »

Telle est la première ligne de la courte préface

que M. Arthur Tailhand a mise en tête de son ouvrage : *Poésies paternelles*. Elle est significative et mieux que de longues phrases suffit à nous renseigner sur la nature de l'œuvre. Etre à la fois idéal et chrétien, tel a été le but que s'est proposé l'auteur.

Comment a-t-il réussi dans sa tâche ?

Le volume s'ouvre par une leçon de charité ;

Un pauvre t'a tendu la main,
Enfant, ouvre aussitôt la tienne,
Car il n'est rien qui t'appartienne
Dans ces biens que souvent Dieu nous ôte demain. (1)

et tout au long il se continue sur ce ton. Chaque morceau contient son enseignement et apprend à devenir meilleur. En quelque sorte, le recueil est comme une sorte de traité de morale d'un père à ses enfants.

Aussi, il n'est point de particularité du caractère qui soit négligée, et, de même que le livre dit : soyez charitable, c'est lepremier devoir de l'homme, il ajoute aussi, soyez franc, soyez vertueux, soyez respectueux, soyez bon, surtout. »

Dieu fit la loi pour toute chose,
Et chaque homme, en naissant, est pareil au métal ;
De deux parts son cœur se compose ;
Le bien s'y confond dans le mal ;

(1) Arthur Tailhand. *Poésies paternelles*, page 3.

Sépare l'impur alliage
Du trésor dont le ciel, mon enfant, t'a doté,
Et, pour que l'or seul se dégage,
Comme creuset prend, la bonté. (1)

Aimez votre patrie, dit-il encore, et souvenez vous !

Apprends avec fierté ta langue maternelle,
Musique aux sons harmonieux,
Plus riche que tout autre, enfant, presque aussi belle
Qu'autrefois la langue des dieux,

Partout on la comprend .... Du Tigre jusqu'à l'Ebre,
De la Néva jusqu'à l'Escaut,
Pas de rive inconnue ou de plage célèbre
Dont elle n'ait frappé l'écho.

Hélas ! hier, encore, des cohortes sauvages
Chez nous l'ont parlée, en nommant
Les monts et les ruisseaux, la plaine et les villages . . .
. . . .
Mon père ! . . . Apprends-moi l'Allemand. (2)

En somme, *les Poésies paternelles* pourraient aussi bien et aussi justement s'appeler le *Devoir*

De temps à autre, au cours du livre, on rencontre quelque tableau véritablement réussi et d'une fraîcheur exquise ; tel, par exemple celui-de la procession des rogations,

En tête, un prêtre, dirigeant
Les groupes venus à la hâte ;
Un diacre, avec la croix d'argent ;
Des clercs, en tunique écarlate.

(1) Arthur Tailhand. *Poésies paternelles.* page 38

[2] Arthur Tailhand. *Poésies paternelles* page 21.

Le front baissé, rosaire en main,
En longues files prolongées,
De chaque côté du chemin
Les dévotes se sont rangées

Femmes et filles sur deux rangs . . ,
Chantant d'après le mode antique ;
Le long des buissons odorants,
Elles entonnent un cantique.

Oh, la ravissante description, et vivante et sincère ; à la lecture de ces vers on ne peut s'empêcher de songer à la petite église du village d'où s'échappe, comme un long ruban , la troupe des fidéles et des clercs qui vont s'épandre dans la campagne, et l'on revoit l'adorable cérémonie, touchante dans sa simplicité naïve et malgré sa mise en scène un peu grossière ; le cadre en est si beau que le tableau qui s'y déroule se trouve poétisé.

Maintenant, pourquoi dans le livre de M. Tailhand ne trouvons-nous pas plus fréquemment de pièces semblablement charmantes ? peut-être parce qu'il a trop tenu à se renfermer surtout dans son rôle de moraliste,

Qoiqu'il en soit, *les Poésies paternelles* est un bon livre, et, si dans l'œuvre de M. Arthur Tailhand il n'est pas ce que nous préférons, du moins mérite-t-il d'être lu attentivement. On ne peut que gagner en sa compagnie.

III

Les romanciers modernes peuvent se ranger immédiatement en trois catégories : les naturalistes, les psychologues et les idéalistes. En tête des premiers se trouve un admirable écrivain, Emile Zola ; les seconds ont pour l'instant comme chef Paul Bourget ; les autres Octave Feuillet et peut-être Ludovic Halévy, — l'Halévy de *Criquette* et de l'*Abbé Constantin* s'entend.

C'est à cette dernière classe d'auteurs qu'il convient de rattacher M. A. Tailhand. Son roman, le *Testament de Berthe* est en effet essentiellement une œuvre d'idéal. Ce n'est pas que l'observation ni l'analyse en soient absentes ; mais elles y sont subordonnées toujours au côté moral, je dirais plus au côté religieux.

D'intrigue, il n'y en a pas, ou presque, dans ce livre ; de thèse, au sens que nous sommes habitués à accorder à ce mot, on en trouve encore moins. L'histoire est aussi simple que possible et son seul intérêt réside dans l'étude du cœur de ses personnages. Au surplus, analysons rapidement le roman.

Mme Berthe de Cabriac, fille de la marquise de Saint-Luc, est délaissée par son mari, une sorte d'individu blasé, sans principes religieux solides, dépourvu de sens moral, ni bon ni méchant, pourtant, mais égoïste à l'excès, sceptique, et par là-dessus joueur et libertin.

Sa femme, au contraire, possède toutes les qualités qu'il n'a point ; on comprend sans peine que l'abandon où elle vit et où la laisse celui qui devait l'adorer, la froisse profondément. Au moment où s'ouvre le récit, la mesure est comble, et Berthe, tout en continuant, à cause du monde, à vivre au domicile commun, rompt complètement avec son mari, reprend l'administration de sa fortune par une séparation de corps et concentre désormais toutes ses affections sur deux êtres également chers, sa mère la marquise de Saint-Luc, et sa fille, Geneviève de Cabriac.

Depuis plusieurs mois, les choses sont dans le même état. Lionel de Cabriac continue d'aller à ses plaisirs, et les trois femmes se rapprochent de plus en plus dans leur amour mutuel. Cependant, un grave évènement qui va modifier les situations survient ; Geneviève tombe malade et sa vie est en danger. On appelle à la hâte un docteur en renom, Maurice Arlon. Celui-ci accourt, et, d'un dévouement sans limite, il lutte contre la mort menaçante et finit par sauver la pauvre petite, mais au prix de sa santé même. Il est malade à son tour et n'est guéri que grâce à un traitement énergique.

Les deux mères, naturellement, ont une dette de reconnaissance à acquitter envers le docteur qui, en dehors de sa science, est l'homme le plus droit, le plus loyal, le plus intelligent, et du plus grand caractère que l'on puisse trouver ; il n'a qu'un défaut, celui d'être libre-penseur.

Comme il est facile de le prévoir, toutes ces qualités n'auront point échappé à Mme de Cabriac qui, elle aussi, est une femme supérieure, et les deux héros vont s'aimer d'un amour profond et respectueux.

Mais, les deux amoureux sont essentiellement vertueux ; jamais Maurice Arlon ne saurait songer à faire de Mme de Cabriac sa maîtresse, ni elle à être unie à son amant autrement que par les liens du mariage.

Que va-t-il advenir de cette situation ?

Rien, si ce n'est que s'aimant Maurice Arlon et Berthe seront heureux de se le dire et de se l'écrire quand ils seront loin l'un de l'autre ; pour eux, l'amour restera parfaitement idéal, dégagé de toute aspiration charnelle.

Cependant, cet état de choses se complique tout à coup par l'arrivée du mari qui, étant complètement à la côte, songe à sa femme et à sa belle-mére pour se créer des ressources et menace Berthe de la forcer à reprendre la vie commune. Mais, il a affaire à un adversaire décidé. Mme de Saint-Luc est une maîtresse femme avec qui la partie n'est guère commode à jouer et Lionnel la perd ; il est vrai que, comme fiche de consolation, il emporte un chèque de vingt-mille francs que lui donne le docteur dans l'intention de l'empêcher de tourmenter Berthe et qu'il va perdre à la roulette, en compagnie d'un misérable aventurier, escroc et assassin, le chevalier Riveira.

Berthe est donc sauvée, puisque son mari est parti ; non, pas encore, car le malheureux une fois son argent perdu n'a d'autre ressource que sa femme qui lui accorde *proprio motu* une rente viagère de douze mille francs. Grâce à ce sacrifice elle va enfin pouvoir jouir de sa liberté. Hélas ! sa destinée est autre. Depuis longtemps elle portait les germes d'une maladie de poitrine ; un refroidissement vient accélérer les progrès du mal et en quelques heures elle est enlevée par la mort.

M. de Cabriac arrive alors ; mais pour lui le châtiment est proche. Son complice de Monte-Carlo échappé à la police le surprend traitreusement et le tue d'un coup de poignard.

Ainsi finit le roman ; Maurice Arlon et Mme de Saint-Luc restent seuls, et élèveront Geneviève. Pour le docteur, il aura gagné à son amour d'avoir acquis la foi dans une existence future.

Comme on le voit par ce court exposé, il n'y a point là de roman au sens *romanesque* du mot ; les situations sont sans intrigue compliquée et l'intérêt réside seulement dans l'exposé et le développement des caractères. Le but du livre est essentiellement moralisateur et l'enseignement qui s'en dégage s'inspire surtout de la croyance chrétienne. Peut-être, maintenant, dira-t-on que dans la vie courante on ne rencontre guère de personnages semblables à ceux des héros du livre ; d'accord, mais M. Tailhand n'a jamais prétendu le contraire et, que nous sachions, il n'a point songé à raconter une histoire vraie, mais un récit où le cœur et l'esprit eussent leur compte ; et, nous devons le reconnaître, il y a réussi.

Dans ce livre, d'ailleurs, il est des tableaux qui ne manquent point de réalisme et de sincérité, comme on en peut juger par le court extrait suivant. Nous sommes à Monte-Carlo, dans les salons de jeu du Casino ; le comte de Cabriac et le chevalier... d'industrie Riveira sont en train de lutter contre la Banque ; ils gagnent.

Riveira, la prunelle ardente, maître de lui : pas un tressaillement de muscles ; nul éclair de l'émotion à laquelle il était en proie ; son masque était impénétrable, envahi seulement par une pâleur livide. La sueur coulait au contraire sur le visage de Cabriac, avait détrempé son col de chemise et déteint sa cravate ; ses mains tremblaient ; il enfouissait pêle-mêle dans un sac de cuir des trésors que n'eût pas rapportés une existence entière d'honnête labeur, toute une fortune. L'or tombait toujours.

C'était une scène terrifiante où la curiosité le disputait à l'effroi. Enfin une parole retentit, répercutée aussitôt par la foule : « Messieurs, rien ne va plus, la banque a sauté » ! (1)

(1) Arthur Tailhand. *Le Testament de Berthe*, page 239.

Le passage, on le voit, est étudié et pris sur le vif. Il est vrai que des scènes semblablement vécues sont rares dans le volume, mais, encore une fois, l'intention de son auteur n'a point été de faire du réalisme ; il a voulu être idéal, vertueux, ce qui n'est pas sans originalité en ce temps, et si son livre ne possède point le charme exquis de ce grand maître Octave Feuillet, du moins est-il une œuvre saine, honnête, écrite d'une bonne langue et pouvant sans crainte être mise en toutes mains.

De combien de romans, aujourd'hui, pourrait-on faire un semblable éloge.

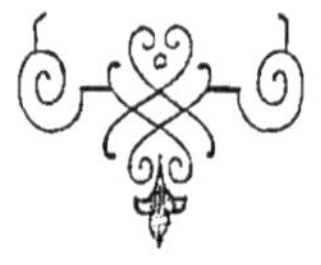

Pierre GIAT

I

M. Pierre Giat (1), dont le nom est depuis longtemps très connu en Auvergne, est avant tout et surtout un poète ; il en a les qualités et aussi, il faut bien le dire les défauts.

Pour lui, il n'est pas de jouissance plus exquise que de songer dévotement à marier de belles rimes bien sonores, de plus grand bonheur que d'aller par la campagne verte, un peu à l'aventure, que de s'étendre et de rêver au pied des arbres de la forêt tandis que dans un rayon de soleil il entrevoit vaguement tout un monde d'insectes et d'atomes qui dansent une sarabande folle au son de l'orchestre des feuilles agitées par le

M. GIAT, PIERRE, CLAUDE, est né à Riom le 7 septembre, 1857. Après avoir fait ses études classiques au collège de cette ville, il vint étudier les mathématiques au lycée de Clermont. Cependant, il abandonna assez vite ses études scientifiques pour faire son droit et s'adonner à ses gouts pour la littérature. Après avoir passé avec succès ses divers examens devant la Faculté de droit de Paris il entra dans les services de la préfecture de la Seine, en qualité de rédacteur. Il n'a d'ailleurs fait qu'un assez court passage dans l'administration qu'il a aujourd'hui abandonnée pour se consacrer entièrement à ses travaux littéraires.

vent. Volontiers, il aime cette existence de lazzarone où l'esprit vague dans le bleu et où le corps se laisse délicieusement envelopper dans les tièdeurs embaumées qu'exhalent les prairies onduleuses au temps des fenaisons.

Mais, hélas, les jours tristes, ceux où les brumes et la pluie chassent les belles claretées blanches et arrêtent la chanson des oiseaux, arrivent trop vite et adieu les courses vagabondes ! Pourtant la songerie n'est point interrompue, et c'est dans la chambre close, aux murs tendus d'une vieille tapisserie toute fleurie de plantes pour jamais verdoyantes formant un paysage de fantaisie charmante au travers duquel l'on aperçoit la châtelaine et quelques innocentes biches broutant sans crainte les jeunes pousses des halliers, qu'elle se poursuit gracieuse et idéale ou triste et spleenetique. Un tel dilettantisme n'est pas sans exercer une influence réelle sur l'individualité littéraire ; il prédispose à une certaine paresse qui a sa source dans un amer regret éprouvé par l'artiste de ne pas arriver à la perfection absolue, à la beauté plastique de la phrase qu'il conçoit et que la langue rebelle se refuse à fixer.

Ce trait caractérise tout particulièrement le talent de M. Giat qui n'écrit point un vers sans l'avoir longuement analysé. L'œuvre d'art ne doit-elle pas être pensée, étudiée, travaillée à l'excès ?

II

La formule poétique habituelle à M. Giat est la sincérité, l'observation ; il est un impressioniste, au bon sens du mot. Non sans raison, il estime que la poésie est partout, est dans tout ; dans l'amoncellement sauvage des roches, aussi bien que dans la vallée calme et riante ; dans les plantes aux senteurs vireuses, aussi bien que dans les fleurs aux corolles brillantes et embaumées ; dans l'obscurité des catacombes, aussi bien que dans le soleil radieux éclairant les tombes des cimetières ; dans la grande ville où tous nous peinons la lutte énorme de l'existence, aussi bien que dans les prés et les bruyères où l'on voit, dans un rayon de blonde lumière, rapides, passer les arondes.

En ses vers, il aime à noter les impressions diverses qu'éveillent en lui une rencontre fortuite. Tel, par exemple, ce dizain intitulé *Bout de croquis* :

C'était un humble enclos, tout rempli de fleurettes,
Sauge des prés, bluets, lilas et paquerettes,
Toute la fleuraison charmante de l'été
Entre ces quatre murs avait droit de cité.
De maître et de soins, pas le moindre vestige ;
Tour à tour, chaque fleur se fanait sur sa tige
Et là, près de la porte, un énorme rosier
Donnait à tout son coin l'air sombre d'un hallier.
C'était un humble enclos ou poussaient sous les branches,
Tout l'été, tout l'hiver, des moissons de croix blanches.

N'est-ce pas saisissant, ce petit tableau d'une

simplicité presque idyllique et si tragique pourtant ?

Cependant, le poète sait aussi retracer des impressions de toute autre nature, et, parfois même, il est d'une ironie exquise, comme dans ce *Sonnet Riomois* :

Jamais ne sonne dans nos rues
Le pas pressé d'un pied mutin
Rythmant le froufrou du satin
Que froissent les bises bourrues.

Avec leurs bottines ventrues,
Leurs serviettes en maroquin,
Des chicanous, soir et matin,
Vont, causant de coccigrues.

Mais à l'approche de la nuit,
Chacun chez soi rentre sans bruit,
Et dans la ville toute sombre

S'éveillent, pleines d'un vague effroi,
Les fontaines jasant dans l'ombre
Et le tictac d'un vieux beffroi.

La peinture est fidèle et charmante, et, je gage, ce ne sont pas les Riomois qui en contesteront la sincérité parfaite.

Quand aux vers, ils sont, comme on en peut juger par les deux précédentes citations, frappés de la bonne marque ; la langue en est claire, facile, coulante, harmonieuse, telle enfin qu'il convient à un écrivain dont le plus constant soucis est de veiller sans cesse sur ses mots et de retravailler sa phrase sans relâche tant qu'elle ne le satisfait pas de façon complète.

III

Parmi les travaux qui méritent le plus d'attirer l'attention sur M. Giat figure en première ligne une série d'articles de critique littéraire publiés dans *la Revue générale*, et consacrés à des études sur la poésie ou sur les poètes, un seul excepté qui est réservé au maître styliste Guy de Maupassant, avec lequel, d'ailleurs, le jeune écrivain n'est pas sans avoir certaines affinités.

Dans le premier de ces articles, leur auteur recherche comment ces choses et ces êtres vulgaires, les plantes et les bêtes, sont entrés dans le monde poétique qui, paraît-il, était jadis un monde absolument fermé et réservé seulement à quelques rares privilégiés.

La rose, le laurier, le lis, la violette elle-même, malgré son humilité bien connue, n'eussent pas souffert le contact des plantes roturières, et le lion, le roi des animaux, eût rugi terriblement si un grimaud de poète avait osé chanter le chat, le simple chat familier, à sa barbe de haut et puissant seigneur.

Aujourd'hui, tout est changé : les saintes montagnes ont été envahies par le bas peuple des plantes et des bêtes. Le ver, non pas celui du sépulcre, animal de tout temps poétique, mais le ver de terre, le lombric, y creuse ses galeries souterraines ; le crapaud y prospère, et l'on voit le cresson, « la santé du corps », verdoyer librement dans l'Hipocréne. (1)

Cependant, cette grosse révolution poétique, comment s'est-elle opérée ? Oh, lentement, par des transitions insensibles, la porte close s'entrouvant un jour pour laisser passer la fleur, se rouvrant le lendemain pour l'humble bête jusque là méprisée. Et, cette évolution si intéressante ainsi que nous le fait observer le critique, c'est aux poètes *paysagistes*, à ceux qui « étudiant les hommes et les choses de la patrie, chacun dans le coin de terre qui parlait le mieux dans son cœur », (2) qu'elle est due pour la plus grande part.

Un autre article de M. Giat est consacré à Albert Glatigny, « barde nomade et comédien errant, deux fois bohémien », (3) comme il l'écrit dans une courte introduction de son travail ironiquement dédié « Aux femmes blondes et aux hommes graves » (4). Oh, les charmantes pages que celles où nous est présenté ce grand enfant que resta toute sa vie l'auteur des *Vignes folles*, des *Flèches d'or* et de *Gilles et Pasquins*. Comment ne pas se prendre d'affection pour ce cœur loyal, pour cet esprit généreux et bon dont les seuls

(1) Pierre Giat. *A travers les vers : Plantes et bêtes*. La Revue générale du 1er janvier 1884. p. 12.

(2) id. *ibid.* id.

(3) id. ibid : Albert Glatigny id. du 1er octobre 1884. p. 420.

(4) id. ibid. id.

véritables soucis au monde furent toujours une belle rime et ses franches amitiés. Glatigny n'est plus depuis quinze ans, mais ses vers sont demeurés dans toute leur fraicheur de jeunesse et le pieux souvenir que lui a réservé M. Giat est un juste hommage rendu à son talent.

Dans une troisième étude consacrée à ce livre merveilleux, *les Fleurs du mal*, de Baudelaire, le critique étudie spécialement comment l'auteur des *Paradis artificiels* comprend la Femme et l'Amour. Baudelaire est essentiellement un dilettante aux sensations raffinées, amoureux uniquement de la beauté parfaite, et dont l'amour est bien plus cérébral que charnel.

Pour la plupart des amoureux, la chose importante est de se faire aimer ; ils s'occupent plus de ce qu'ils font éprouver que de ce qu'ils ressentent eux-mêmes, et continuellement ils cherchent à lire dans le cœur qui bat contre leur poitrine. Baudelaire n'y regarde pas : le plus souvent la femme est pour lui comme un flacon d'alcool ou une pipe d'opium, une clef qui ouvre le paradis des rêves, « un objet délicieux et propre à exciter l'esprit, » pour me servir de ses propres expressions ; aussi ne lui demande-t-il qu'une chose : d'être belle. (1)

Ainsi le poète considère la femme, à l'égal d'un snperbe objet d'art qui fait rêver, et dont le parfum excitant est capable parfois d'exercer une influence

(1) Pierre Giat. *A travers les vers : Notes sur les « Fleurs du mal »*. La Revue générale du 1er novembre 1885. page 418.

morbide et même de faire redouter l'amour pour cet être au pouvoir magique et ensorceleur.

Elle s'avance en de longs vêtements « ondoyants et nacrés » et sa démarche cadensée fait songer à un rythme de danse ; elle s'arrête, son corps à des ondulations serpentines et comme une énorme fleur de chair, il exhale de troublants parfums.

Il n'y eut jamais plus terrible engin de mort et de destruction, car cette créature toute puissante par la beauté, la parure et la science des voluptés,

> ..... *Se développe avec indifférence,*
> *Comme le sable morne et l'azur des déserts,*
> *Insensibles tous deux à l'humaine souffrance.* (1)

C'est ainsi que M. Giat traduit ce sentiment de la femme éprouvé par le poète aux instincts maladifs.

Voilà, n'est-il pas vrai, de véritable littérature et de la critique digne de l'œuvre étudiée.

IV

Il est un point qui singularise essentiellement M. Pierre Giat, c'est qu'il ne s'est jamais laissé tenter par l'attrait du journalisme. Sa nature artistique ne peut en effet concevoir un travail imposé sur l'actualité éphémère avec la préoccupation

(1) Pierre Giat. *A travers les vers : Notes sur les « Fleurs du mal. »* La Revue générale du 1er novembre 1885. page 416.

harcelante de l'heure qui oblige à faire vite, bien ou mal, car la presse n'attend pas, le lecteur ne voulant pas attendre, mais exigeant au contraire d'être servi à la minute.

Néanmoins, M. Giat n'est pas sans avoir, à différentes reprises, été en coquetterie avec le journal ; il a, en effet, donné à diverses feuilles un certain nombre de chroniques ou de nouvelles, et, depuis plusieurs années déjà, il publie régulièrement dans le *Moniteur du Puy-de-Dôme* des *Salons* fort appréciés. Mais, bien qu'ayant été imprimés dans les journaux, ces divers articles ont été faits sans qu'il apportat aucune modification à ses habitudes de travail, c'est-à-dire qu'ils ont été composés sans autre souci que celui de les écrire. Aussi, ces feuilles volantes ont-elles une solidité peu coutumière aux productions de cet ordre, et, malgré les jours écoulés, sont-elles toujours intéressantes.

Aujourd'hui, M. Giat a pour un temps délaissé ses travaux de critique ou de poésie qui lui sont si chers pour se consacrer entièrement à la composition d'une œuvre importante, un roman d'observation et d'analyse où il se propose d'étudier la vie de l'artiste pauvre abandonné subitement à lui-même et devant lutter pour l'existence.

Mais, ceci ressemble terriblement à une indiscrétion, et il importe de nous arrêter au plus vite, si nous ne voulons encourir les reproches de l'écrivain qui a été l'objet de ce très rapide examen.

Louis FOUQUET

Parmi les gens de lettres dont nous avons mission de parler en ces courtes études, M. Louis Fouquet (1) occupe une place fort honorable. Ses aptitudes, en effet, sont variées, et son talent d'une grande souplesse. Comme un grand nombre de littérateurs il s'est d'abord fait connaître comme poète, depuis, il a abordé le roman, et son premier essai permet le présager en lui un écrivain d'avenir.

I

Le *Livre des ruines*, l'ouvrage principal de M. Fouquet, est un volume de poésies patriotiques.

Ecrites en l'année terrible, les pièces de ce

M. LOUIS FOUQUET naquit à Thiancourt (Meurthe-et-Moselle), en 1853. Tout jeune encore, il vint se fixer avec ses parents à Blot-l'Eglise, petit bourg de l'arrondissement de Riom où était né son père. Depuis ce temps, M. Fouquet n'a plus quitté l'Auvergne. Ses premiers essais poétiques, il les fit à l'âge de 11 ans, et, quelques années plus tard, en 1871, il obtenait une médaille d'or et une mention honorable de l'Académie française pour son poème les *Corbeaux* M. Fouquet a publié plusieurs volumes de poésie et donné de nombreuses pièces de vers aux journaux de Clermont-Ferrand.

M. Fouquet fait partie de la Société des gens de lettres depuis l'année 1887.

recueil ont le souffle de l'indignation ; leur auteur y a mis son âme de républicain et de français, et ses vers stigmatisent durement l'étranger orgueilleux et le tyran cause de tous nos maux.

Oh ! combien tragique il nous peint cette guerre sauvage et impie et nous en montre les horreurs. A cet égard, un des morceaux du livre est véritablement significatif ; c'est l'ode *les Corbeaux* qui reçut une mention honorable de l'Académie Française en 1871.

Alors ils sont venus d'un vol sûr et rapide
Dire à ceux d'alentour : « Partons, voici l'instant....
Une épaisse moisson d'hommes au teint livide
Va recouvrir le sol, un festin nous attend, »
— Ils sont partis en foule ; et leurs ailes moirées
Ont parcouru le ciel en colonnes serrées.
Les voyez-vous, là-haut, se perdre à l'horizon ?
Quand le premier n'est plus qu'un point noir dans l'espace,
La forme de celui qui sur ma tête passe
A mes pieds flotte encore et fuit sur le gazon.
Ils vont, toujours guidés par un instinct sauvage.
Elle ne faiblit point, l'aile du noir corbeau !
Ils atteindront bientôt l'infortuné rivage
Où des corps sans linceul attendent le tombeau.
Là, s'abattant soudain, avec des cris de joie,
On les verra longtemps s'acharner sur leur proie ;
Leur bec ira fouiller la poitrine des morts...
— Qu'importe ! Le bruit sourd de leurs ailes souillées
N'ira point éveiller, dans nos ville pillées,
L'aigle ni le vautour : ils dorment sans remords ! (1)

(1) Louis Fouquet. *Le livre des ruines*, page 110.

Cependant, M. Louis Fouquet n'est pas seulement l'écrivain farouche du *Livre des ruines* ; il est trop poète pour ne pas aussi à son tour chanter la douce intimité des champs, ses espérances et ses regrets, ses amours et ses illusions.

Alors, son vers devient aimable et tendre ; il trouve des accents charmeurs et pleins de grâce, de noblesse et de sincérité.

Voyez, par exemple, dans ses *Pages d'Album*, la pièce intitulée *Paysages d'Auvergne*,

Le couchant verse au loin sa rougeur lumineuse
Sur la plaine, estompant ses replis ondulés ;
Ainsi qu'un mur géant, la chaîne montagneuse,
Découpe à l'horizon ses sommets crénelés.
En face, les grands puys, ceints de clartés humides,
Colorent un instant leur contour vague et bleu.
On croit voir s'aligner de hautes pyramides,
Plongeant leur crête ardue au sein d'un ciel de feu.

Mais, le jour fuit, et après les heures de soleil, le paysage va de nouveau, disparaître dans l'ombre.

Les vieux puys, maintenant, voilent leur tête chauve.
Et leur base déjà se perd dans le lointain ;
A peine sur leur front s'allonge un reflet fauve
Pareil à la lueur d'un brasier qui s'éteint.
Et, tous, enveloppés de leur manteau bleuâtre,
Ils sont rangés en cercle autour de ce brasier
Comme de bons vieillards assis autour de l'âtre
Que le sommeil surprend à garder le foyer (1)

(1) Louis Fouquet. *Pages d'album*, page 23.

Oh, l'exquise description, et comme on les revoit ces grands monts allongés dans la plaine où ils semblent dormir un sommeil sans fin. Voilà, n'est-il point vrai, de la véritable poésie et des vers frappés de la bonne marque, sans faiblesse aucune, et de noble allure. Les *Pages d'Album*, qui forment la première partie du livre *Les Heures d'oubli*, sont d'un véritable poète, d'un artiste fortement doué. Nous ne saurions en faire plus bel éloge.

II

Des diverses écoles littéraires modernes, celle qui, en ces dernières années, au moins, aura exercé l'influence la plus marquée est sans contredit l'école naturaliste. Notre époque est peu éprise d'idéale ; nous sommes en effet trop près encore d'événements tragiques, notre horizon politique et économique est trop peu azuré pour que la moyenne des esprits soit de tempérament optimiste, et, cet éclat particulier de gens qui broyent du noir où nous vivons tous plus ou moins aujourd'hui réagit fortement sur notre moral qui se préoccupe plus de la vérité, de la sincérité, de l'observation précise, de l'étude scientifique presque, que de rêver à des fictions charmantes ou romanesques. La génération qui nous précède demandait au livre d'être de grande allure, de raconter des histoires cavalières ou de fiers gentilhommes braves comme de claires épées, nobles comme le roi et plus gueux que Job, partaient à la conquête du monde montés sur une méchante haridelle qu'ils appelaient pompeusement un coursier, bataillaient de droite et de gauche, menaient simultanément les intrigues de cœur et les entreprises guerrières, rossaient le guet, échangaient des coups de rapière, tantôt blessés, tantôt blessant leurs adversaires, enlevaient les filles de qualité qui se prenaient d'amour pour leurs manières conquérantes et soumises à la fois, et finissaient, au dernier châpitre, par se marier dans la chapelle du manoir avec la jeune duchesse après avoir enfin acquis fortune et renommée. C'était le beau temps des romans de cape et d'épée. Maintenant, cela est changé ; nous sommes trop terre à terre pour nous intéresser à ces héros redondants et chimériques ; nous voulons de l'analyse, nous aimons la dissection morale et nous exigeons du livre qu'il soit œuvre de psychologue.

Devons-nous nous plaindre de cette évolution et regretter la formule passée ? Non, car pour être différente, la forme d'aujourd'hui est singulièrement attachante et instructive.

Quoiqu'il en soit, c'est de cette dernière école que relèvent les *Romans d'Auvergne*. Deux nouvelles *Le Trou de la baie* et *la Dot de Cendrillon*, composent le volume. Toutes deux sont écrites d'un style simple, précis, rapide, et sont d'une observation minutieuse.

Les gens que l'auteur nous présente sont des paysans, et il les peint sans fard, tels qu'il les a vus, tels que nous avons pu les voir nous-même pour peu que nous ayons vécu quelque temps dans les campagnes.

Deux mobiles font agir ses personnages : dans *le Trou de la baie* c'est une superstition bien commune, la crainte des revenants ; dans *la Dot de Cendrillon,* c'est la passion dominante, caractéristique du campagnard, l'avarice.

Avec beaucoup de soin, sans jamais pour cela perdre son temps en de longues descriptions, il rapporte, en un langage un peu ironique, les multiples épisodes de ses récits dont l'intrigue est peut-être quelque peu compliquée,

Mais, il faut le dire, de cette intrigue résulte aussi des situations véritablement intéressantes et si bien amenées que l'on ne saurait s'en plaindre.

Dans la littérature moderne deux écrivains de premier ordre ont étudié le paysan et chacun sous un jour différent. George Sand nous a montré un être idéalisé ; Balsac, au contraire, avec sa touche énergique, nous en fait un tableau sombre, d'une puissance étonnante. Comme l'auteur immortel du *Père Goriot*, M. Louis Fouquet ne nous représente pas l'homme des champs sous un jour bien favorable, malgré qu'il en fasse voir plutôt les travers que les vices. Dans les deux cas, l'observation a conduit à un même résultat : l'analyse si complète de Balzac lui a permis de graver ses personnages comme dans une plaque de métal ; l'observation à fleur de peau de M. Fouquet lui a fait tracer une esquisse moins profonde, sans doute, mais réellement intéressante. En somme, son livre est d'une observation précise et juste et il était bon de le noter. Au surplus, d'ailleurs, n'est-il qu'un début dans le roman et un début qui donne au public le droit de beaucoup espérer.

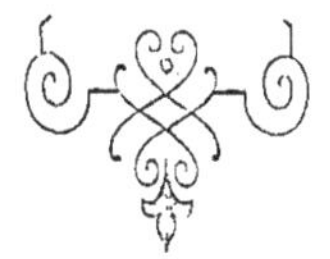

JOCELEYN BARGOIN

Si la gloire, pour un écrivain, consiste non pas à avoir beaucoup écrit, mais à avoir produit quelques œuvres délicates ou fortes, soigneusement ouvrées, alors M. Joceleyn Bargoin, (1) que ses amis pleurent aujourd'hui, peut à bon droit réclamer sa place dans ce *Paradis des gens de lettres* rêvé, voici tantôt trente-sept ans, par cet aimable poète qui s'appelait Charles Asselineau.

Quelques courtes nouvelles réunies en un tout petit volume sous le titre *Soirs d'hiver*, quelques pages d'impressions écrites à la suite d'un voyage en Espagne, quelques articles littéraires, critiques ou fantaisistes, et c'est tout ; mais, dans ce léger

(1) M. LOUIS-ALBERT-JOCELEYN BARGOIN naquit à Clermont-Ferrand le 3 janvier 1884. Au sortir du collège, il étudia le droit ; mais, bientôt, il abandonna les études juridiques pour se consacrer uniquement à des occupations littéraires. Contraint, par le mauvais état de sa santé, à rechercher le doux climat des pays du soleil, il vint se fixer à Pau où il fonda plusieurs journaux, notamment le *journal des Étrangers* dont il conserva jusqu'à sa mort la rédaction en chef, Le 2 janvier 1876, il succombait à Pau des suites d'une maladie de poitrine dont il souffrait depuis longtemps. M. Bargoin était membre de la Société des gens de Lettres, de la société du musée de Riom et membre correspondant de l'Académie de Clermont. Par dispositions testamentaires, il a laissé à sa mort des dotations importantes au profit des villes de Clermont et de Pau.

bagage, il n'est pas une ligne qui ne soit véritablement ciselée comme un joyau de prix.

Les *Soirs d'Hiver*, surtout, sont de petites merveilles que Gauthier et Mérimée « approuveraient » comme l'écrivit Théodore de Banville lors de leur apparition. Et, de fait, ces contes sont véritablement exquis ! Quoi de plus navrant que cette mort du pauvre petit Jacques, le ramoneur, étouffé dans la cheminée où il s'est réfugié pour échapper au maître cruel.

Et puis, le silence. La nuit se fit plus sombre encore ; une grosse larme tomba des yeux du petit ramoneur. Il dit tout bas : « Maman ! » Et ce fut fini. (1)

Combien cela est simple, et, pourtant, combien l'effet est puissant ! C'est que nous touchons ici à l'art véritable.

Une autre de ces nouvelles, *Concert d'amateurs*, (*légende d'Alsace*), est d'une allure vraiment saisissante, avec cette chevauchée grandiose des escadrons ressuscités chassant devant eux jusqu'au Rhin dans une course ardente et macabre, aux sons homériques de la *Marseillaise*, la bande des musiciens allemands venus en Alsace chercher les *Vergiss-mein-nitcht* que leur avaient demandés les Gretchen aux regards bleus « pour orner leurs chignons d'or pâle ».

Le lendemain, sous les ponts des villes riveraines, on vit passer des ossements sans nombre.

(1) Joceley Bargoin, *Soirs d'Hiver*, le Petit ramoneur, page 45.

Et les Gretchen de Munich attendent toujours, en vidant des *maass*, les petites fleurs d'azur que doivent leur apporter les blonds amoureux. (1)

M. Bargoin, comme on le voit, a des richesses de touche de bon aloi ; sa phrase a l'allure et le nombre, elle est souple et précise également, et est merveilleuse de science descriptive. Quoi de charmant, par exemple, comme cette figure du quartier habité spécialement par les marchands d'objets de dévotion aux alentours de l'église Notre-Dame de Fourvière, près de Lyon.

Les marchands ont l'air de séminaristes qui auraient beaucoup vieilli. Ils ont des allures d'ascète ; ils parlent presque bas, ainsi qu'on le fait près des confessionnaux : ces longs cheveux, ces redingotes sévères qui voudraient être des soutanes, ces mains aux tons de cire, ces gestes modérés et longs, les sourires avec lesquels ils disent d'un air mystérieux et doux : *C'est le juste prix*, étonnent derrière un comptoir. Ils ont des larmes dans la voix quand ils rendent la monnaie, le bras arrondi, la pièce au bout des doigts comme une hostie. (2)

En lisant ces lignes si finement observées, d'un style si achevé, on songe involontairement et comme naturellement à Mérimée et à Flaubert, et le souvenir de ces deux grands artistes ne fait pas disparaître le charme.

M. Bargoin était bien un écrivain de race ! La mort ne lui a pas permis de poursuivre sa tâche,

(1) Joceleyn Bargoin. *Soirs d'hiver*, Concert d'amateurs, page 89.

(2) Joceleyn Bargoin. *Soirs d'hiver*. Pélérinage, page 115.

mais elle n'aura pu faire qu'il ne se survive ; les *Soirs d'hiver* se chargeront en effet de transmettre sa mémoire aux amoureux de belles œuvres.

G. SAINT-JOANNY

Des diverses sciences historiques, l'Archéologie est, sans conteste, une des plus importantes ; c'est, en effet, qu'elle fournit à l'écrivain des documents sérieux et précis capables de lui permettre d'étudier les problèmes si complexes qu'il a pour mission de résoudre.

Et c'est pourquoi les hommes qui, comme M. Saint-Joanny, (1) se sont donnés la tâche d'explorer tous ces vestiges du passé et de préparer ainsi les éléments nécessaires à la composition de notre histoire, méritent une mention toute particulière parmi les artisans de la pensée.

Le but suprême de l'historien est, évidemment, la généralisation, c'est-à-dire de déduire d'un ensemble de faits observés la philosophie qu'ils

(1) M. SAINT-JOANNY (DOMINIQUE GUSTAVE), naquit à Thiers, (Puy-de-Dôme), le 30 octobre 1828. Après avoir fait son droit, il se fit inscrire au barreau de la ville de Thiers, et plaida durant plusieurs années. M. Saint-Joanny est le fondateur de la bibliothèque publique de Thiers et c'est à lui que l'on doit la création des archives municipales de cette ville.

Aujourd'hui, M. Saint-Joanny est archiviste en chef de la ville de Paris et du département de la Seine ; il est officier d'Académie et membre de plusieurs sociétés savantes.

comportent, de déterminer aussi la raison logique des diverses phases de l'évolution des sociétés.

A côté de ce point essentiel, primordial, le reste n'est rien, et ce serait en vérité une occupation bien frivole que de rechercher la connaissance des petits incidents de l'existence de nos ancêtres, si cette connaissance précise ne devait pas justement permettre de reconstituer, en quelque sorte, les âges disparus. Plus qu'aucune autre, l'histoire est une science inductive; ses périodes successives se relient intimement les unes aux autres et s'enchainent rigoureusement comme les multiples théorèmes de la géométrie.

Dans l'édification de ce monument considérable que constitue le récit de la vie d'un peuple, la part documentaire revient au chroniqueur et à l'archéologue, et, en somme, elle est la base essentielle de l'œuvre.

Cependant, à quelle source le savant doit-il s'adresser pour recueillir les matériaux nécessaires à l'élaboration de ses travaux ? C'est le grand mérite de M. Saint-Joanny d'avoir indiqué un trésor d'une richesse extrême pour des recherches de semblable nature, trésor jusque dès maintenant absolument négligé et méprisé, d'ailleurs.

Dans notre société d'avant la Révolution, le notaire avait une importance considérable, bien autrement grande que celle qu'il possède aujourd'hui, et, son ministère non seulement était requis pour les actes entre particuliers, mais encore il était peu de circonstances graves de la vie publique où il n'intervint et ne fut appelé à rédiger des actes ou des procès-verbaux.

Etant donné ce rôle joué par les tabellions, il semblerait que depuis longtemps les savants eussent dû porter leurs investigations dans les collections d'ancienne procédure accumulées depuis des siècles dans les études de notaire ; il n'en est rien, pourtant, et, parti à cause de cette négligence, parti aussi à cause de l'incurie de leurs détenteurs, quantité de documents de la plus haute importance historique se perdent chaque jour, sans profit pour personne, abandonnés qu'ils sont à la dent des rats et aux ravages du temps et de l'humidité. En vain, M. Saint-Joanny a réclamé à trois reprises différentes, dans trois mémoires justement remarqués, pour que l'autorité administrative prit sous sa sauvegarde ces anciennes minutes des actes notariés antérieurs à 1790 et s'occupa d'en assurer la conservation et la publicité ; en vain, il a montré par une expérience personnelle, en publiant *La Coutellerie Thiernoise*, tout ce que l'on peut tirer de l'étude de ces papiers si précieux, la routine a subsisté et aujourd'hui, comme il y a vingt ans, la situation est même.

Et pourtant, le remède au mal est facile et son emploi ne coûterait guère à établir, comme M. Saint-Joanny l'a prouvé amplement dans son *Deuxième mémoire sur l'importance pour l'histoire intime des communes de France des actes notariés antérieurs à 1790, et sur la nécessité et les moyens d'assurer leur conservation et leur publicité.*

Mais, encore une fois, il n'y a pas à lutter avec la routine administrative, et, malgré que l'utilité de la mesure réclamée ne soit plus à démontrer il se passera encore bien du temps avant qu'elle ne soit adoptée, et, alors, peut-être hélas, sera-t-il trop tard !...

A côté de ces travaux de pure érudition, M. Saint-Joanny s'est occupé durant un temps assez long d'une œuvre plus spécialement littéraire; il fut, en effet, durant plusieurs années, le directeur de l'*Art en Province, revue du Centre,* que publiait à Moulins l'éditeur P. A. Desrosiers.

Sous sa conduite habile et d'un grand sens artistique, la *Revue du Centre* acquit bien vite une importance et une autorité considérables et elle compta dans sa rédaction une brillante phalange d'écrivains de mérite.

Cependant, M. Saint-Joanny ne devait pas se consacrer indéfiniment à ses occupations de directeur ; son goût pour la science archéologique devait l'entraîner vers d'autres recherches et c'est alors qu'il s'occupa tout spécialement de ces beaux mémoires dont nous parlions tout à l'heure. Depuis lors, il n'a cessé de les poursuivre avec ardeur t aujourd'hui, le savant archiviste en chef de la ville de Paris et du département de la Seine s'adonne uniquement à ses études favorites et prépare d'importants travaux d'une haute portée historique.

J. B. M. BIÉLAWSKI

L'écrivain qui fait l'objet de cette courte notice est moins un littérateur qu'un archéologue et un savant.

Néanmoins, l'importance historique des travaux de M. J. B. M. Biélawski (1) nous fait un devoir, dans un travail semblable à celui que nous avons entrepris, de les examiner attentivement. Aussi bien, ne pouvons nous que trouver plaisir et profit à nous acquitter de notre tâche.

Depuis quelques années, — la chose vaut en elle-même d'être constatée, — les procédés de

(1) JEAN-BAPTISTE MAURICE BIÉLAWSKI est né à Clermont-Ferrand le 24 novembre 1838. Après avoir fait ses études, M. Biélawski entra dans l'administration des Ponts-et-Chaussées, et, en 1870, quand la guerre fut déclarée à l'Allemagne, il occupait les fonctions de conducteur. Immédiatement, l'historien d'Issoire sollicitait du ministre des travaux publics l'autorisation de prendre du service dans l'armée et bientôt il marchait contre les prussiens. Le 2 décembre 1870, au combat d'Artenay, où il commandait en qualité de capitaine du 32e régiment de mobiles, il fut blessé assez grièvement. On l'évacua sur les ambulances de Blois, puis sur Angers, et il dut rester éloigné du théâtre de la guerre.

M. Biélawski a été nommé chevalier de la Légion d'honneur en récompense de sa conduite durant la guerre. Aujourd'hui, il occupe les fonctions de percepteur et consacre toutes ses heures de loisir à l'étude historique et surtout archéologique et géologique de la province d'Auvergne et plus particulièrement des environs d'Issoire.

philosophie scientifique se sont introduits en littérature ; aujourd'hui, l'on ne croit pas trouver la raison d'être d'un écrivain dans son œuvre seule, mais on estime, au contraire, que l'œuvre est l'explication de son auteur et dépend, en partie au moins, du milieu dans lequel il vit, de son origine, des multiples influences qui, en un temps donné, ont pu agir dans un sens quelconque sur sa personnalité.

Cette manière de voir si profondément judicieuse, et qui est due en grande partie à M. Taine, a renouvelé la critique moderne en lui donnant une base expérimentale dont elle manquait jusqu'alors.

Eh bien, pour entendre comme il convient M. Biélawski, pour comprendre la *cause prochaine* de ses travaux, — comme eut dit l'illustre physiologiste Claude Bernard, — ce procédé de critique scientifique, cette application d'une sorte de déterminisme philosophique, nous sera d'un secours réel et indispensable.

C'est que, en effet, M. Biélawski, par nature, est double ; à côté du savant et de l'archéologue, il est le patriote et l'homme de cœur, et les deux individualités se fondant en une seule impriment à ses livres un caractère tout particulier.

Comme son nom l'indique, l'auteur des *Récits d'un touriste auvergnat* est d'origine polonaise. C'est seulement après la révolution malheureuse de

1830, que son père Joseph Biélawski, proscrit comme tant de ses compatriotes, vint s'établir en France où il se maria.

Dès ses premières années, M. J. B. M. Biélawski apprenait le douloureux martyrologe de sa patrie d'origine, et le généreux accueil que fit la France aux exilés. Un tel enseignement devait porter ses fruits et le jeune homme se prit à confondre dans un même amour ces deux pays : la France hospitalière et la Pologne malheureuse. Ce double sentiment se retrouve dans ses nombreux travaux et les inspire, soit qu'il prenne en main la cause polonaise, comme il fit en 1863, à l'époque du dernier soulèvement populaire de ce pays contre la Russie (1) ; soit qu'il raconte les divers épisodes de la guerre de 1870 à laquelle il assista en qualité d'officier de mobile (2) — il était capitaine de la Compagnie des *Lapins bleus* de St-Gervais ; soit qu'il retrace simplement l'histoire de cette province d'Auvergne qui fut sa patrie natale, qu'il en décrive les admirables paysages et les richesses archéologiques et minéralogiques, qu'il en reconstitue la physionomie à travers les siècles et en détermine l'évolution générale. Chacun de ses livres, en effet, depuis la *Boutade d'un étudiant*

(1) J. B. M. Biélawski. *Le polonisme latin, le panslavisme moscovite et l'Europe.*

(2) id. *32ème régiment de mobiles. Histoire du bataillon de Riom ; Campagnes de la Loire et de l'Est.*

Auvergnat, un écrit de jeunesse, jusqu'à son dernier travail : *les Récits d'un touriste Auvergnat* œuvre de longue haleine et qui est le fruit d'un labeur constant de plusieurs années, procède de ce sentiment toujours également vif et toujours également sincère.

A cet égard, son volume : *Souvenirs d'Auvergne et impressions de jeunesse* est particulièrement caractéristique. En ce livre, nous trouvons, presque à chaque page, la trace vibrante de cette éducation virile qui a marqué chez lui une empreinte si profonde. Voyons, par exemple, ces lignes où il nous montre son père au sortir d'une conversation avec d'autres exilés comme lui :

> Lorsque tout le monde était parti, mon père s'asseyait auprès du foyer et appuyait sa tête contre le marbre de la cheminée. Il était sombre. Il fermait les yeux comme pour se recueillir, puis des larmes silencieuses coulaient lentement le long de ses joues et venaient tomber une à une sur sa barbe blanche. Oh, je n'oublierai jamais cela ! ... (1)

Combien ces quelques phrases sont éloquentes dans leur concision et en disent plus que de longues dissertations ; elles sont issues du fond du cœur, et, en vérité, elles sont dignes de celui qui terminait par ce mot : « *Vengeance* », le récit des évènements tragiques auxquels fut mêlé « le bataillon de Riom » durant l'année terrible.

(1) J. B. Biélawski. *Souvenirs d'Auvergne et impressions de Jeunesse*, page 205.

J'ai dit tout à l'heure que M. Biélawski avait de l'*amour* pour l'Auvergne.

Amour, je crois, est en effet le mot propre pour caractériser cette affection profonde du « touriste auvergnat » pour cette admirable contrée qu'il a parcouru durant tant d'années avec persévérance, en flaneur comme il dit, c'est à dire en observateur :

Car que faire en flanant, à moins que l'on n'observe ?

comme a dit R. Toppfer, cet autre excursionniste dont M. Biélawski se plait à rappeler le souvenir.

Aussi, quelle bonne fortune c'est pour le lecteur de parcourir en sa compagnie ces environs d'Issoire, et cette vallée du Lembron si remplie de souvenirs. A chaque page, le récit s'anime, et l'intérêt se soutient ; l'histoire et la légende s'entremêlent, sans se confondre pourtant ; le pittoresque se joint au grave, et la vérité ne perd rien à ces associations, mais y gagne au contraire un charme particulier et d'une réelle saveur.

Nous sommes à Monton, ancienne cité Gauloise.

Sur l'esplanade qui couronne le pays, au-dessus des grottes, à l'emplacement de la statue, il y avait une pierre fade qui était l'objet d'une sorte de culte et de certaines pratiques dont le sens s'est effacé mais qui n'en ont pas moins persisté.

Le jour d'un mariage, la noce se rendait sur le plateau. Au milieu du cercle formé par les invités se tenant la main afin de marcher en rond dans une direction voulue, la nouvelle épouse exécutait alors avec chaque cavalier trois tours de danse enveloppant la pierre, cercles magiques destinés à rendre la jeune femme future bonne nourrice et à prévenir tous maléfices. C'est une superstition commune aux Indoux, aux Slaves et aux Auvergnats. Ce vieil usage remonte aux Celtes qui l'apportèrent de l'Inde. Le code de Manou dit : qu'en marchant autour de quelqu'un de manière à ce qu'il reste du côté gauche, on le rend inaccessible à l'action des mauvais esprits. (1)

Voilà-t-il pas la bonne façon de conter l'histoire ou mieux la chronique locale, celle de la ruine ou du village, avec ses légendes et ses traits de mœurs bizarres en apparence et qui s'expliquent soudainement quand l'on recherche le pourquoi des choses.

Evidemment, ce n'est pas là de la grande histoire, et la généralisation est bien quelque peu sacrifiée au côté anecdotique ou archéologique ; mais, aussi, l'auteur n'a point eu de but autre que celui auquel il a atteint ; il a vu un pays qu'il aime depuis de longues années, il a voulu le faire connaître tel qu'il le voyait, c'est-à-dire curieux et profondément attachant pour quiconque est capable de s'intéresser aux choses de l'esprit, et il a réussi dans sa tâche.

Ainsi faisant, M. Biélawski a doublement payé la dette contractée envers la France par son père voici un demi siècle, une première fois avec son épée et au prix de son sang, aujourd'hui avec sa plume et au prix de ses veilles.

(1) J. B. M. Biélawski, *Récits d'un touriste Auvergnat* page 265

Les deux œuvres, celle du soldat et celle de l'écrivain sont également belles et dignes de tous éloges.

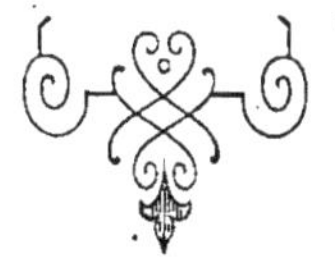

A. RICHARD
(DU CANTAL)

Des hommes de l'Auvergne d'aujourd'hui, il n'en est pas qui soit plus connu et plus apprécié que M. Antoine Richard (du Cantal) (1).

Son nom, en effet, se rattache à tant de souvenirs d'institutions les unes existantes, les autres disparues ; il a été si profondément mêlé à certaines des affaires importantes de notre pays qu'il est de ceux que l'on n'oublie pas.

M. Richard (du Cantal) est avant tout et surtout un agronome et volontiers il prendrait pour sa devise la parole fameuse de Sully « *Labourage et pastourage sont les deux mamelles de l'Etat.* » Sa vie entière, presque, il l'a employée à soutenir

(1) M. ANTOINE RICHARD (du Cantal) est né en 1802 à Pierrefort (Cantal). De bonne heure, il s'engagea dans un régiment de cavalerie, puis il entra comme élève militare à l'école d'Alfort et en sortit médecin vétérinaire de l'armée. En 1833, à Strasbourg, il se faisait recevoir docteur en médecine. Après avoir quitté l'armée, M. Richard professa successivement à l'école de Grignon, à à l'école des Haras dont il fut ensuite directeur, à l'école d'agriculture de Souliard. Quand la révolution de 1848 survint, le département du Cantal le délégua pour le représenter successivement aux Assemblées nationale, constituante et législative. M. Richard est membre de la Société des gens de lettres.

la cause agricole, tantôt comme professeur, tantôt comme agriculteur, tantôt encore comme publiciste. Et, sous cette dernière forme, il aura exercé une vive influence.

La décadence de notre production chevaline, surtout, l'avait fortement frappé, et, voyant dans cette situation un danger formidable pour notre sécurité nationale, il dirigea plus spécialement ses études sur cette question et publia à divers reprises des travaux et des mémoires qui sont aujourd'hui devenus des ouvrages classiques. Et cependant, la force de la routine est si puissante que, bien que ses livres soient en toutes les mains les errements qu'il signale sont pourtant encore suivis, au grand dommage de tous.

A côté de son *étude du cheval de service et de guerre*, M. Richard (du Cantal) a encore publié un ouvrage considérable et d'une extrême importance : le *Dictionnaire raisonné d'Agriculture et d'économie du bétail.*

Evidemment, des livres semblables à ceux que nous signalons en ce moment échappent à l'analyse, du moins dans un travail semblable à celui que nous avons entrepris.

Néanmoins, malgré cette circonstance particulière, nous avons tenu à les noter au passage, M. Richard (du Cantal) étant un de ces hommes rares qui par leur haute valeur et leur conduite toujours digne de leur caractère ont su marquer leur œuvre d'une façon profonde, se concilier l'estime entière de tous leurs concitoyens, et qui, en somme, sont l'honneur de leur pays.

LES

PEINTRES

J. J. BELLEL

I

Au nombre des peintres qui ont consacré leur talent à figurer l'Auvergne, M. Bellel, à juste titre, mérite de tenir une des premières places.

Ami intime de Prosper Marilhat, le prestigieux peintre orientaliste, M. Bellel fut tout naturellement amené à venir chercher en Auvergne des inspirations pour ses tableaux. Comme le peintre de *la Place de l'Esbékieh*, les superbes sites de la montagne le charmèrent infiniment et il se passionna pour eux, se plaisant à les représenter soit sur la toile, soit en d'admirables fusains.

De même que tous les artistes qui ont connu l'Orient ou le sol Africain, M. Bellel est un coloriste. Dans ses toiles, il emploie volontiers les tons d'ocre rouge et de vermillon qui, à côté

(1) M. Jean, Joseph BELLEL est né à Paris le 28 janvier 1816. Il étudia tout d'abord l'architecture sous la direction de M. Hippolyte Lebas ; mais, se sentant peu de goût pour cet art, il l'abandonna pour entrer dans l'atelier du peintre Justin Ouvrié dont il reçut les leçons durant quelques mois : M. Bellel exposa pour la première fois au salon en 1838. En 1848, il obtint une première médaille. M. Bellel est chevalier de la Légion d'Honneur depuis 1860.

du vert des arbres et de l'indigo du ciel ressortent puissamment. Il aime les paysages éclairés par les grandes lumières du soleil, ceux où les ombres se détachent vivement sur les parties plus claires, et son tempérament vigoureux ne se complaît point à figurer les impressions fugitives des heures indécises. Il est un poète robuste et non mystique ou maladif, et ce qu'il chante, c'est la beauté éclatante de la roche sauvage éclairée par les rayons ardents des soleils d'été.

Mais, M. Bellel n'est pas seulement un coloriste ; ses études continues, cette obligation qu'il s'est toujours imposée d'être un interprète fidèle de la nature, lui ont appris à voir le détail juste et surtout lui ont démontré cette nécessité absolue de la parfaite correction du dessin qui est, comme l'a si bien fait ressortir ce maître critique Charles Blanc, dans son admirable ouvrage, la *Grammaire des Arts du dessin*, la condition essentielle, primordiale de toute œuvre d'art.

Et il en est ainsi, en somme, parce que la première forme de la sensation artistique est toute physique ; l'impression suggestive ne vient qu'ensuite.

Ce qui nous frappe tout d'abord dans un tableau, c'est la forme. Donc, si cette forme est imparfaite, c'est-à-dire si le dessin est lâché, nous pourrons être intéressés un instant par le pathétique du sujet ou par les effets de la couleur, mais ce sentiment sera toujours de courte durée et jamais nous n'éprouverons d'impression profonde.

II

Comme peintre d'Auvergne, M. Bellel s'est surtout complu à représenter les beautés si pittoresques de la vallée de Châteldon et des environs de Thiers.

Tantôt, il nous présente la *Vue du château de Châteldon*, prise du ravin de Gironde, avec sa végétation robuste, sauvage, et ses entassements formidables de roches qui font penser aux géants fabuleux amoncelant les montagnes pour escalader le ciel ; tantôt, il nous mène par le bois assombri contempler la *Source du Vauziron*. Le site est d'une beauté merveilleuse ; sous l'ombre des grands châtaigners qui élèvent superbement dans le ciel leurs immenses frondaisons d'un vert intense, le Vauziron s'échappe au travers des fissures d'un sol ocreux, raviné, et ses eaux écumantes se creusent un passage au travers des énormes blocs de pierre escarpés et moussus.

La *Vue du château de La Roche* que M. Bellel a exposée au *Salon* de l'année dernière est sans contredit une de ses meilleures toiles, et aussi une des plus intéressantes de son œuvre, car elle porte vivement la marque de cette brillante école romantique qui fut la sienne, et qu'il est peut-être le seul à représenter aujourd'hui.

De grands arbres tordus par les orages, brisés par la foudre, à peine reflétés par l'eau du torrent qui sourd à travers des amoncellements de roches mornes, aux tons d'ocre mêlé de vermillon ; une nature farouche, pleine d'épouvante et de menaces, asile de dieux inconnus et terribles ; dans le fond contrastant avec cette horreur grandiose, en pleine lumière crue et violente, un vieux château-fort crénelé, avec ses grosses tours et ses murs grisâtres, sur lesquels le soleil plaque des tons dorés ; et derrière, sur un ciel indigo parsemé de nuages menaçants les déchirures sombres des montagnes. L'effet est puissant, inattendu, presque tragique. (1)

Ce jugement porté par M. Gabriel Marc sur le tableau de l'artiste est d'une précision parfaite et renferme une définition très nette du grand talent de M. Bellel, talent presque tragique, en effet, parce qu'il est vrai, sincère, et qu'il s'applique uniquement à la représentation des beautés souveraines de la nature, pleines de caractère et de majesté.

(1) Gabriel Marc. *L'Auvergne au Salon* de 1887, page 21.

N. BERTHON

I

C'est dans le Paris artistique par excellence, à Montmartre, 17 avenue Trudaine, que M. Berthon (1) est venu s'installer.

Son *chez lui* est élégant, et dénote non seulement l'artiste, mais aussi le collectionneur de tout ce qui est digne de charmer les yeux par sa beauté. Aussi, son atelier où tombe joyeusement la franche clareté du jour par une vaste verrière est-il une sorte de musée au petit pied, d'une décoration parfaite.

Sur les murs, de superbes tapisseries autour desquelles sont accrochées mille bibelots de prix, ou des études du maître du logis. Dans un coin, une vaisselière bretonne datant de Louis XIII chargée de mirifiques faiences qui accrochent la lumière de la façon la plus amusante pour

(1) M. NICOLAS BERTHON est né à Paris de parents d'origine auvergnate, en 1833. Il étudia la peinture dans l'atelier de Léon Coignet, membre de l'Institut. En 1857, M. Berthon exposa pour la première fois ; depuis, il n'a point laissé passer d'exposition sans y prendre part. En 1866 M. Berthon a obtenu une médaille unique.

le regard ; ailleurs un meuble hollandais renaissance dont les tons brunis sont rehaussés par de larges clous dorés ; en face un grand bahut crédence du XVeme siècle au-dessus duquel se trouve perché un grand tigre royal, à la robe fauve et qui semble prêt à s'élancer sur sa proie. Sur la cheminée, devant une superbe glace Louis XIV, un buste de Melle Clairon, et, à côté, une tête de Christ de l'époque bysantine, d'un style admirable, et due au ciseau d'un artiste d'autrefois demeuré inconnu. Et, pour compléter cet ameublement, quelques fauteuils aux courbes délicates, commes nos ouvriers modernes n'en savent plus tracer, couverts de tapisseries anciennes, un grand bahut gothique du style flamboyant, et quelques chevalets supportant la toile en cours d'exécution ou le tableau récemment achevé.

Tel est un aperçu sommaire du milieu dans lequel M. Berthon travaille la meilleure partie de l'année.

Occupons-nous maintenant de rechercher la nature de son tempérament.

II

L'existence artistique de M. Berthon comprend deux formes bien déterminées ; une première où il est un peintre du plein air ; une seconde où

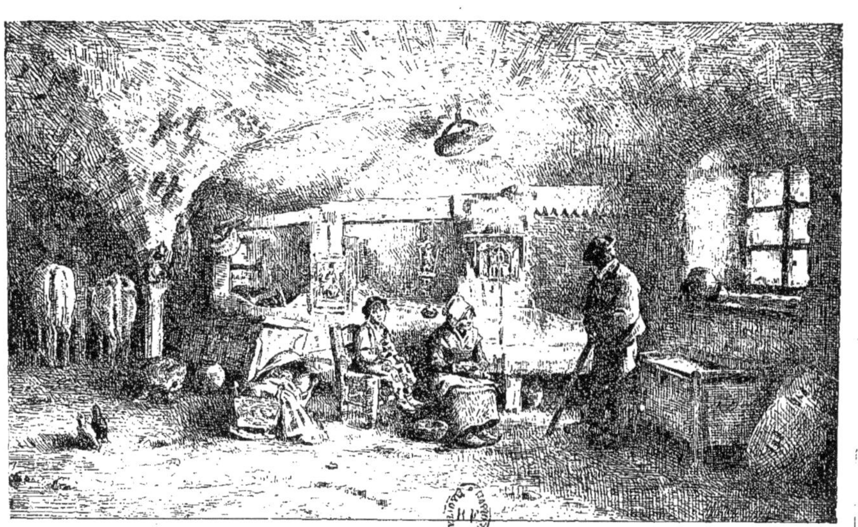

N. BERTHON. *Intérieur d'étable en Auvergne.* (Musée du Luxembourg).

D'après un cliché de M. Motteroz.

il s'adonne plus spécialement à l'étude des intérieurs.

Dans les études de plein air de M. Berthon, la note dominante, caractéristique, c'est le contraste toujours marqué entre des lumières vives et des clairs-obscurs, l'ensemble du tableau restant, néanmoins, dans une note très claire, très transparente. De plus, l'artiste place presque constamment ses personnages de telle sorte qu'ils se détachent en vigueur soit sur le ciel azuré et brillant, soit sur un horizon de montagnes, et cela sans se soucier de la difficulté extrême qu'il y a de faire mouvoir des figures en semblable condition ; cette difficulté, du reste, il la surmonte avec beaucoup de bonheur, grâce à une observation patiente et à une habileté consommée d'exécution. D'ailleurs, M. Berthon est un consciencieux qui ne reconnaît qu'un seul maître, la nature, et qui ne veut s'inspirer que d'elle-seule.

C'est en 1865 que M. Berthon vint pour la première fois chercher en Auvergne des motifs d'étude et délaissa pour ses sites plus pittoresques les paysages si connus de la banlieue parisienne. Cette détermination devait lui porter bonheur ; en effet, son premier tableau auvergnat, *Pendant la messe souvenir d'Auvergne*, qui fut exposé au *Salon* de 1866, et qui appartient aujourd'hui au musée d'Arras, lui valait une médaille unique. Devant le portail de l'humble église de village sont agenouillés, dans une attitude recueillie, hommes et femmes endimanchés. C'est l'heure de l'élévation; l'enfant de chœur fait tinter la cloche de la chapelle, et, sur la droite, on voit, se dirigeant vers l'église, un petit groupe formé d'un homme, de sa femme, et de la vieille mère qui s'appuie sur un jeune garçon. Ces divers personnages se découpent dans la pleine lumière sur l'horizon lointain et bleu. Tout cela respire le calme et est d'une douceur extrême, d'un charme pénétrant. Ce premier tableau devait être bientôt suivi d'autres toiles importantes et conçues dans un sentiment de même ordre.

Avec la *Bourrée d'Auvergne*, nous voici transportés dans un village du Cantal. Sur la gauche, au deuxième plan, et dans le clair obscur produit par l'ombre d'une maison, se tiennent plusieurs spectateurs qui suivent avec intérêt les allées et venues des danseurs. Ceux-ci, apparaissent sous un jour cru et derrière eux l'on aperçoit tout au loin les montagnes baignées dans le soleil, tandis que assis sur l'herbe, à quelques pas de là, le joueur de biniou sonne gravement de son instrument nazillard et champêtre.

Une prière, souvenir d'Auvergne, nous ramène dans le Puy-de-Dôme, aux environs de Châtel-Guyon. Un calvaire dans les champs ; derrière lui, sur la droite, un buisson, et au pied de la croix quelques travailleurs, hommes et femmes, qui se prosterner un instant. Une lumière blonde, jusque dans les ombres légères, enveloppe tout cet ensemble si simple et d'un aspect serein et pur comme une conscience d'enfant.

Voici maintenant *la Leçon de biniou* ! Devant la porte basse de la maison dont le toit couvert en pierre de Volvic vient presque affleurer le sol, se tiennent les acteurs de la petite scène familière ; ils sont trois, le maître, l'élève, et une spectatrice, qui semblent s'intéresser beaucoup à leur occupation musicale et qui en oublient de contempler le merveilleux spectacle du Plomb du Cantal couvert de neige et brillant comme un diamant énorme sous les chauds baisers du soleil. Au surplus, ne sont-ils pas accoutumés à voir chaque jour semblables beautés. A quoi bon alors, admirer ce qui est si ordinaire !

A l'exposition de peinture de 1877, M. Berthon envoya une grande toile, aujourd'hui au musée de Clermont-Ferrand, à qui elle a été donnée par M. Bardoux. Ce tableau, *Une procession à Saint-Bonnet, (Puy-de-Dôme)*, est des plus curieux et est la représentation fidèle d'une coutume du pays. Nous sommes le jour de la Saint-Amable qui se célèbre ici par une solennelle cérémonie religieuse. La procession sort de l'église, et descend le large escalier qui mène à la place. En avant, un enfant de chœur en robe rouge et en surplis porte la croix ; derrière lui, suivent un groupe de quatre jeunes hommes, en costume de Brayauds, veste de bure blanche et culotte semblable fixée au genou par la jarretière sombre, et coiffés du haut chapeau noir d'une forme analogue à ceux des incroyables du Directoire. Ils portent sur une châsse l'idole vénérée, un christ maigre, décharné, de style gothique, au long corps anguleux et raide naïvement suspendu sur les genoux d'une vierge drapée dans une robe bleue clair et se profilant sur un fond auréolé où voltigent alternativement des angelots rouge-cinabre et des flammes ardentes d'un or rutilant. Et puis, c'est la bannière de la sainte tenue par une jeune fille en blanc costume de brayaude et qu'entourent quatre autres paysannes coiffées du bonnet aux larges ailes, et qui ont dans la main les rubans de la bannière ; enfin, viennent des porteurs de cierge, et les fidèles.

De ce cortège si pittoresque, l'enfant de chœur et les quatre brayauds seuls sont dans le clair-obscur ; les autres, ainsi que l'idole, se détachent vivement sur le ciel radieux ou sur les montagnes du Forez toutes blanches de neige, à l'horizon.

Tout, dans ce tableau, est d'un réel intérêt ; et le groupement des personnages, tous dessinés avec le plus grand soin, et la coloration qui présentait des difficultés considérables, tant à cause de la nécessité d'équilibrer, pour rendre l'ensemble harmonieux à l'œil, les tons crus de certains détails, que de l'obligation de rester très lumineux dans les clairs obscurs sans pourtant que les lumières vives des derniers plans ne fussent atteintes de gris et sans que les personnages ne parussent point de véritables silhouettes. Aussi, cette toile compte-t-elle parmi les meilleures du peintre.

Le musée de Riom possède de M. Berthon deux tableaux, *Sortie de l'église (Auvergne)* et la *Procession des pénitents noirs de Billom le Jeudi-Saint*, tous deux également curieux et intéressants, mais dans des notes différentes.

La sortie de l'Eglise nous montre, dans un petit village des environs de Murat, dans le Cantal, la vieille église romane d'où sortent, l'office achevé, les fidèles graves et recueillis. Ces braves gens apparaissent dans le clair-obscur des premiers plans, tandis que dans le lointain l'on découvre les montagnes trempées dans les flots lumineux. Le ciel est d'un azur sans tâche, l'air est limpide et de la basse cheminée d'une maison voisine s'élève droite en l'air, comme une colonne, la fumée du foyer. Cette mince banderolle bleuâtre et transparente est d'une poésie infinie et éveille dans l'âme une impression de calme parfait adorable et exquise.

Avec la *Procession des pénitents noirs de Billom*, il semble que nous marchions en plein moyen-âge.

Sous un ciel gris, triste, la procession se déroule

lentement et traverse la place qu'enserrent de tous côtés de curieuses maisons de bois construites au XVeme siècle. En tête du cortège, marche, la figure grave, les pieds nus, un porteur de croix vêtu d'un long froc noir, et le rosaire noué à la ceinture ; le christ est voilé d'un crêpe. Vient ensuite, coiffé d'une cagoule écarlate, le corps couvert d'une robe de semblable couleur, un personnage figurant Jésus pendant la Passion et pliant sous le faix de sa croix, malgré l'aide que lui apporte Simon le bon Cyrénéen représenté par un pénitent en froc jaune. Autour de ces deux acteurs du drame sacré, les douze apôtres, les évangélistes portant les tables de la Loi, et des religieux cachés sous leurs frocs et leurs cagoules noires.

En arrière, suivent la Vierge et les saintes femmes, puis des pénitents portant des bannières, pendant que la foule respectueuse se prosterne et que sur les balcons des maisons voisines les femmes se signent dévotement.

Cette scène est d'un effet intense, presque tragique. On ne songe point à la mascarade puérile tant on est pris par le grandiose de l'ensemble. Il faut d'ailleurs le reconnaître, un cortège semblable demande le cadre spécial qu'offre la petite et vieille cité d'Auvergne où flotte toujours le souvenir des solennités religieuses anciennes et où la tradition mystique a laissé des traces encore vives, malgré les années écoulées.

Cette toile puissante contraste singulièrement avec celles que nous avions vu jusqu'ici ; au lieu des belles claretés et des oppositions lumineuses, des effets de brume ou de temps sombre. D'ailleurs, ce tableau n'est pas le seul dans cette note particulière, qu'ait tracé M. Berthon. *Un Enterrement à Latour d'Auvergne*, qui figura au *Salon* de 1874 et à l'exposition universelle de 1878, et qui fut acheté par l'Etat pour le musée de Besançon où il est aujourd'hui, est encore dans un sentiment analogue. A travers la montagne couverte de neige, le convoi mortuaire va péniblement, se rendant au cimetière ; en avant les porteurs du cercueil précédés de l'enfant de cœur, puis, apparaissent au premier plan, les parents et les amis du mort qui suivent en costume de deuil, les femmes la tête enveloppée dans de grandes coiffes blanches, dont les longues brides flottantes retombent sur la poitrine, et recouvertes d'un bonnet noir maintenu par un sermalice. Il est d'une tristesse navrante, ce cortège funèbre cheminant à travers une campagne désolée limitée par un horizon uniformément gris et très bas.

Le *Retour de Vêpres* est d'un sentiment moins sombre.

Enserrant la cité d'un grand mur de prison,
L'ombre sinistre croule en lourdes avalanches ;
Le jour vaincu se meurt au bord de l'horizon
Et, sur les montagnards qui gagnent leur maison,
Descend la paix auguste et douce des dimanches.

Ces vers de M. Giat traduisent exquisement l'impression générale, simple et mélancolique, de la scène champêtre figurée par le peintre.

Sur la route, le mari et la femme en costume des dimanches, marchent d'un pas tranquille et un peu lourd ; en avant d'eux , un jeune garçonnet, et , derrière , les vieux parents qui s'avancent plus lentement. Au loin la plaine de la Limagne fermée à l'horizon par les monts Dômes qui disparaissent dans les nuages et la brume ; le ciel est maussade, orageux, le jour d'un gris monotone, et la lumière rare est plus marquée par les rapports de tons que par l'éclairage même.

Comme on le voit, par ces quelques courtes descriptions d'un petit nombre de ses tableaux, M. Berthon dans ses études du plein air s'est inspiré à deux sources différentes. Dans une première forme, il étudie les constrates des pleines lumières et des clairs-obscurs transparents ; dans l'autre, il recherche au contraire les effets propres aux temps de brume. Cependant, il ne laisse pas d'y avoir une certaine unité dans ces deux formules et cette unité c'est dans la conscience même de l'œuvre qu'on la trouve. Rarement en effet, artiste procède avec autant de soins et d'étude. M. Berthon, lui, est de ceux qui estiment que la nature doit être l'unique et seul guide et il ne se permet point de la corriger, ou même de l'inventer. Il la suit fidèlement, et sans cesse l'épie, recommençant son dessin ou son esquisse tant qu'il ne sent point être arrivé à la représentation parfaite de son modèle. C'est ainsi qu'il possède dans ses cartons plusieurs centaines de dessins exécutés pour sa seule composition de la *Procession des pénitents noirs de Billom*. Mais aussi, quel style mesuré et plein de noblesse, quel caractère magistral présentent les nombreuses figures de cette importante toile, dans la simplicité savante de leurs lignes !

III

Le propre de l'art véritable, c'est d'être essentiellement de nature poétique ; et, cela est si rigoureusement vrai, que là où la poésie manque, l'œuvre d'art cesse d'exister pour devenir une chose quelconque banale et sans saveur. C'est pourquoi le tableau de genre est si rarement digne d'attirer l'attention des esprits délicats.

M. Berthon, comme peintre du plein air, a su éviter l'écueil ; comme peintre d'intérieur, il est également habile à triompher du danger, et, de même qu'il a montré le paysan Auvergnat dans sa vie extérieure, de même aussi il excelle à le représenter dans son existence intime.

Dans ces dernières années, principalement, M. Berthon s'est spécialement adonné à cette nouvelle manière, et nous lui devons quelques toiles d'un sentiment exquis, telle que celle intitulée, une *Étable en Auvergne* et qui se trouve au musée du Luxembourg, ou cette autre Étable qui figurait au *Salon* de 1887, ou encore *Avant la Soupe* que son auteur vient d'envoyer à l'exposition de peinture de cette année.

C'est aux environs de Royat que le peintre est allé chercher le sujet du premier de ces trois tableaux, une de ces vastes étables voûtées où logent en même temps les animaux et leurs propriétaires.

Sur le premier plan et vers la droite, près de l'unique fenêtre, un vieux paysan debout, appuyé sur un bâton, regarde sa vieille qui est assise et mange sa soupe ; à côté, un marmot sur une chaise ; un autre enfant dans un petit berceau.

Dans le fond, à gauche, des bestiaux attachés devant leurs mangeoires.

Enfin, les multiples accessoires de la vie rustique répartis çà et là, et, sur les piliers de pierre, les grandes croix symboliques qui doivent étendre sur les bêtes leur charme protecteur. Aucun détail de la vie n'est oublié par l'artiste qui se souvient aussi bien des croyances superstitieuses que du reste et qui retrace l'existence même de ses modèles avec une sincérité réelle pleine d'originalité.

Dans son *Intérieur d'étable* de l'an passé, M. Berthon note un trait curieux des mœurs de la montagne auvergnate. « Quand la maladie sévit sur le bétail, les montagnards allument des lanternes dans leurs étables pour conjurer le fléau. » Telle est la coutume populaire qui a inspiré son tableau. L'ensemble de l'étable rappelle assez celle que nous venons de décrire, mais, au lieu de la seule clareté du jour doucement tamisée par la petite fenêtre abritée de rideaux, c'est, luttant avec elle, la lueur jaune et vacillante des lanternes qui éclaire la scène de reflets falots et lui donne un aspect fantastique.

Dans ces deux toiles, la tonalité générale est un peu sombre : *Avant la Soupe* est d'un tout autre caractère.

Une grande pièce avec une large fenêtre, et devant elle, en pleine lumière, une table autour de laquelle se tiennent les gens de la maison. Debout, une jeune femme en costume de brayaude taille le pain pour la soupe ; en face d'elle est assis son homme et à sa droite un vieux paysan appuyé sur son coude ; au bout de la table est la vieille mère, une écuelle de faience devant elle. Le fond de la salle est occupé par une immense armoire et par un lit Louis XIII aux rideaux d'indienne jaune à ramages rouges; devant un coffre de bois sur lequel est déposé le berceau du tout petit. Sur les murs, sont accrochés les mille accessoires du ménage, et quelques images d'Epinal aux enluminures grossières dans des cadres de bois bruni ; au plafond, est suspendu une planche couverte de bibelots et de provisions, une suspension de bois pour le *chalet*, et, par endroits, les poutres noires disparaissent sous le vêtement soyeux des toiles d'araignée.

On ne saurait rien se figurer de frais et de reposant comme ce tableau d'intérieur éclairé vivement et franchement par la belle lumière blonde qui tombe de la fenêtre ouverte par où l'on entrevoit au loin le village et la montagne. Dans cette toile, au contraire de ses précédentes, M. Berthon a concentré l'intérêt surtout sur ses personnages qui sont très étudiés. C'est que cette fois il a eu cette fortune fort rare de rencontrer à Châtel-Guyon même ses modèles et de pouvoir ainsi exécuter son tableau entièrement sur place et d'après nature. Aussi, son œuvre est-elle d'une vérité absolue, d'une fidélité parfaite et d'un charme pénétrant.

Ces qualités, nous l'avons vu, du reste, sont

particulières à M. Berthon, et, en quelque sorte, le caractérisent, soit qu'il reproduise des scènes d'intérieur ou au contraire qu'il étudie le paysan dans la grande clareté du dehors ; elles sont son originalité très réelle et lui valent de devoir être classé au premier rang des peintres de genre, parmi les artistes vraiment dignes de ce nom.

A. CORNET

I

A Paris, tout là-bas, dans le quartier Montparnasse, au 52 de la rue Régnier, s'élève une habitation particulière qui contraste singulièrement avec les maisons voisines grâce à son toit hollandais, à son élégante vérandah, et surtout à sa façade égayée de faïences polychromes dans le goût italien, du plus charmant effet. C'est là que demeure M. Alphonse Cornet (1), le peintre des misères de la vie parisienne. Mais, pénétrons dans son atelier. C'est la plus grande pièce du logis, et elle est d'une décoration parfaite. Le mobilier en est simple, mais artistique, et sur les murs ou sur les tablettes des crédences anciennes sont fixés ou déposés une quantité d'esquisses, de toiles ou de bibelots de toutes natures, et dont certains sont véritablement précieux : telle, par exemple, une immense racine de buis sculptée

(1) M. ALPHONSE CORNET est né à Riom en 1839. Il vint à Paris à l'âge de 15 ans pour étudier la décoration ; là, il suivit assiduement les cours de dessin des écoles de la ville, puis il vint travailler durant un certain temps à l'académie du *père Suisse*. Il exposa pour la première fois en 1864. M. A. Cornet est surtout élève du décorateur Dénuelle et de M. Lameire.

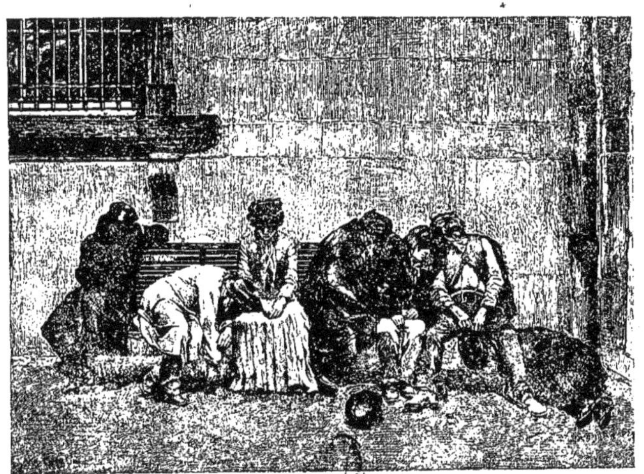

A. Cornet. — *Le banc de la dèche.*

qui fut autrefois l'objet d'une grande vénération dans une église d'un petit village de Bretagne et dans laquelle un artiste du XIIe siècle du nom de Caradec a découpé avec un art extrême et en même temps une naïveté adorable, plus de cinquante personnages, hommes, femmes, animaux, êtres fantastiques, et même une manière de Christ qui semble bénir tout ce bizarre assemblage ; tel ce reliquaire en bois doré datant des premières années du règne de Louis XIV ; tels ces panneaux gothiques et ces faïences, et ces armes damasquinées, et ce coffre profond en bois de chêne sculpté dit coffre de mariage et qui appartint autrefois à la noble épousée d'un seigneur breton ; la dame y serrait ses dentelles et ses étoffes de prix ; aujourd'hui, il renferme d'autres trésors inestimables pour son propriétaire, des dessins et des études, des années de travail.

II

M. Cornet est surtout un décorateur et son œuvre en cet art si curieux et si difficile est considérable. Il a en effet collaboré à la décoration d'un grand nombre de monuments, tant à Paris qu'en province. Entre autres travaux de cet ordre, c'est lui qui a peint, sous la direction de M. Lameire, toutes les figures de la grande coupole de la salle des fêtes du Trocadéro, celles de la coupole de l'église Saint-François-Xavier, etc.

Parmi les ouvrages qu'il a exécutés seul, nous citerons les restaurations de la chapelle de Jacques-Cœur, à Bourges, et l'ornementation d'un certain nombre d'Hôtels particuliers et de châteaux, notamment, en Bretagne, celui d'Antrain où il a peint l'entrée à Vitry de Louis XII et d'Anne de Bretagne, immense composition où l'on voit représenté l'imposant cortège qui accompagne les visiteurs royaux.

En Auvergne même, à Riom, dans l'hôtel du Musée, M. Cornet a peint un magnifique plafond, le *Triomphe du printemps*.

L'air s'allume, se réchauffe, se remplit d'aromes, les brises l'agitent avec amour et répandent à travers les espaces les germes infinis d'existences nouvelles. Les zéphirs, les sylphes, tous les génies elémentaires se ravivent, sortent des nuages, cherchent le soleil, s'abreuvent d'azur.

On aperçoit, à travers les voiles empourprés de l'aurore, le peuple ailé, joyeux et turbulent, se poursuivre, se lancer des flèches de feu, secouer sur la terre endormie les flambeaux qui vont éclairer son réveil. Ils s'enlacent de guirlandes, élèvent sur leurs têtes des branches triomphales, chantent en chœur l'hymne de l'éternelle résurrection, et la nature féconde, émue de leurs accords, sent déjà tressaillir son sein maternel.

Au centre, montent les messagers du Printemps, portant aux Dieux les premiers fruits de la saison génératrice. Dans la partie inférieure, comme pour servir de bordure à ce tableau aérien, règne le long d'un balustre doré une sorte de galerie à jour, formée d'un treillage d'une extrême élégance. Sur ce treillage serpentent de jeunes branches dont la sève excitée s'élance, court, fait éclore feuilles et boutons aux extrémités de leurs brindilles. Puis, de distance en distance, des bouquets de fleurs, des touffes d'arbustes, de somptueuses draperies, de grands vases d'or, ornent magnifiquement le pourtour du fantastique édifice que de gracieux enfants animent de leurs jeux. L'un s'amuse d'un nid découvert sous la feuillée, l'autre emprisonne de beaux oiseaux dans une cage ; celui-ci, moins audacieux, s'effraye en face d'un paon superbe et, pour se le rendre favorable, lui offre d'une main tremblante les fruits de sa corbeille ; ceux-là chantent, dansent follement au son d'instruments champêtres ; tous symbolisent les joies, les craintes de l'enfance, les plaisirs bientôt oubliés de la jeunesse. Ainsi l'artiste rappelle, par d'allégoriques images de l'antiquité païenne, les plus printaniers souvenirs de la vie. (1)

C'est en ces termes qu'un homme éminent et qui fut un amateur éclairé, M. Francisque Mandet, le fondateur du Musée de Riom, a décrit l'œuvre charmante de M. Cornet, en montrant avec un soin minutieux le véritable caractère et les réelles beautés.

III

Nous avons dit que M. Cornet était surtout un décorateur ; il est aussi un peintre de tableaux et nombreuses sont les toiles importantes qu'il a produites.

Son goût pour la décoration, d'ailleurs, n'est pas sans avoir exercé une réelle influence dans la conception de ses diverses œuvres et nous le

(1) Hippolyte Gomot. *Biographie de Francisque Mandet*, appendice, page 125.

voyons s'adonner particulièrement à la grande peinture ou encore au tableau de genre, c'est-à-dire se tourner vers les deux formules d'art qui prêtent le plus à la composition et au groupement noble, harmonieux ou pittoresque des personnages.

Dans cette manière, son premier essai, intitulé : *Un épisode de l'invasion des Francs dans la Gaule*, a figuré à l'Exposition universelle de 1868. Ce qui caractérise cette toile d'une composition quelque peu conventionnelle, c'est le mouvement et le groupement des personnages qui combattent avec acharnement dans le fond d'une grotte sombre.

Sa Madeleine repentante qui est ajourd'hui au musée de Riom est une des rares études de nu de M. Cornet. La belle pécheresse se tient accroupie dans le clair-obscur de la grotte creusée dans le rocher, et ses chairs brillantes se détachent en clair sur le fond sombre. Est-ce bien à l'éternité qu'elle songe, ou aux souvenirs des vaines jouissances de jadis !

Cependant, voici une toile importante, dans une note très personnelle, et d'un réel intérêt ; c'est *l'Ensevelissement des morts après la bataille de Champigny, par les ambulances de la presse*. Ce tableau qui figurait au Salon de 1872 a été acheté par l'Etat pour le musée de Dijon où il se trouve actuellement.

La neige couvre la campagne ; le ciel gris et

brumeux est bas et répand un jour sombre ; à l'horizon, disparaissant dans une sorte de brouillard, le pont de Nogent-sur-Marne et un coin de rivière ; aux premiers plans, la route boueuse et défoncée par le passage des chevaux et des voitures ; tel est le cadre dans lequel se déroule la scène poignante que figure l'artiste. Parlementaires prussiens, officiers français et frères de la doctrine chrétienne, ils sont là procédant à la funèbre cérémonie ; ils vont d'un cadavre à l'autre, les relèvent et, la reconnaissance faite, les vont sommairement coucher dans la tranchée creusée dans le sol et sur laquelle est plantée une simple croix de bois. Un peu en arrière, les voitures d'ambulance attendent. De ce tableau, il se dégage une impression de tristesse profonde ; les figures qui se détachent très en vigueur sur le blanc de la neige, acquièrent une extrême intensité d'expression et leur mouvement est si juste, leur groupement si naturel, qu'on ne peut s'empêcher d'être ému à leur aspect ; c'est là de la grande et véritablement belle peinture.

Cette toile semble, en quelque sorte, comme isolée dans l'œuvre de M. Cornet.

Ce n'est pas en effet son *Jean II*, dont la légende mystique se déroule dans l'obscurité de la crypte gothique , ni son *Tribunal de Velléda* , la prêtresse druidique devant laquelle comparaissent les guerriers gaulois farouches sous leur armure, ni encore cette *Reine de Samari* qui s'échappe terrifiée de son palais en flammes, ni cette *Prise du temple de Delphes* où nos ancêtres s'enfuirent affolés devant les ombres des trois héros Hyppérochus, Laodochus et Pyrrhus fils d'Achille, qui établiraient le lien cherché. C'est que, la parenté n'est pas dans le sujet, mais dans la science de l'interprétation ; elle est dans le tact parfait de la composition, dans le dessin toujours serré et précis, dans le coloris toujours un peu éteint. Ce sont là des traits caractéristiques du peintre et que nous allons retrouver d'ailleurs dans ses tableaux de genre, ceux où il a le plus empreint la marque de sa personnalité.

IV

Des différentes formules artistiques, le genre est assurément la plus semée d'écueils. Rien, en effet, n'est plus facile et plus difficile à la fois ! Le danger constant est le banal et le convenu, et, en vérité, ce n'est pas un mince mérite que de savoir résister à la tentation de conquérir un succès toujours assuré aux effets de mélodrame ou de gros sel.

M. Cornet l'a eu ce mérite, et comme peintre de genre, il s'est créé une note bien à lui et d'un réel intérêt.

Cette forme personnelle, d'ailleurs, ce n'est que dans ces dernières années qu'il a su s'en rendre parfaitement maître.

Le premier *Salon* de M. Cornet fut un tableau de genre ; il date de 1864. C'était un *Intérieur de cuisine* composé avec assez d'habileté et d'une facture un peu grise. Depuis, il va cherchant sa voie, et durant assez longtemps il peindra des tableaux dans des manières différentes sans trouver définitivement la formule qui le caractérisera si nettement plus tard. C'est à cette phase de transition, en quelque sorte, qu'appartient tout une série de toiles : *Misères et regrets*, *La leçon de musique*, *Une tombe d'enfant*, *Une école de village*, *Une jeune fille du XVIe siècle*, *Souvenirs* et nombre d'autres.

Cependant, parmi ces nombreux tableaux de sentiments si divers, il en est quelques uns qui révèlent déjà le peintre de la vie cruelle qu'est aujourd'hui M. Cornet. Tel par exemple celui intitulé *Souvenirs* qui nous montre une vieille chiffonnière accroupie la nuit devant un tas d'ordures, dans la rue, et, tandis qu'elle plonge son crochet dans les débris amoncelés, passe dans une sorte de nuage, tout une série de figures rappelant son existence passée ; tel celui appelé : *Le Champ de Mars avant la fête du quinze août* et qui fut acheté par l'empereur pour sa collection particulière, après avoir figuré à l'exposition de peinture de 1870 ; tel un *Solliciteur* qui date de 1873. Ce dernier, notamment, est à cet égard particulièrement instructif. Une grande antichambre luxueuse, et dans une immense chaise anglaise toute capitonnée de cuir noir, un laquais solennel, en perruque blanche à marteaux, en habit tout galonné et chamarré, en culottes courtes, sommeille l'air ennuyé en s'appuyant sur une table. Devant l'important personnage un pauvre diable de vieux peintre, au paletot râpé, à la barbe blanche, se tient le chapeau à la main. Vrai, cela fait mal de voir cette scène si simple et si fréquente de l'honnête homme méprisé par le faquin.

— Vous repasserez plus tard, mon bonhomme mon importance n'a que faire de vous écouter !

Voilà une œuvre très vécue, très sincère, de bonne originalité, et de plus solidement et agréablement peinte.

Avec ce tableau, M. Cornet était dans sa véritable voie ; aussi, y reviendra-t-il, et depuis 1885, année où il envoya au *Salon le banc de la dèche*, le voyons-nous se consacrer uniquement à la figuration des divers épisodes de l'existence des crêve-la-faim.

Nous sommes au jardin du Louvre ; sur ces bancs installés pour la foule, ils sont là les loqueteux, les misérables, piteux et l'air abattu ; malgrè le froid du matin ils dorment ou mieux sommeillent affaissés, brisés par la fatigue, jeunes et vieux se serrant pour lutter contre la brume qui les étreint de son manteau glacial ; parmi eux une femme, en cheveux et couverte d'une robe rose, les traits pâlis par la nuit blanche passée en plein air, regarde fixement devant elle les yeux perdus dans le vague.

Tout cela est navrant ! Ces êtres, nous les avons tous vus, nous les voyons chaque jour et ce sont bien ceux que nous rencontrons à chaque pas au coin des rues en quête de leur problématique existence. Voila du réalisme au sens le plus absolu du mot. Le *Défilé des gueux* est, en quelque sorte, l'épopée symbolique de la misère.

Qu'on se représente un long panneau dont le fond figure une muraille de pierre ; au milieu, est pratiqué une niche, et dedans une vieille hâve, tendant son sein vide à un enfant malingre, la *Misère*, pour l'appeler par son nom, est assise.

Au dessus de la niche, ces mots :

AVE REGINA, MISERI TE SALUTANT.

Et devant elle défile tout le cortège lamentable des gueux, poètes incompris, étudiants de trente septième année, saltimbanques sans emploi, gagne-petit sans ouvrage, musiciens ambulants, infirmes, etc... tous les ratés, tous les déclassés de l'existence en un mot.

La scène est presque tragique et laisse dans l'âme une impression de tristesse profonde ; tout d'ailleurs, dans ces toiles, tend à produire l'émotion : la composition en est étudiée et savante, le dessin d'une sincérité absolue, et, la couleur un peu grise contribue à accentuer le caractère.

Le dernier tableau de M. Cornet, un *Accroc*, qui figurait l'année dernière au Palais de l'industrie, appartient encore à cette série de toiles modernistes et naturalistes. Dans l'ombre qui tombe de la voûte d'un pont, loin des regards indiscrets de la foule, un misérable est assis, les jambes nues, et, armé d'une aiguille, il s'efforce tant bien que mal de réparer sa pauvre culotte déchirée. C'est tout ! Mais, comme cela en dit long sur cette existence entière du déclassé qui a peut-être rêvé un jour de gloire et de fortune, qui est enfin venu de chutes en chutes, de misères en misères, à cette lamentable extrémité et qui, pourtant, en sa détresse essaie malgré tout de sauvegarder les apparences et de conserver son décorum d'homme du monde. Oh ! combien cela est humain dans sa brutale simplicité.

Et, c'est la marque essentielle de M. Cornet ; il est humain ; il est moraliste et philosophe. Ses tableaux évoquent puissamment la pensée, font réfléchir, et sont bien d'un observateur patient et attentif et dont l'étude s'est arrêté longuement sur les misères sociales.

Les bas fonds de l'existence dans les grandes villes contiennent bien des épisodes douloureux ; M. Cornet excelle à traduire ces souffrances des parias ; il le fait avec une très grande habileté, avec science même, et ses œuvres si remplies d'humour et de verve, d'un pessimisme navrant en disent plus que bien des gros traités sur la misére !

Est-il beaucoup d'artistes des tableaux desquels on pourrait faire un semblable éloge ?

Jean DESBROSSES

« Chintreuil fut le meilleur ami qne j'ai jamais eu et que j'aurai jamais. Il eut tout fait pour moi comme j'eus tout fait pour lui, avec bonheur. Eh bien lui si bon, si franc, qui est mort à la peine, victime de son amour de l'art, au moment où il allait enfin connaître des jours meilleurs, je ne le plains pas ; en effet, s'il a souffert matériellement, il a du moins éprouvé en peignant les joies les plus pures. Eh, qu'importe la misère si l'on est heureux; qu'importe aussi celui qui succombe avant d'avoir atteint le but. Quand l'esprit est assez fort pour ne rien sacrifier à ce qui n'est pas l'idéal entrevu, le travail comporte toujours des jouissances infinies qui compensent largement tous les déboires de la vie pratique ! »

Ces paroles de M. Jean Desbrosses (1), tristes

(1) M. Jean Alfred DESBROSSES est né à Paris, le 28 mai 1835. Tout jeune, à force de courage et de volonté, il étudia le dessin et la peinture et reçut les conseils de M. A. Scheffer et surtout de Chintreuil, l'admirable paysagiste, dont il devint le plus fidèle ami.

M. Desbrosses exposa pour la première fois, au Salon de 1861. En 1880, il obtint une mention honorable ; en 1882, le jury lui décerna une médaille de 3ème classe et en 1887 une médaille de 2ème classe.

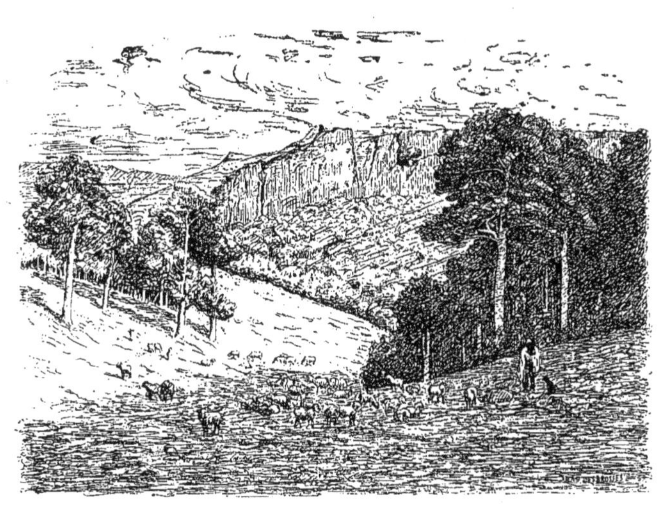

JEAN DESBROSSES. — *La dent du Marais, près Murols.*

et réconfortantes à la fois, contiennent en même temps la raison de son existence entière et celle de son esthétique.

I

L'école française moderne du paysage date à proprement parler de Corot et ne compte guère que quelques représentants, qui, chacun, se caractérisent par des qualités particulières.

Corot importa la notion des valeurs lumineuses, Dupré la couleur, Daubigny la tâche, devenant ainsi le père des impressionistes, et Chintreuil la poésie un peu morbide en rapport avec son tempérament maladif ; il est, en quelque sorte, comme le Beaudelaire de la peinture. Et, à côté de ceux-ci, en dérivant d'ailleurs en droite ligne, se range M. Jean Desbrosses, dont la marque personnelle est surtout dans une science très grande de la couleur, dans la fidélité de son dessin et dans sa perspective aérienne.

A ces quelques noms, l'on n'en pourra joindre peut-être encore deux ou trois et alors on aura à coup sûr épuisé la liste des véritables peintres de la nature. Pourquoi si peu ? C'est que dans l'infinité des peintres de paysages actuels, il n'en est guère qui possèdent une véritable personnalité ; pas un n'a de préoccupations artistiques qui lui soient propres, tous peignent suivant une formule définie d'avance, et tous leurs tableaux sont, pourrait-on dire, coulés dans un même moule ; ils ont été stérilisés par l'Ecole, n'étant pas assez forts ni assez courageux pour, à force de travail et d'amour pour le beau, se débarrasser de l'influence qui pèse sur eux et les fait concevoir la représentation d'un paysage comme une simple académie. Ils restent poncifs parce qu'ils demeurent insensibles !

Combien différents étaient les maîtres que nous venons de citer, et sur la réputation desquels vivent aujourd'hui la plupart de nos peintres paysagistes. Pour eux, chaque étude a son caractère et porte sa marque distinctive ; de même que la nature, leurs œuvres sont toujours diverses, et partant singulièrement suggestives.

Une fois en possession complète de leur talent, ils ont bien généralisé, synthétisant leurs observations antérieures, mais alors, quelle intensité d'expression ils ont pu marquer, quelle puissance de poésie ils ont répandue !

II

Parler de M. Jean Desbrosses, c'est s'obliger à parler de Chintreuil. Jamais, en effet, deux existences n'ont été plus mêlées, plus communes, jamais plus grande affection n'a réuni deux individualités, ni plus grand dévouement deux cœurs.

C'est que une foi semblable, une même vie de misère et de travail à la recherche d'un même idéal, constituent des liens autrement solides que ceux pouvant naître de relations mondaines ; et ce sentiment affectueux, les années ni la mort n'ont pu le rompre, et le survivant conserve aussi intense qu'autrefois son culte pour son ami. Tout, en effet, chez M. Desbrosses parle du disparu. Dans l'atelier du peintre, en dehors des nombreuses études qui tapissent les murs, on ne voit qu'une chose, quelques pieux souvenirs du compagnon regretté : sur la cheminée, une maquette du monument dressé à Chintreuil à Pont-de-Vaux ; tout auprès un portrait du maître par le disciple, et, enfin, dans une petite pièce retirée, jalousement conservée, une merveilleuse série de paysages de l'auteur de *Pluie et de Soleil*.

Mais, voyons rapidement quels rapports unissent artistiquement les deux peintres ; aussi bien, une semblable recherche nous permettra de préciser la raison du talent et de la nature de M. Jean Desbrosses.

Chintreuil, ai-je dit tout-à-l'heure est comme le Beaudelaire de la peinture.

Il fut un dilettante parfait, d'un tempérament raffiné ; sa santé chancelante réagissait sur son moral et lui faisait aimer dans la nature les périodes morbides, en quelque sorte, celles des instants où elle est comme troublée et où elle se manifeste sombre ou mystérieuse ; dans ses toiles, il aime à figurer les heures crépusculaires ou celles de l'aube ; rarement, il s'attaque au plein jour qui lui semble presque banal. M. Desbrosses, au contraire, tout en conservant avec lui une parenté indiscutable, est d'un tempérament tout autre ; coloriste, il aime les lumières franches et vives qui éclairent brillamment les paysages profonds, et, moins impressionniste que Chintreuil, sa peinture est plus primesautière, moins travaillée. Comme facture, la caractéristique de ses toiles est d'être solide et grasse, avec de grandes envolées d'air et de lumière ; comme choix du sujet, il présente cette qualité rare de savoir le déterminer en toutes ses parties, de telle sorte qu'il soit d'un ensemble harmonieux, et, jamais il ne sacrifie à un détail, si délicieux soit-il en lui-même, si ce détail n'est pas dans la donnée précise du tableaux. Mais, le trait dominant de M. Desbrosses, c'est la correction et la précision de son dessin qui est arrêté avec un soin extrême, Chez lui, cette préoccupation de la forme est poussée jusqu'au scrupule et il considère les roches et les arbres des bois comme de véritables personnages dont il doit figurer l'aspect et le caractère. Aussi, quand il fait une étude, s'occupe-t-il essentiellement d'en arrêter les dessous, et, détail curieux et significatif à la fois il va même jusqu'à tracer son dessin à l'encre. Cette méthode n'est pas d'ailleurs sans avoir de réels avantages, car, en dehors de la parfaite fidélité qu'elle assure, elle est précieuse pour noter une impression. Les peintres impressionnistes en effet, prétendent, non sans raison apparente, qu'il est impossible de s'y prendre à plusieurs fois pour faire une étude, la nature n'étant à deux moments différents jamais semblable à elle-même. M. Desbrosses surmonte la difficulté avec son procédé ; tout d'abord il fixe son ensemble comme dessin et, quand il a modelé fermement ses dessous, en une seule séance, il inscrit l'impression lumineuse la plus fidèle possible, en un temps limité.

Aussi, son œuvre est-elle à cet égard d'un intérêt particulier ; quand il change de pays, son faire change en même temps, et la limpidité du ciel n'est plus la même, ni sa couleur, ni le vert des arbres ou des herbes folles ; sa coloration varie avec celle de la nature qu'il représente. Chose invraisemblable, cette fidélité à vouloir être vrai lui a été reprochée, très vivement ; habitués qu'ils sont à la peinture académique, poncive, des paysagistes dont nous parlions tout-à-l'heure, certains critiques ont en effet trouvé bizarre l'emploi qu'il fait des diverses nuances du vert et n'ont point vu que dans ses toiles, comme dans la nature d'ailleurs, les verts sont d'une variété extrême.

Il est vrai que M. Desbrosses est de ceux qui ne se laissent point troubler par les arguties des spectateurs. Artiste avant tout, il peint la nature en amant passionné, telle qu'il la comprend et qu'il la voit, et ainsi faisant, il accomplit une œuvre bonne et saine, car elle est toute de sincérité.

III

C'est en 1861 que M. Jean Desbrosses débuta au *Salon* avec les *Porteuses d'herbe*, un tableau de genre dans le mode de ceux de Milet. Cette première formule, il la garda plusieurs années, et, jusqu'à la mort de Chintreuil, il ne peignit guère autre chose que des figures.

Cependant, son fidèle ami disparu pour jamais, M. Jean Desbrosses se révèle comme paysagiste et bientôt il se consacre uniquement à la représentation de la nature et va d'abord dans les Ardennes puis en Savoie et dans le Jura chercher ses inspirations.

C'est seulement en 1878 que le peintre fit connaissance avec l'Auvergne au Mont-Dore où il était venu, par ordonnance de la Faculté soigner un commencement d'asthme nerveux.

La beauté sévère et un peu farouche du paysage le séduisit profondément, et, en même temps qu'il suivait son traitement, il travaillait avec ardeur, si bien qu'au *Salon* suivant il exposait deux toiles importantes rapportées de son voyage: *Les Fonds de la Bourboule* et *La Côte du Tartaret près Murolles* qui est aujourd'hui au Musée de Tarare.

Le soleil va disparaître à l'horizon derrière les montagnes et il répand ses rayons dorés, superbes, sur le ciel azuré ; en arrière, émergeant dans l'ombre d'un noir bleuté, la masse énorme du Puy-Gros ; un peu en avant, apparaît la montagne du Capucin, et, au premier plan, encore éclairé par le jour qui fuit, le plateau de Langle, au-dessus de la grande cascade, et, au milieu du pâturage où paissent les chèvres indociles, des bruyères sèches aux tons fauves et des roches ardoisées.

La Côte du Tartaret n'est pas d'un charme moins pénétrant. Aux premiers plans, un sol en friche, roux, semé de pierres ; sur le haut de la crête, quelques arbres s'élèvent d'un jet puissant et profilent leur silhouette sur le ciel que traversent de gros nuages violacés ; l'horizon, très lumineux, revêt ces teintes jaunes-d'or propres à certains couchers de soleil et son éclat fulgurant contraste violemment avec la masse épaisse, d'un vert intense, de la forêt de sapins qui s'étend au loin sur le plateau.

Dans la Montagne, qui figura au Salon de 1880 et qui valut à M. Desbrosses une mention honorable, est une représentation un peu idéale de la vallée de Chaud-de-Four. C'est l'Auvergne d'aujourd'hui et c'est aussi celle d'il y a quelques siècl s. Du ciel nuageux et grisâtre tombe la pluie et une brume transparente ; la vallée est profonde et semble un entonnoir de montagnes d'où découlent, rapides et écumants, les flots du ruisseau alimenté par les neiges fondues; sur ses bords humides et sablonneux, les herbes vertes croissent abondamment. Cependant, baigné dans la lumière blonde qui traverse les vapeurs flottantes, un ours brun, majestueusement, contemple les cimes neigeuses des alentours et semble le roi souverain de ce paysage solitaire. Ce tableau qui a été acheté pour le Musée de Valenciennes est véritablement une œuvre puissante et originale et attira vivement l'attention sur son auteur. *La Vue de Mont-Dore-les Bains* qui l'accompagnait

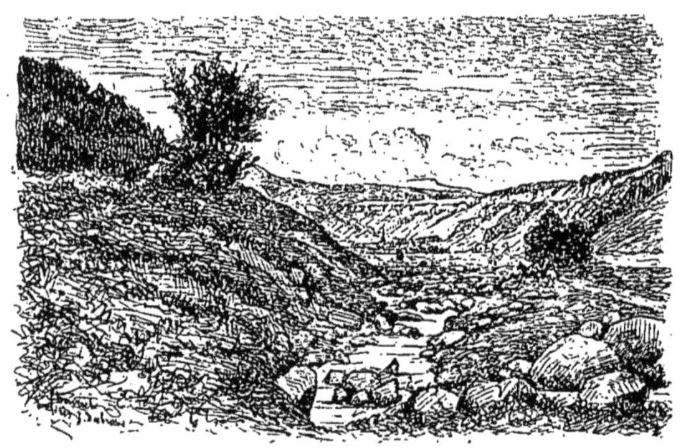

JEAN DESBROSSES. — *La vue de Mont-Dore-les-Bains.*

à l'Exposition de peinture est d'un tout autre caractère. Cette fois, l'étude est de plein soleil. Dans une vallée étroite coule le ruisseau moutonneux qui doit devenir la Dordogne; sur la droite, s'étend comme un long ruban la route qui conduit au Sancy et que surmonte, illuminée par le plein soleil, la crête du plateau de Langle ; quant aux premiers plans, ils apparaissent dans une ombre très réflétée, d'un vert chaud que rehaussent les grandes cloches rouges des fleurs de digitale.

L'atmosphère est d'une fluidité extrême et les fonds apparaissent vigoureux à travers la transparence bleutée de l'air surchauffé par les chaleurs estivales.

En 1881, M. Desbrosses rapporta d'Auvergne deux nouvelles toiles importantes, *Le Lac Chambon*, qui est au Musée de Lille, et *Les Gorges du Chaix*, tableau qui appartient aujourd'hui au Musée de Clermont.

De ses diverses œuvres, cette vue du lac à l'heure où le jour s'en va, où le ciel seul est encore lumineux et où l'ombre lutte victorieusement avec les reflets qu'il répand, est peut-être celle qui évoque le plus le souvenir de Chintreuil et marque le mieux les affinités existantes entre ces deux âmes d'artistes, tout en marquant aussi leurs qualités personnelles.

Le moment choisi par le peintre est bien celui qui eût charmé Chintreuil ; mais, comme la facture est autre ! Le charme poétique existe toujours et cependant, malgré que l'esthétique soit la même, la représentation diffère et est plus expansive, en rapport avec sa santé plus vigoureuse.

Les *Gorges du Chaix*, près Champeix, est au contraire un paysage de grande lumière ; le ciel est d'un bleu intense, le soleil brille et projette ses chauds rayons sur le coteau planté de quelques rares noyers, où les roches grises affleurent le sol aride maigrement revêtu d'une herbe sèche et rare, tandis que au pied de la pente escarpée la rivière aux eaux vives coule au milieu des chênes verts qui croissent sur ses bords.

C'est avec une toile de plein soleil, la vue de *Monistrol d'Allier*, qui appartient au Musée de Riom, que M. Desbrosses obtint, en 1882, une troisième médaille.

La rivière d'Allier est à moitié desséchée ; à droite et à gauche, les rochers dénudés s'élèvent brusquement tandis que l'on aperçoit, s'emmêlant avec quelques arbres au vert feuillage, les toitures rouges des toits de tuiles des maisons du village ; tout cela apparaît dans un jour ardent, intense, et dans une atmosphère surchauffée.

La *Dent du Marais*, proche Murolles, est encore dans un sentiment analogue. Toujours une lumière éclatante tombant presque perpendiculairement sur un paysage aride dont la sauvagerie est un peu tempérée par les masses épaisses des arbres croissant au pied de la muraille granitique.

Au Salon de 1887, où M. Desbrosses remporta sa deuxième médaille, se trouvaient : les *Fonds de la Limagne* et la *Vallée du Mont-Dore*, un adorable paysage qui fut acheté par l'Etat, et montrant la vallée d'un vert intense, noyée dans une brume nuageuse, d'une coloration blonde exquise et qui contrastait vivement avec l'effet de plein jour des *Fonds de la Limagne.*

Ici les premiers plans du tableau montrent un bois de châtaigniers au milieu duquel sont enfouis les maisons blanches aux toits rouges du nouveau Royat.

En arrière, Clermont-Ferrand qui se détache en sombre, tandis que sa cathédrale s'élève dans le ciel ; au loin , la plaine immense qui se perd dans un horizon bleu. Sur la gauche du tableau et au deuxième plan, la route du Puy-de-Dôme sur laquelle s'accroche au passage un rayon du soleil qui illumine le paysage.

Cette année, c'est dans le Cantal que le peintre est allé chercher ses motifs.

Le *Pas de la Cère* est une brêche profonde et étroite haute de 140 mètres, creusée par la rivière dont les eaux se sont ouvert ce gigantesque passage au travers le rocher.

Les deux énormes masses de pierre se dressent droites et escarpées, toutes couvertes d'arbustes feuillus, et laissent à peine entrevoir une petite bande azurée et brillante; à leur pied, l'onde limpide se précipite tumultueuse.

Le *Plateau de Badailhac* est d'un caractère tout autre. Son sujet rappelle un peu *Pluie et Soleil* de Chintreuil. Ici, par exemple, la nature est plus sauvage ; le vaste plateau au-dessus duquel passent emportés par les vents violents les gros nuages noirs d'où tombe la pluie, tandis que par endroits quelques rayons de soleil viennent jeter leur illumination, est aride et désolé, couvert de broussailles jaunies.

Ce rapide examen que nous venons de faire de ses tableaux confirme bien ce que nous avons déjà dit de M. Desbrosses ; il est surtout un peintre de la lumière, un coloriste ; sa marque essentielle est la fidélité, et, peut-être, s'astreint-il trop inflexiblement à tout préciser. Pourtant, dans certaines de ses toiles, comme *Dans la Montagne*, et aussi dans le *Plateau de Badailhac*, il tente un pas vers une formule synthétique, généralisatrice, portant la trace de personnalité.

C'est là un trait intéressant à noter dans l'évolution artistique du peintre, et, d'autant plus qu'il peut être envisagé sans crainte, M. Jean Desbrosses étant de ceux qui peuvent, sans danger, s'abandonner entièrement à eux-mêmes.

Leur passé de labeur et d'études sévères les défend en effet contre un péril redoutable pour d'autres.

A se laisser aller à son inspiration, M. Desbrosses acquérera une ampleur parfaite et marquera définitivement sa place à côté du maître radieux qui nous a laissé cette page chef-d'œuvrale des *Premières Clartés*.

P. FRANC-LAMY

I

Parmi les jeunes peintres d'aujourd'hui, il en est peu dont l'avenir se présente sous un jour plus favorable que pour M. Franc-Lamy (1). A peine, en effet, voici quelques années qu'il a quitté l'atelier du maître pour marcher seul et déjà le succès est venu, le publie aime ses toiles et les recherche, et les récompenses officielles lui ont donné une première consécration.

C'est que M. Franc-Lamy est un artiste véritablement doué, à l'esprit curieux et chercheur, épris d'un idéal de beauté radieuse, et qui sans cesse s'efforce de traduire d'un pinceau habile et coloré son rêve troublant et ensorceleur.

Ce qu'il aime, c'est la forme pure et superbe des carnations blanches et roses ; ce sont les chairs marmoréennes des vierges parfois pudiquement

(1) M. P. FRANC-LAMY est né à Clermont-Ferrand le 12 mai 1855. A l'âge de 16 ans, il entra dans l'atelier de Pils et plus tard, il vint travailler dans l'atelier de Gérome. M. Franc-Lamy exposa pour la première fois en 1879 ; il a obtenu une mention honorable en 1887.

rosées d'un léger incarnat ; c'est encore la splendeur lumineuse. Il est un coloriste et aussi un amoureux des belles lignes souples et harmonieuses. Un dessin correct et ferme et des teintes blondes, chaudes, d'une franche clarté, sont ses traits caractéristiques. Et, cette préoccupation de la couleur, elle se manifeste jusque dans la disposition de son intérieur.

Dans son atelier, nous trouvons les étoffes soyeuses aux reflets chatoyants, des voiles de l'Inde d'un tissu léger et transparent, de riches panneaux de soie brochée d'arabesques et de dragons suivant le goût Japonais naïf et raffiné à la fois, d'une fantaisie indéfinissable, des potiches de faiences aux ornements polychromes et d'où s'échappent les tiges fleuries du mimosa odorant, ou des bouquets de roseaux aux aigrettes plumeuses et argentées, et, aux côtés d'un vieux meuble Louis XV d'une forme rare, une ancienne chasuble, aux broderies fanées par le temps, et aux teintes adoucies, exquisement douces. Et, s'emmêlant avec ces multiples bibelots, des toiles et des études....

II

M. Franc-Lamy, ai-je dit, est un esprit chercheur, et, si aujourd'hui il semble définitivement avoir trouvé sa voie, du moins a-t-il auparavant tenté des essais multiples avant de se fixer.

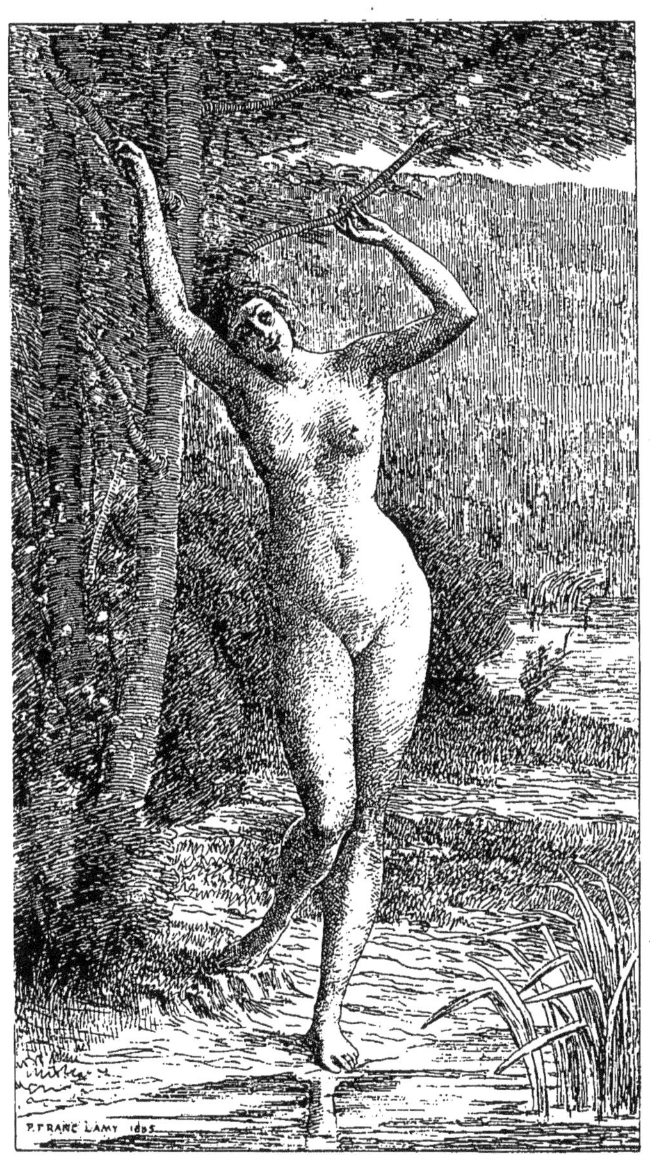

FRANC-LAMY. — *Après le bain.*

Tour à tour, en effet, dans l'intervalle qui sépare les années de première étude de celles du talent défini, nous le voyons s'attacher à des écoles diverses, les examinant scrupuleusement et cherchant à s'en assimiler le faire et les qualités ; c'est ainsi notamment, qu'il s'occupa attentivement des formules impressionnistes. Mais, son tempérament ne pouvait se contenter longtemps d'un procédé et, bientôt, nous le voyons revenir à un genre plus précis, d'une facture plus serrée.

D'ailleurs, ces essais ne sont pas sans avoir exercé une influence heureuse sur sa personnalité artistique, et M. Lamy y a gagné de devenir un coloriste habile en même temps qu'il s'appliquait à être un dessinateur sincère et fidèle. Ses deux ou trois premiers tableaux importants exécutés avant qu'il eut précisé sa manière actuelle, sont instructifs à cet égard. Son premier, *Une lecture*, qui date de 1878 et qui fut exposé en 1881 à Clermont-Ferrand, présentait dans un jardin une réunion d'amis écoutant un poète lisant ses vers ; il est d'une coloration ferme, d'un dessin serré, d'une tonalité harmonieuse. Quand aux personnages, tous de grandeur nature, ils sont d'une vérité parfaite et constituent d'excellents portraits. En 1880, le peintre débutait au salon par un portrait, celui de Mme X.... C'est là une toile réellement intéressante tant par le caractère même du modèle, que par le fini et le fouillé des détails. Enveloppée dans une mantille de dentelle noire, les yeux vifs et perçants, la lèvre plissée, les traits énergiques et même durs, elle se tient droite dans le grand fauteuil de chêne au dossier curieusement découpé. Ses mains, des mains ridées et d'une blancheur cireuse, comme en ont les vieillards, s'échappent des manchettes de dentelles et ressortent vivement sur la robe de satin violet. Quant à l'ensemble de la figure, il se détache sur un fond d'un vert sombre. Seuls les tons chauds et brunis du vieux fauteuil en bois de chêne font équilibre aux couleurs froides des étoffes et du fond, et, grâce à cet emploi judicieux des teintes l'ensemble du tableau acquiert une expression intense.

Cependant, M. Franc-Lamy, malgré le succès remporté par cette toile, ne devait pas s'adonner spécialement à ce genre, et bientôt il allait entrer dans sa formule définitive en étudiant le nu.

III

La peinture de nu, en générale, est de deux ordres, c'est-à-dire qu'elle procède de deux écoles bien distinctes l'une de l'autre :

La première, que l'on pourrait appeler classique, et qui est la base de la peinture mythologique et allégorique, voir même guerrière, quand il s'agit des anciens ;

L'autre, plus moderne, étudie le nu non plus dans un milieu conventionnel, comme cela a lieu dans l'allégorie ou dans la représentation des dieux et déesses de l'Olympe, mais dans les intérieurs des harems, ou les chaudes lumières savamment ménagées, la richesse des décorations, l'éclat poli des marbres et le flamboyement des superbes draperies orientales, forment un cadre merveilleux aux splendeurs de la beauté humaine, et donnent à l'artiste la facilité d'employer toutes les richesses de sa palette.

A côté de cet éblouissement de la couleur, le nu *moderne* a encore une autre formule, non moins intéressante, mais d'un tout autre caractère.

Ici, plus de cet appareil, un peu de convention, plus de salles mauresques dont les fenêtres découpées et élégamment cintrées en ogives, laissent entrevoir un ciel d'indigo, tandis qu'un rayon d'or filtrant au travers des jalousies, après avoir effleuré une épaule de sultane, vient s'iriser dans la poussière d'eau qui jaillit de la vasque d'onyx, où nagent les rouges cyprins de la Chine ; plus d'opposition entres les chairs laiteuses des favorites et les noires carnations des ennuques ou des esclaves ; mais le nu, dans sa seule splendeur, le nu en plein air, avec la nature pour cadre.

Ces diverses façons de comprendre la représentation d'une même chose correspondent à des formes particulières de la sensation chez l'artiste. Les mièvres aimeront spécialement l'allégorie et les fictions mythologiques, avec leur cortège habituel d'amours, de nymphes et de divinités champêtres ; les classiques, au tempérament robuste, s'adonneront à la reproduction des scènes guerrières, où des Romains casqués de fer, le bouclier au bras et la courte épée à la main, s'élancent au combat contre des Gaulois ou des Grecs semblablement équipés ; les curieux des effets de lumière pure feront leurs délices des études de nu dans le plein jour du dehors ; les coloristes verront le nu dans le cadre prestigieux de la demeure arabe, à travers la présence éblouissante des fastueuses merveilles de la décoration orientale.

Cette forme, d'ailleurs, comporte pour l'artiste des ressources incomparables ; il a la richesse de la couleur, la haute élégance d'une décoration de style variable à l'infini et d'une grâce légère parfaite, la facilité des oppositions vives de lumière, permettant d'attirer l'œil sur un point spécial du tableau et d'en faire ressortir prodigieusement certaines valeurs en laissant dans les demi-teintes savantes tout ce qui n'est point le motif principal du sujet.

Cependant, à côté de tous ces grands avantages qu'offre le genre, le peintre a à redouter un gros danger, c'est de faire du convenu, du déjà vu, de manquer de personnalité en un mot.

M. Franc-Lamy, et c'est là son grand honneur,

a su être original; ses études de nu sont d'un tempérament très moderne et dénotent un esprit sans cesse inquiet de nouveau.

IV

Ce n'est pas d'un seul jet que M. Franc Lamy a parcouru son évolution artistique et nous trouvons la transition de sa première manière à celle d'aujourd'hui dans le *Conseil de Révision*, une importante toile qui figura au *Salon* de 1882 et qui est actuellement au musée de Clermont-Ferrand.

Par son sujet, cette œuvre est un tableau de genre et aussi une étude de nu. On est dans une des salles du Palais de l'Industrie. La commission d'examen est là réunie et, devant elle, défilent successivement les jeunes conscrits. Une lumière franche, vigoureuse, éclaire cette scène naturaliste et les personnages se détachent en silhouettes sombres sur le jour cru qui tombe de l'immense vitrail.

Cette toile, d'une composition soignée, et d'une coloration très étudiée n'allait pas tarder à être suivi d'autres où le peintre achève sa transformation.

Après le bain, qui figura au Salon de 1885 et qui appartient au musée de Poitiers, marque cette manière dernière et personnelle. Est-elle une naïade ou une simple mortelle, cette adorable baigneuse qui debout, les bras relevés, se retient aux branches du saule poussant au bord de l'onde ? Sa chevelure blonde flotte légèrement sous la brise et le paysage comme noyé dans une brume légère et caressante a des transparences vaporeuses et des tons éteints qui font penser à ceux de Puvis de Chavannes. Une poésie tendre et douce se dégage de cette étude et la rend singulièrement attrayante.

Narcisa est d'un autre caractère. Cette fois, ce ne sont plus les rives verdoyantes tapissées de roseaux frêles qui encadrent la beauté sereine de la femme. *Narcisa* est dans son boudoir étendue languissante et songeuse sur un divan couvert d'étoffes précieuses. Une lumière oblique et fausse éclaire en partie son corps sculptural et ses cheveux d'or fauve se déroulent en masses lourdes.

Avec *le Sommeil* que l'on a pu voir l'année dernière au *Salon*, et qui valut à son auteur une mention honorable, M. Franc Lamy revient à sa première inspiration du nu en plein air. Cette fois, par exemple, le paysage qui entoure la dormeuse allongée voluptueusement sur les mousses délicates, à l'ombre d'un buisson, est d'une coloration plus vive, moins noyé que celui de *Après le bain*. Les chairs de la femme sont d'une blancheur idéale et son corps d'un galbe sans défaut.

Fantaisie qui accompagnait cette toile à l'exposition de peinture est en quelque sorte le portrait d'un rêve. Dans un fond de ciel, une vierge pâle, exquisément vierge et en même temps incomparablement troublante avec ses lèvres rouges comme un trait de sang dans une face mièvre et candide qu'ombragent des cheveux blonds. Sur ses épaules, un voile d'une étoffe légère et qui s'entrouve sur sa gorge naissante.

Cette année, M. Franc Lamy est resté fidèle à l'inspiration qui lui valut sa récompense de l'an passé. Dans la clairière illuminée par le soleil printanier, une jeune femme belle et désirable est couchée, et son corps, d'une blancheur lactée et presque opalescente, apparaît radieux se détachant sur les verts tendres de l'herbe. Le fond de la clairière est limité par une ceinture de jeunes pousses de taillis et, dans une large plaque d'eau claire et pure se reflète le vert des arbres et le bleu du ciel.

Une lumière blonde et chaude enveloppe tout cet ensemble harmonieux et charmeur.

Coquetterie, que le peintre a exposé au Salon d'un jour de la *Soupe aux choux*, rappelle *Fantaisie*. C'est encore une sorte de portrait d'un être idéal. Oh, la délicieuse apparition que celle de cette jeune femme d'une beauté mignarde et raffinée, provoquante et sensuelle, sous le casque sombre de sa noire chevelure, et qui, rose elle-même semble sortir d'un nuage rose de crêpe de Chine d'une ténuité extrême.

Dans ses compositions, M. Franc Lamy, nous le

voyons, sait allier la poésie et la sincérité. Son esprit raffiné, son goût pour la splendeur lumineuse, le portent à étudier les formes élégantes et pures, les carnations radieuses et délicates, sous la clareté sereine et douce du dehors. Son art est d'une recherche excessive, peut-être, mièvre aussi, mais gracieux et charmant, et il a ce don de faire rêver.

Ce sont là des qualités très positives et qui permettent à bon droit de compter M. Franc Lamy au nombre des véritables artistes.

ANTOINE ROUX

Le portrait de M. Antoine Roux peut se tracer rapidement : modeste et bon, infiniment dévoué à ses amis, et très amoureux de son art, telles sont les marques distinctives de l'artiste de talent qui a été justement surnommé le peintre de Royat.

I

Le talent de M. Antoine Roux est très varié, et il a exercé son pinceau en plus d'un genre.

Tour à tour, nous le voyons peindre des paysages, des scènes d'intérieur, des fleurs, et surtout ces rues si pittoresques de Royat, au travers lesquelles se meuvent paisiblement les gens du pays, les femmes dans leur costume local charmant au possible et

(1) M. ANTOINE ROUX naquit à Combronde, (Puy-de-Dôme) en 1821. Il étudia la peinture sous la direction de M. Devedeux et s'adonna surtout au *genre* et au *paysage*. M. A. Roux débuta au *Salon* de 1863 avec un paysage d'Auvergne, les *Bords de l'Allagnon*. Depuis cette époque, jusqu'à sa mort survenue au cours de l'année dernière, il exposa presque chaque année des toiles justement remarquées, et obtint de nombreuses récompenses à des expositions de province. M. Roux était membre correspondant de l'Académie de Clermont depuis 1867.

qui, hélas, disparait peu à peu devant l'envahissement des modes urbaines.

Quoiqu'il en soit, ses tableaux, quels soient-ils, gardent toujours leur air de parenté ; tous ont ce trait commun d'être dessinés avec un soin minutieux et aussi, d'avoir été brossés par un coloriste passionné.

M. Roux aime la clareté ; il se complaît à représenter les effets souvent heurtés des rayons lumineux éclatants et contrastant vivement avec les ombres franches découpées brutalement ; il affectionne encore les cieux d'indigo traversés parfois de légers nuages d'un blanc étincelant ; il est essentiellement le peintre du soleil.

Une autre particularité de l'artiste, c'est le choix habituel de ses sujets ; il ne s'occupe guère ou peu de la nature seule et est surtout épris du pittoresque que présentent les petites rues étroites et tortueuses du village montagnard ; les coins de murs lézardés et où poussent les pieds de fougères et de giroflée couleur de rouille, les escaliers délabrés dont les grandes dalles en noire pierre de Volvic se sont fendillées sous l'action du temps ont pour lui des attraits singuliers et il est particulièrement habile à transporter sur la toile leurs tons éteints d'une douceur exquise.

Dans cet ordre d'idées, l'un de ses tableaux les plus intéressants est sans contredit la *Rue de la Grotte à Royat* qui fut exposée au *Salon* de 1872.

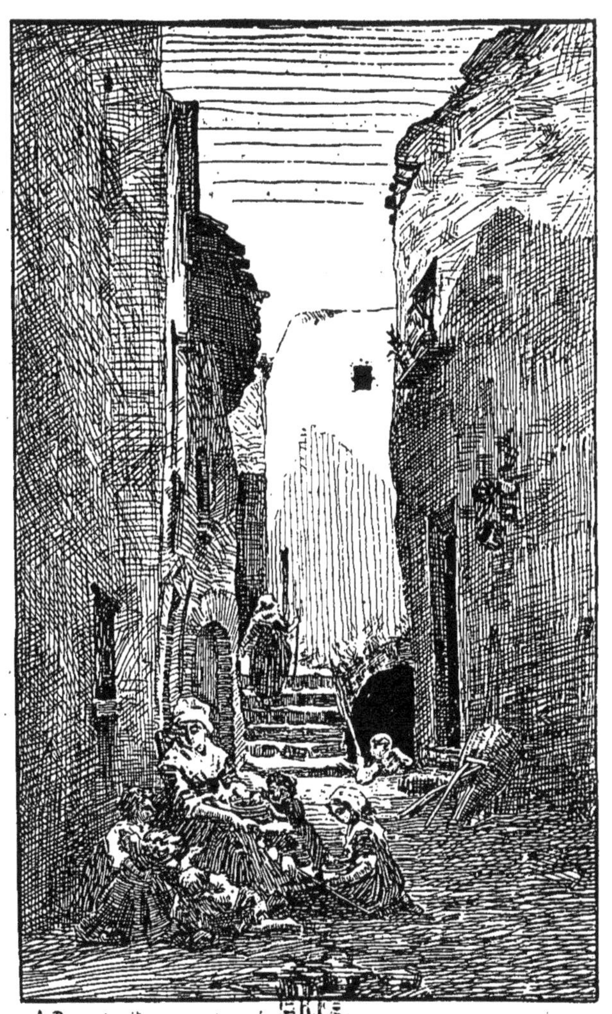

A. Roux, pinxit — Leon Sichler del

A. Roux. — *Une rue de Royat.*

Qu'on se représente une ruelle étroite en escalier; d'un côté, les murs ensoleillés de la vieille église romane ; de l'autre, dans l'ombre, la paroi crevassée du mur de la grotte tout tapissé de vertes frondaisons. Au milieu du chemin, dans la pleine lumière, s'avance une paysanne, un paquet de linge sur la tête et donnant la main à un jeune enfant. En avant, au premier plan, un pauvre vieillard est assis, et, tout en haut, se déroulant comme un ruban radieux, une bande du ciel bleu d'un azur brillant.

Rien de simple comme cette composition, mais aussi rien de charmant comme elle, car de suite on devine à sa vue que la scène a été vécue, qu'elle a été prise sur nature et qu'elle ne sent aucunement la composition maniérée, ni le travail pénible de l'atelier.

Non moins charmante est encore cette autre toile qui nous montre dans une des vieilles rues du vieux Royat, une jeune femme adorablement jolie sous son grand bonnet de linge tuyauté, assise sur une chaise à la porte de sa demeure et entourée d'une bande de jeunes enfants en train de manger leur soupe.

Le soleil d'été éclaire de ses rayons chauds et brillants les murs des maisons voisines, et il semble que dans l'air embrasé flotte comme une poussière d'or ardent.

Une Rue à Châteldon est encore dans un sentiment analogue. Dans la petite rue dont l'extrémité laisse entrevoir dans une échappée lumineuse la montagne couverte de bois touffus, s'avance sous l'ombre qui tombe des grands toits, une paysanne en costume de brayaude et portant sous son bras un petit agneau. Çà et là, sur les tas de fumier voisins, picorent quelques poules vagabondes.

Mais, de cet ensemble de toiles de pleine clareté du peintre, la plus intéressante est sans conteste la *Place d'Yssac-la-Tourette* qui figura à l'exposition de peinture de 1885.

On est à l'heure de midi, et le soleil ardent darde ses rayons perpendiculaires sur la place poussiéreuse et sur les maisons aux murs blanchis. Cependant malgré la chaleur écrasante que l'on sent peser dans l'air, deux femmes demeurent insoucieuses des ardeurs estivales et s'entretiennent des divers commérages du jour, tandis que dans un coin quelques gélines, à grands coups de bec, ramassent les grains de froment oubliés dans la paille.

L'effet produit par ce tableau sur le spectateur est intense et, à sa vue, on éprouve la sensation des températures accablantes. L'atmosphère est embrasée ; au travers de ses transparences, on perçoit qu'elle est lourde et comme brûlée, et, de la terre surchauffée, semble s'élever comme une buée poussiéreuse chaude et éclatante.

En vérité, il n'est guère possible de rendre la nature avec plus de bonheur et de fidélité.

II

Comme peintre d'intérieur, M. Antoine Roux est encore un coloriste, malgré qu'ici il reste dans une gamme plus discrète, plus éteinte.

Avec la même habileté qu'il montrait tout à l'heure pour rendre les effets de plein soleil, il va maintenant représenter, dans les clairs-obscurs de la demeure auvergnate, les scènes familières qu'aimaient tant à figurer autrefois certains des maîtres flamands.

Voici un *Intérieur à Royat*; dans la vaste cuisine qu'éclaire discrètement une fenêtre percée sur la campagne, se tiennent assis, devant leur modeste table de bois bruni par l'usage, un vieux paysan et sa femme. En face, d'eux, ils ont leur écuelle de terre, et ils mangent leur soupe. Dans la zone de lumière que tamise doucement les rideaux de blanche cotonnade, apparaissent le lit des deux époux, la vieille armoire, la huche, le buffet à étagère chargé de quelques modestes faïences et les multiples bibelots de la vie courante.

L'intérieur de la maison Leprince à Royat, qui fut exposé au *Salon* de 1869, est une œuvre également curieuse et intéressante.

« Au grand jour qui du dehors jaillit dans une salle basse, la robuste ménagère frotte et recure à tour de bras. Tout le plantureux assortiment d'une rustique demeure a permis à M. Roux de déployer un rare savoir faire, appuyé sur de solides qualités.

» Cette espèce de sous-sol, éclairé par un large envoûtement de fenêtre, éclate aux yeux par sa couleur puissante, par un vif effet de savante lumière, et par une foule de détails tout remplis de force et de vérité. On a dû beaucoup remarquer cette exceptionnelle toile qui parle aux yeux de tous, amateurs ou curieux. Un soupçon d'air en plus, un peu moins d'identité de matière, et ce serait parfait. » C'est en ces termes que M. Paul Casimir Perrier parlait de cette toile dans ses *Propos d'art à l'occasion du Salon de 1869.*

Nous ne saurions rien ajouter à ce jugement éclairé ; M. Antoine Roux, en effet, est un de ces artistes consciencieux à l'excès qui ne sont jamais satisfaits de leur œuvre et qui sans cesse travaillent avec passion et étudient la nature.

Aussi, leurs productions sont-elles toujours dignes d'eux-mêmes, car elles portent toujours leur cachet de franche sincérité.

AUGUSTE SCHENCK

I

Ecouen ! Le train s'arrête et repart de suite après avoir laissé descendre les voyageurs. Vite, on est hors de la petite gare.

— L'atelier de M. Schenck ? demande-t-on au conducteur de la diligence.

— C'est dans le village, tout près ; vous ne montez pas ?

— Non, merci, je fais la promenade. Et en une vingtaine de minutes d'une course charmante à travers les bois, on est arrivé à Ecouen et bientôt l'on se trouve devant la porte de l'atelier.

Oh, ici, le visiteur qui vient pour la première fois est un peu étonné.

— Quoi, çà, un atelier ? Mais c'est une grange, que vous me montrez là !

M. AUGUSTE, FRÉDÉRIC, ALBERT SCHENCK est né en 1828 à Glückstad (duché de Holstein). Il étudia la peinture sous la direction de Léon Coignet et exposa pour la première fois au salon de 1855. En 1865 il obtint une médaille unique ; il avait précédemment obtenu une mention en 1863.

M. Schenck est chevalier de la Légion d'honneur depuis 1885.

— Eh oui, c'est une grange, mais c'est aussi un atelier, D'ailleurs, entrez et vous verrez.

On toque à la porte et, l'on pénètre.

Alors, on se trouve tout d'un coup transporté à cent cinquante lieues de Paris, tout comme peut l'être, sur le dos d'un génie, quelque simple héros de conte de fées ou des *Mille et une nuits.*

Est-on à Ecouen ou en Auvergne ?

On ne saurait dire ; mais, malgré qu'au travers de la baie vitrée qui éclaire l'énorme pièce aux murs blanchis à la chaux l'on aperçoive les toits des maisons voisines et pas le moindre petit bout de montagne, on penche vivement pour se croire dans la patrie de Pascal et de Desaix.

Sur les murs, sur de nombreux chevalets, partout des études, des esquisses, des toiles petites ou grandes ; toutes représentent des coins d'Auvergne, et ses paysages de montagne aux horizons bleutés sous le chaud soleil où brumeux et sombres au travers des rafales et des neiges hibernales, et ses bergers et bergères gardant les troupeaux sur le haut plateau tout fleuri de bruyères ou les menant à la ferme par les sentiers abruptes et tourmentés.

Et, au milieu de cette considérable réunion d'une petite partie de ses œuvres, le maître du logis, entouré de ses chiens favoris, est installé devant son chevalet, où il travaille sans relâche, produisant avec une merveilleuse fécondité quantité de toiles exquises que les amateurs intelligents ne laissent jamais longtemps séjourner chez lui.

II

M. Schenck, comme artiste, appartient à l'école du plein-air ; il puise son inspiration à la seule source de la nature et, chaque année, depuis tantôt vingt-cinq ans, il parcourt l'Auvergne étudiant avec passion ses paysages si splendides dans leur richesse ou leur sauvagerie, et ses habitants et ses animaux. Par tous les temps, il va au travers la montagne, sans souci du soleil comme de la neige et de la rafale, toujours en quête de l'impression à noter, du tableau à faire. Aussi, rien de l'existence extérieure ne lui échappe et, dans ses toiles, il transporte avec une verve inépuisable les multiples incidents de la vie champêtre.

M. Schenck est surtout un peintre animalier ; il connait l'animal domestique d'une façon intime, en naturaliste, en amateur, et aussi en philosophe ; et, de même que certains physionomistes se plaisent à étudier sur le masque du visage les diverses passions des hommes, de même il observe avec une perspicacité subtile et intense les moindres des sentiments des bêtes, ses modèles, et il les transporte sur sa toile qui prend de ce chef un caractère puissant de vie. Chacun de ses tableaux est une scène en action, tantôt simplement familière ou d'une franche et fine ironie, tantôt dramatique, d'une énergie farouche ou d'une tristesse navrante.

En somme, par son tempérament artistique, comme par son éducation. M. Schenck appartient bien, et uniquement, à l'école française, et se rattache intimement à ce groupe d'artistes dont François Millet et Jules Breton sont les maîtres incontestés.

III

Les premiers essais de M. Schenck furent consacrés à la peinture de genre et figuraient des scènes de la vie Portugaise traitées un peu dans la manière des toiles de Léopold Robert. Malgré le succès qu'obtint l'un de ses tableaux, *Les Vendeurs de fruits d'Avintès*, l'artiste devait abandonner bien vite cette forme peu propre à révéler sa marque personnelle pour se livrer tout entier à ses études sur les animaux où il acquierera dans la suite une originalité si marquée.

La transition de cette première manière à la seconde qu'il ne quittera plus, nous la trouvons dans deux toiles importantes, l'une *La neige* qui figura au salon de 1857, l'autre *Paysan polonais attaqué par des loups* et qui date de 1861. De ces deux toiles, la première attirait par ses sérieuses qualités l'attention de la critique et M. Maxime

Ducamp, dans la *Revue de Paris*, lui consacrait une note importante et pleine d'encouragements flatteurs.

Bientôt, cependant, le peintre allait voir l'Auvergne ; dès le premier abord, il fut séduit ; il avait trouvé sa voie et depuis lors plus jamais il ne cessera de la suivre avec persévérance.

D'ailleurs, comme il devait en arriver un an plus tard à M. Berthon, son camarade d'atelier chez Léon Coignet, *le Réveil* son premier tableau consacré à l'Auvergne et qui fut exposé en 1865, obtint une médaille unique. Quoi qu'il en soit, les nombreuses œuvres de M. Schenck, à l'exception de ses premières toiles où il n'a point encore acquis sa note originale, se peuvent grouper en deux séries : les toiles de plein soleil et les effets de neige et de ciel brumeux. Dans les unes comme dans les autres, du reste, on retrouve les mêmes soins, la même *maîtrise* ; la différence est dans les tonalités et aussi dans le sentiment particulier du tableau, les deux genres correspondant assez bien, pour M. Schenck, aux deux diverses sortes d'impressions musicales que produisent sur notre âme le mode majeur et le mode mineur.

IV

La première toile *auvergnate* de M. Schenck, avons-nous dit, fut le *Réveil* ; c'est une scène de pleine lumière. Sur la montagne, le troupeau de moutons et de brebis est massé frileusement; le soleil va paraître splendide et déjà la clareté du jour illumine le plateau tapissé de bruyères et laisse voir au travers de l'horizon bleuté, les riches plaines de la Limagne qui s'étend au loin dans la brume transparente.

Beaucoup de poésie et de sincérité dans ce tableau qui fut acheté par l'Etat pour le musée de Bordeaux.

Le *Ratelier*, qui l'accompagnait au *Salon* de 1865, était en quelque sorte une étude de portraits, mais de portraits de moutons. La scène se passe dans une bergerie; devant la porte, une auge emplie de paille dorée et derrière, une rangée de moutons dont on aperçoit seules les têtes et qui dévorent à belles dents les brindilles savoureuses. Dans ce sujet, on retrouve déjà la note humouristique et qui caractérise si spécialement la plupart des compositions de l'artiste; M. Schenck en effet, est de ceux qui ne savent pas traiter un motif sans y laisser la marque d'une idée.

La Fontaine, en ses vers, faisait parler les bêtes et leur prêtait les sentiments des hommes, et cela à ce point que un écrivain moderne du plus grand talent, M. Taine, a soutenu, avec beaucoup de vraisemblance, cette thèse que le fabuliste avait tout simplement entendu représenter les hommes de son temps et que aux divers animaux de ses fables correspondaient en réalité les divers person nages de la société, depuis le roi et les seigneurs jusqu'aux plus humbles des manants. M. Schenck, au contraire de la Fontaine, étudie les bêtes en bêtes et ne s'occupe pas de les employer à figurer symboliquement des individualités quelconques ; ses moutons ne sont que des moutons, ses dindons que des dindons, ses chèvres que des chèvres ; mais, par exemple, il note avec une attention rare les moindres incidents de la vie de ces êtres qu'il aime ; il sait leurs passions, leurs mœurs, leurs goûts, leurs habitudes, et il se plait à les représenter dans toutes les circonstances de leur existence. A cet égard, ses tableaux sont d'un réalisme complet.

Ce réalisme, au surplus, n'exclut point le sentiment poétique ; des toiles comme *Sur la Montagne* qui fut exposé en 1886, comme *Dans le Vallon*, (1) où l'on aperçoit à travers la jeune futaie une bande de chevreuils surpris et inquiets par l'arrivée d'une troupe d'oies sauvages s'avançant vers eux à grands coups d'ailes à l'heure où le soleil couchant dore de rayons obliques la terre éclatante de la pâleur de la neige, comme *Moutons montagnards*, comme *le Givre*, comme *La Rentrée au Parc*, comme *Dans les bruyères*, le prouvent surabondamment. Il est en effet difficile de rester froid et insensible devant

(1) Ce tableau est aujourd'hui au musée de Lille,

ces adorables paysages des hauts plateaux à la végétation sèche, couverts de bruyères roses et de fougères vertes, dont le sol semé de roches granitiques rappelle vivement celui de la lande bretonne, paysages que bornent à l'horizon les sommets des puys disparaissant dans une couronne de nuages où la plaine de la Limagne toute ruisselante de soleil.

L'artiste, d'ailleurs, ne reste pas toujours dans une semblable envolée, et, souvent, il se plait à peindre des scènes plus modestement pittoresques ou humoristiques. Tel, par exemple, *le Bouchon de paille* : Dans un champ où l'on vient de faire les semailles ainsi que l'indique un bouchon de paille fixé à un bâton fiché dans le sol, veulent pénétrer trois ou quatre moutons ; le chien du berger les repousse et ce dernier au loin appelle les bêtes indociles. Dans le fond, l'horizon immense de la Limagne limité seulement par le Puy-de-Dôme qui s'élève superbe et imposant dans le soleil printanier.

Dans une note plus fantaisiste, nous rencontrons : *Dindons trouvant un supplément*, *Des oies*, une page très originale, où l'artiste a traduit une aventure amusante qui lui survint une fois qu'il faisait une étude dans la campagne. Donc, ce jour-là, M. Schenck peignait en plein champ et il avait avec lui son attirail de peintre touriste, soit un chevalet-ombrelle et un pliant. Un instant, il abandonne son travail en train et s'écarte à quelque distance pour prendre un bout de croquis ; son dessin fait, il veut revenir à sa toile ébauchée ; mais, surprise ! Tout autour, il trouve en train de l'admirer et de la contempler avec attention toute une bande d'oies échappées d'un troupeau de ces volatiles paissant dans le voisinage.

Désormais, l'histoire naturelle s'enrichissait d'une observation nouvelle ; les oies aiment les beaux-arts en général, et la peinture en particulier, et M. Schenck, lui, trouvait du même coup le motif d'un de ses plus francs succès. Au reste, cette anecdote n'était pas inutile à conter ; en effet, la critique et une partie du public s'imaginèrent, quand le tableau fut présenté au *Salon* de 1881, que son auteur avait entendu faire une allusion plus ou moins piquante à l'égard de ses juges ; nous voyons par ce récit que le peintre n'avait pas combiné si loin, ni songé à aucun complot rempli de machiavélisme.

Au nombre des bonnes toiles de l'artiste, nous devons encore citer, dans ce même ordre d'inspiration, le *Toit du voisin à Royat*, qui figurait au *Salon* de l'année dernière.

Rien de curieux, comme ce toit encombré par une foule de pigeons et de pigeonnes qui roucoulent à l'envie et causent de leurs petites affaires. Sur leurs visages de pigeons, on lit toutes les impressions qui les animent ; les uns, simplement amoureux, font la cour à la dame de leur choix ; d'autres sont jaloux, d'autres colères, d'autres sournois, d'autres envieux ; certaines sont coquettes, quelques unes sont tendres, et toutes sont jolies avec leur plumage lustré, leur gorge aux tons mordorés, et leur jabot qui se gonfle harmonieusement tout en écoutant les roucoulements amoureux. Maintenant, par quel prodige d'observation le peintre a-t-il su découvrir chez ces animaux si placides pour le vulgaire toutes ces expressions si diverses ? C'est ce que nous ne dirons point, nous contentant seulement de constater la merveilleuse composition du tableau, sa facture achevée, sa tonalité exquise qui en font sans contredit une œuvre de premier mérite.

V

Le tempérament de M. Schenck le porte à rechercher l'action dans la composition de ses toiles ; il aime à frapper l'esprit et ses tableaux sont souvent une histoire peinte, tantôt ironique, tantôt pathétique. C'est cette dernière impression qui se dégage habituellement de ses œuvres figurant la montagne durant les temps sombres de l'hiver. Le ciel est bas, sans horizon, d'un gris intense, impénétrable ; la neige tombe serrée, épaisse, et, emportée par la rafale, elle tourbillonne, aveuglante. Malheur alors au berger ou au troupeau égaré par les chemins déserts ; le froid et les précipices sont là menaçants, la mort est voisine, et les corbeaux noirs croassent sinistrement.

A la croix Morand, est une scène de cette nature. Sur le dangereux passage du Mont-Dore, le berger et la bergère avec leur troupeau de moutons sont là affolés au milieu de la tempête et ils cherchent un secours ; nul abri n'est proche et on ne saurait les voir. C'est encore à la croix-Morand que nous amène *Perdus* une toile importante qui appartient au musée métropolitain de New-York ; ici, le sujet est d'une impression plus profonde, encore. En effet, on assiste à la lutte suprême des êtres vivants contre la nature ; les moutons se serrent terrifiés les uns contre les autres, les chiens lamentablement hurlent d'une voix engoissée, et la bergère au pied du calvaire s'accroche à la croix en un enlacement désespéré.

Mais, celui des tableaux de M. Schenck où le tragique est le plus intense, est peut-être *Chèvres en détresse* qui figura au Salon de 1870. Au milieu des roches éboulées, un groupe de chèvres blanches et noires se pressent terrifiées autour du bêlier du troupeau ; à côté d'elles, la bergère, échevelée par la bourrasque qui fait rage, sa quenouille à la main, fait des signaux de détresse et appelle à l'aide. Partout le sol disparait sous la neige ; l'on sent que les secours ne viendront point et que les pauvres sont condamnés à la mort atroce et lamentable.

Cette toile d'un sentiment si vif est sans contredit une des meilleures qu'ait jamais signées l'artiste ; tous les détails en sont soignés, la composition savamment ordonnée, le dessin serré et l'exécution d'une touche ferme et forte. On voit les tourbillons glacés qui passent en sifflant, on entend craquer la neige dont la blancheur immaculée éclaire seule la scène sinistre.

C'est beau et terrible à la fois.

Flocons de neige, qui fut donné par son auteur au musée de Clermont-Ferrand, est d'un sentiment moins douloureux.

Quelques paysans à cheval reviennent du marché chassant devant eux le troupeau de moutons ; on est proche de la ferme, et la neige commence à tomber lentement en flocons épais. Mais, nul effroi chez les divers acteurs du tableau ; ils savent que la grande cuisine au foyer flamboyant ou que l'étable chaude garnie d'une litière épaisse est proche et ils se contentent de marcher un peu plus vite.

La Barrière, qui figure cette année au palais de l'Industrie, nous montre dans un champ enseveli sous la neige, quelques brebis et un bélier angoissés et glacés se serrant frileusement devant une barrière de bois mort. Dans ce dernier tableau, comme dans *le Chien du berger*, qui représentait M. Schenck à la dernière exposition de la *Soupe aux Choux*, on constate de maîtresses qualités d'exécution ; le mouvement de l'animal a été saisi d'un œil attentif et rendu avec habileté, et l'ensemble est supérieurement brossé ; les toisons des brebis, notamment, sont d'une exécution merveilleuse et l'on croirait pouvoir plonger les mains au milieu de la laine épaisse.

Comme nous venons de le voir par ce rapide examen de son œuvre, M. Schenck est un artiste vraiment digne de ce nom.

En effet, à côté de la science pratique de l'exécution, il possède l'idée large et poétique, ou forte et dramatique, sans laquelle ne saurait jamais exister l'œuvre d'art.

PAUL SCHMITT

Au nombre des jeunes représentants de l'école paysagiste moderne, M. Paul Schmitt (1) est sans conteste, l'un de ceux qui accusent le mieux leur personnalité et permettent d'espérer qu'ils seront dans un avenir prochain, des *artistes*, au grand sens du mot.

Ses progrès, en effet, ont été rapides, et, en peu d'années, grâce à un travail patient et laborieux, et, surtout, grâce à une étude constante de la nature, il a su franchir la période des tâtonnements et devenir lui-même.

La principale préoccupation artistique de M. Schmitt est de traduire dans ses toiles la sensation vraie des paysages qu'il représente ; pour lui, il n'y a pas œuvre d'art véritable, s'il n'y a pas une sorte de généralisation, de synthèse ; le détail n'est jamais qu'un accessoire et c'est toujours une faute que de le

(1) M. PAUL, LÉON, FÉLIX SCHMITT, est né à Paris en 1856. De bonne heure il s'adonna à la peinture, et reçut les conseils éclairés de M. Antoine Guillemet M. Schmitt débuta au *Salon* de 1879 par un paysage *les Rochers de Brech* et depuis il a exposé chaque année. En 1884. le jury d'examen lui a accordé une mention honorable.

faire prédominer, car ainsi l'on détruit fatalement l'impression que doit éprouver l'âme du spectateur. Il estime non sans raison, que l'ensemble du tableau doit être d'une harmonie parfaite, tout en restant, cependant, d'une exactitude et d'une précision absolues.

Quand il a de semblables principes, surtout quand il les suit d'une façon rigoureuse, un artiste risque fort de demeurer ignoré longtemps, avant que la foule reconnaisse sa valeur ; ce n'est pas qu'il ne soit justement apprécié, mais il l'est uniquement par quelques esprits plus affinés que le vulgaire et qui sont charmés par une recherche nouvelle dénotant un tempérament véritable.

C'est peut-être là la plus rare fortune qu'aura jamais rencontré M. Schmitt d'avoir séduit de suite un public autre que celui des dillettantes, tout en n'ayant point fait, cependant, de concessions à ce qui pour lui n'était point l'art.

A cet égard, l'examen de ses tableaux est d'un réel enseignement. Ils sont tous brossés d'une touche vigoureuse, large ; leur couleur est franche, leur composition harmonieuse, et l'air et la lumière y circulent librement.

Quel meilleur exemple, en pouvons nous avoir que celui qui nous est fourni par cette toile, aujourd'hui au musée de Clermont-Ferrand, le *Ravin de Say* près le petit village de Gelles.

Nous sommes au fond d'un ravin sauvage ; au

travers des rochers éboulés coulent quelques minces filets d'eau ; une végétation puissante se développe entre les brèches de la montagne et le soleil qui disparaît au loin envoie des rayons lumineux qui s'accrochent aux arêtes vives des roches sombres et les illuminent de leur clareté.

L'effet est puissant et d'un grand charme.

Depuis deux ou trois années, M. Schmitt qui était, durant un certain temps, venu régulièrement chercher en Auvergne ses inspirations, semble avoir délaissé notre pays. Ce n'est là qu'un accident; en effet, sa beauté un peu rude, sa nature tourmentée et féconde contiennent des splendeurs trop réelles pour qu'un artiste qui les a une fois admirées et comprises puisse se résigner à ne plus les revoir et à ne plus jamais essayer de les représenter.

JOSEPH TARAVANT

M. Joseph Taravant (1) est un artiste peu connu du public, malgré qu'il possède des qualités très réelles d'observation et d'exécution. Cela tient d'ailleurs à ce qu'il est presque toujours demeuré un peu à l'écart du grand mouvement artistique, ne prenant point part, sauf de rares exceptions, aux *Salons* annuels, et se confinant essentiellement dans ses fonctions de professeur de dessin de la ville de Paris.

Néanmoins, son œuvre mérite que nous la notions en passant.

L'une de ses toiles les plus importantes fut exposée au Palais de l'industrie en 1880. *Chevrière* (idylle), est une étude de nu en plein air.

Sous l'ombre lumineuse qui tombe des arbres frappés par le soleil se tient debout une jeune fille, blonde et exquisement jolie, qui tend de nouvelles pousses d'arbustes à deux chèvres mutines. Sur la

(1) M. JOSEPH TARAVANT est né à Laqueuille, (Puy-de-Dôme), en 1850. En 1876, il entra à l'école des beaux arts et prit bientôt ses diplômes de professeur de dessin de la ville de Paris.

M. Taravant a exposé pour la première fois au salon de 1880

droite et au second plan, un faune de pierre grimace son sourire sardonique et lascif et, dans une échappée de la clairière on aperçoit le bois qui s'étend au loin.

Tout cela est peint dans une tonalité très douce, un peu vaporeuse, peut-être, et est d'un aspect fort agréable.

En dehors de cette œuvre, M. Taravant possède encore de nombreuses études de paysages, principalement des sites d'Auvergne, où il va chaque année passer ses mois de vacances. Parmi ses dernières esquisses, nous citerons tout spécialement. *La chaîne des Monts-Dôme, vue du Blanchet*, qui est une toile de plein soleil, et *La cascade du Tradore, près Laqueuille*, qui est également une étude de grande lumière.

En somme, M. Taravant est un artiste de réel mérite, et, au point de vue de l'art pur, il est à regretter qu'il ne puisse s'adonner plus entièrement à ses études picturales, car il ne manquerait point de traduire vivement la marque de sa personnalité.

Jules TOULOT

I

M. Jules Toulot (1) est le plus jeune des artistes Auvergnats et il est un de ceux qui semblent avoir devant eux le plus d'avenir.

Ses premières études, d'ailleurs, sont pleines de promesses à cet égard.

Cependant, jusqu'ici, il ne s'est point encore spécialisé dans un faire unique, et, tour à tour, nous le voyons s'essayer en des genres divers. Un instant, pourtant, on aurait pu croire qu'il voulait s'adonner uniquement à la peinture de nu, mais, en ces temps derniers, il s'est livré à de nouvelles recherches peut-être plus en harmonie avec son tempérament.

Quoiqu'il en soit, depuis son début au *Salon* qui eut lieu en 1882, il s'est fait connaître sous trois

(1) M. Jules TOULOT est né à Champeix (Puy-de-Dôme) le 11 novembre 1863. Après avoir suivi les cours de l'école de dessin de Clermont-Ferrand, il fut admis en 1880 après un brillant concours, à l'école des Beaux-Arts et entra dans l'atelier du professeur Gérome.

M. Jules Toulot a exposé pour la première fois au *Salon* de 1882.

aspects : comme portraitiste, comme peintre de nu et comme peintre de genre.

C'est le portraitiste qui s'est caractérisé le premier; d'ailleurs, M. Toulot n'a jamais cessé d'étudier tout particulièrement la figure humaine, encore qu'il s'occupait à représenter les splendeurs de la beauté radieuse ou les intimités discrètes des scènes familières.

Aussi bien, était-ce de sa part comme une sorte de reconnaissance à l'égard d'un genre qui lui valut son premier réel succès artistique, c'est-à-dire sa première admission à l'Exposition annuelle de peinture où il fut reçu avec un portrait au crayon de M. Renard qui dirigeait à cette époque le concert de l'Eldorado.

Depuis lors, M. Toulot a fait de nombreux portraits et certains sont des œuvres très vécues et très enlevées ; tel, par exemple ce curieux portrait de M, Chabod, modestement intitulé *Une bonne pipe*, et qui nous représente un brave Monsieur, la barbe grisonnante, la figure bonne et spirituelle, pleine de finesse, coiffé d'un bonnet grec à gland d'or, et fumant délicieusement sa pipe d'écume bourrée d'un maryland parfumé :

A sa vue, on ne peut s'empêcher de penser au fameux tableau de Manet *Le bon bock*.

Parmi les bons portraits de M. Toulot nous citerons encore celui de M. Gomot, député du Puy-de-Dôme, qui représenta l'artiste au *Salon* de l'année

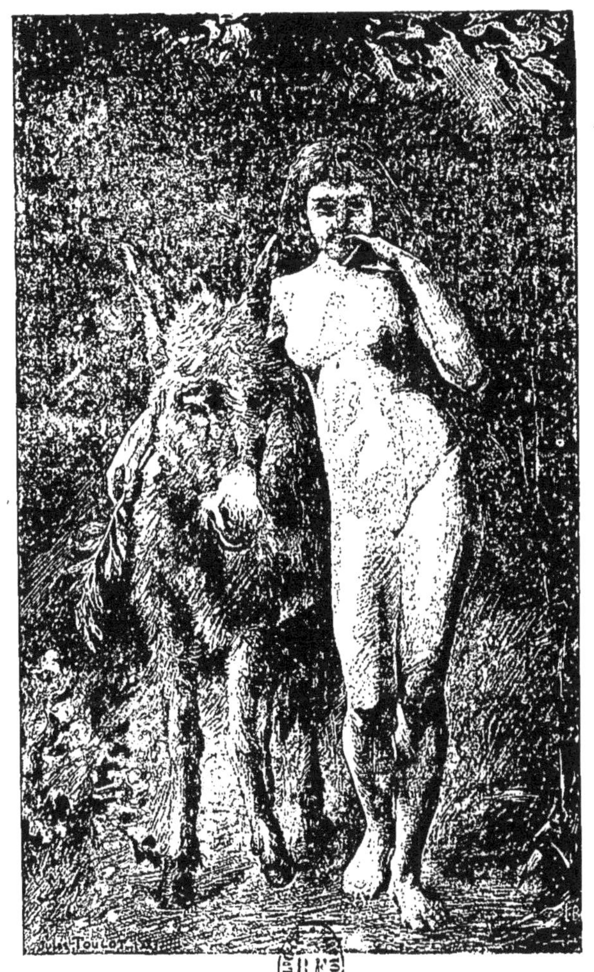

JULES TOULOT. — *L'Ane d'or.*

dernière, et celui de M. Peghoux, conseiller référendaire honoraire à la Cour des Comptes qui figure actuellement au Palais de l'Industrie.

Ce qui caractérise nettement ces deux dernières toiles, c'est leur facture large et franche ; ils sont peints vigoureusement, et en pleine pâte. Quant à la ressemblance, elle est parfaite, non de cette ressemblance insignifiante de photographie, mais d'une ressemblance *animée*, si l'on peut parler ainsi. On voit, en examinant ces portraits, que l'artiste s'est passionné pour son œuvre et ne s'est pas contenté de copier brutalement des traits extérieurs.

Les tableaux, aussi bien que les êtres, ont leur intelligence, si bizarre que cette idée puisse paraître ; or, l'intelligence d'un tableau est son originalité qui le différencie des autres œuvres banales et sans caractère.

Eh bien, ces deux portraits, celui de M. Gomot et celui de M. Peghoux, sont tels qu'on ne saurait passer auprès d'eux sans leur accorder quelques minutes d'examen.

Cela n'est pas un mince éloge que nous adressons à M. Toulot.

III

En matière d'arts, il est un fait extrêmement intéressant, c'est leur connexité.

Les muses sont sœurs, nous apprend la mythologie ; cette affirmation est exacte.

Et, c'est ainsi que continuellement nous voyons des arts de nature différente venir puiser chacun à une source commune, tout en conservant chacun leur originalité propre ; c'est ainsi, même, que nous les voyons s'inspirer mutuellement, le poëte donnant au peintre ou au sculpteur, par exemple, le motif du tableau ou de la statue, tantôt, au contraire, le dessinateur ou le statuaire excitant l'imagination de l'écrivain qui trouve dans la contemplation de leurs œuvres, un motif à rêveries et à observations originales , ou simplement un sujet de variations charmantes et fantaisistes.

Aussi, tout artiste véritable est-il un lettré en toutes les branches de l'art, et ne saurait-il d'ailleurs se comprendre autrement !

Les manifestations du beau se présentent, en effet, sous les formes les plus différentes ; or, le propre de l'art, est justement de recueillir et de traduire ces manifestations sous toutes leurs formes.

Et, cela est si rigoureusement vrai que par les mots seuls, et grâce à leur étonnante suggestivité, l'écrivain de race sait évoquer sous nos yeux de véritables tableaux, doués d'un relief puissant et de couleurs intenses, et dans lesquels le mouvement et la vie sont transportés. C'est également ainsi, exemple plus remarquable encore, que le musicien avec cette chose essentiellement indécise et fugace, des sons, peut éveiller dans notre âme les sensations les plus diverses, tantôt gaies et tantôt mélancoques, tantôt douces et amoureuses, et tantôt aussi terribles et tragiques.

M. Toulot nous va prouver l'exactitude de ces affirmations.

Ses premières études de nu qui, il faut le reconnaître manquent un peu de personnalité, lui ont été inspirées par nos maîtres orientalistes et, plus tard nous voyons plusieurs de ses toiles lui être comme *dictées*, par Gustave Flaubert l'écrivain impeccable.

Fleur de Palmier est la première toile de nu que M. Toulot ait envoyé au *Salon*.

Sous une verte et large feuille de palmier, une jeune odalisque, debout, mollement appuyée contre des coussins, renverse légèrement et gracieusement en arrière son beau corps de vierge. A ses pieds, un énorme brule-parfums en vieux cuivre ciselé jette une note de lumière chaude, qui s'harmonise avec les blancheurs de la femme et les ors brunis des tapisseries. Tout autour d'elle, les nombreux bibelots coutumiers dans le sérail, cithares, colliers, babouches de maroquin rouge, écharpes soyeuses, écrans bariolés, etc.......

A côté de cet orientalisme un peu conventionnel, on remarque dans cette toile d'une bonne venue et largement peinte, de sérieuses qualités de dessin et de couleur.

Le *Sommeil d'une damnée* qui figurait au *Salon* de 1885 est encore dans un sentiment analogue, mais où pourtant on voit commencer à se dégager la personnalité de l'artiste ; enfin, avec sa *Salammbô* qui fut exposée l'année suivante, il devient complètement lui-même.

« ... Salammbô l'enroula autour de ses flancs, sous ses bras, entre ses genoux, puis le prenant à la mâchoire, elle approcha cette petite gueule triangulaire jusqu'au bord de ses dents, et en fermant à demi les yeux, elle se renversait sous les rayons de la lune. »

Telles sont les lignes du chef-d'œuvre de Flaubert qui on inspiré l'artiste.

Debout, dans l'enveloppement des rayons lunaires, qui épandent sur elle leur clarté mystique, la vierge , comme en extase, sa longue chevelure dénouée et flottante, se pâme délicieusement, inconsciemment lascive, sous la caresse froide du serpent sacré.

Le sujet a été admirablement compris par le peintre qui a su triompher de la façon la plus heureuse des difficultés particulières que présentait la reproduction des chairs entrevues sous cet éclairage spécial ; malheureusement , une incorrection du dessin, le rapport entre les dimensions du corps de la jeune fille et celles de ses membres inférieurs, — ne permet pas de classer ce tableau au premier rang, malgré ses excellentes qualités d'interprétation et de couleur.

Le merveilleux ouvrage de Flaubert a encore inspiré a M. Toulot une autre œuvre importante, les *Colombes de Carthage*, qui a figuré, en 1886, à l'Exposition artistique de Clermont-Ferrand.

« .... C'était l'époque où les Colombes de Carthage émigraient en Sicile dans la montagne d'Éryx autour du temple de Vénus ».

Sur une haute terrasse de la superbe cité africaine une jeune vierge est étendue, couchée sur des tapis précieux. Elle appuie le coude gauche sur le parapet de la terrasse et de la main droite appelle les blanches Colombes qui vont bientôt regagner les abris embaumés que leur offre, autour de son temple, Vénus, la déesse immortelle.

Dans la pâleur crépusculaire du soir qui arrive se détache le beau profil de la jeune fille dont les chairs, légèrement brunies et comme dorées, contrastent splendidement avec le noir bleu de la chevelure.

Au loin, la mer immense.

Cette fois, nous ne pouvons adresser à M. Toulot que des éloges et sans restriction.

Ce dernier tableau, en effet, d'une composition harmonieuse, d'un dessin soigné, est peint solidement et largement, et d'une tonalité excellente.

L'*Ane d'or*, la dernière étude de nu de M. Toulot, est encore un exemple de cette influence que l'écrivain exerce sur le peintre et réciproquement,

C'est dans l'*Ane d'or*, le récit milétien de Lucius d'Apulée que l'artiste est allé chercher son inspiration.

Quelle es-tu, toi qui viens, mignonne échevelée,
Appuyant ton beau bras sur l'animal têtu ?
Toi, dont le corps flexible et la gorge moulée
Etalent tous leurs charmes à nos yeux, quelle es-tu ?

Et ce fin rameau d'or, a-t-il une vertu ?
Par lui quelle faveur pourrait être appelée ?
De ton cher bourriquet, candide et peu battu,
Nous fera-t-il sortir le Lucius d'Apulée ?

Tu fais plonger en nous, doux sphinx, un long regard.
Qu'attendre ? Faut-il craindre et se mettre à l'écart ?
Sur ta bouche et ton front « mystère » a dû s'écrire.

Serais-tu donc énigme, être au masque incertain ?...
— De ta lèvre, fermée à notre obscur destin,
Quand nous traduiras-tu l'ineffable sourire ?

Ces vers de M. Fertiault, sont une parfaite description du tableau.

Devant un bouquet d'arbustes au feuillage sombre, nous voyons une belle jeune fille, toute nue, les longs cheveux noirs flottants, qui s'appuie négligemment sur le cou d'un âne au poil lustré et tient dans sa main un rameau d'or.

Tout est fantaisie dans cette toile, et l'âne charmant qui semble, sous ses longues oreilles, cacher des songeries mystérieuses, et son adorable maîtresse dont le sourire énigmatique fait rêver, et aussi le paysage qui encadre les deux personnages.

Le ciel, d'un rose violacé, est un ciel purement fictif, qui rappelle ceux que nous voyons sur les crépons japonais ; il n'est point de nos climats, ce ciel, et peut-être même n'est-il d'aucun, si non de ceux du pays du rêve; mais encore, combien sa teinte douce est harmonieuse et nécessaire à l'équilibre des couleurs du tableau.

III

Comme peintre de genre, M. Toulot possède une grande qualité; il sait ne point être banal tout en reproduisant des choses simples et familières.

Un vieux tourneur Bourguignon qui figura au *Salon* de 1886 en est une excellente preuve.

Devant une étroite fenêtre très profonde, qui laisse passer un rayon de lumière crue et entrevoir un coin de ciel bleu, travaille à son établi de tourneur, un vieux paysan au visage calme, presque grave.

Le reste de la pièce est dans un clair obscur au travers duquel on aperçoit les divers ustensiles du ménage. Cela est doux et sent bon la campagne et le gai soleil qui illumine tout au dehors.

Dans cette toile, on remarque tout spécialement une entente parfaite des valeurs lumineuses, une préoccupation grande de la sincérité dans les détails, et un dessin très soigné, qui font du tableau une œuvre intéressante et dont son auteur peut à juste titre se féliciter.

Cette année, M. Toulot a composé un grand tableau de genre, *Le lait,* qui est, en quelque sorte, un tableau symbolique.

Dans une étable, attachée à sa crèche, une belle vache noire étoilée de blanc, les pis gonflés ; sous elle, deux enfants, le frère et la sœur, se vautrant dans la paille viennent s'abreuver à la mamelle féconde ; dans un coin de l'étable est assise une jeune mère qui vient de donner le sein à son nourrisson, et, près de la porte, dans le grand coup de lumière qui arrive du dehors, un bouvier jette dans le ratelier une grosse botte de foin odorant.

Tout cela est simple et naturel ; les moindres détails ont été soigneusement observés et l'ensemble respire un bon parfum de sincérité.

Les dernières toiles de M. Toulot semblent nous indiquer qu'il a enfin trouvé sa véritable voie et que, à côté du portrait, il va surtout travailler la peinture de genre, C'est là une détermination dont on ne peut que le féliciter ; son talent, en effet, y trouvera une source certaine et féconde de franches inspirations.

PIERRE TULLON

Je veux !

Ces deux mots expliquent la vie entière de M. Pierre Tullon (1)

C'est en effet par un effort remarquable de sa seule volonté qu'il a pu arriver à être un peintre, et un peintre de talent.

L'histoire de Pierre Tullon est toute une odyssée et nous rappelle ces existences difficiles et étonnantes de ces hommes qui à force d'énergie et de courage ont su, franchissant tous les obstacles, s'élever des rangs les plus inférieurs jusqu'aux plus élevés de la société.

De tels exemples, d'ailleurs, sont réconfortants au possible, car ils prouvent que la vertu n'est pas un vain mot et que si le mérite est souvent dédaigné, souvent aussi il s'impose et reçoit sa juste récompense.

(1) M. PIERRE TULLON est né à Gelles (Puy-de-Dôme), le 6 novembre 1851. Après avoir suivi durant quelques années les leçons des Frères de Pontgibaud, il vint à Clermont-Ferrand, puis à Paris, pour y faire de la peinture. En 1874, il entrait à l'école des Beaux-Arts et recevait les conseils de M. M. Timbal et Pils.

M, Tullon a exposé pour la première fois au *Salon* en 1879.

I

Les premières années de M. Pierre Tullon s'écoulèrent dans la montagne, sur le haut plateau aride, désolé et désert, où il menait paître les quelques bêtes du troupeau paternel.

Isolé dans la campagne, le jeune berger au lieu de courir ou de s'étendre dans l'herbe à l'ombre d'une roche, pour dormir, regardait devant lui et songeait.

En son esprit inculte, une sorte de flamme s'éveillait devant le spectacle sublime du soleil disparaissant à l'horizon et incendiant le ciel de ses rayons sanglants, et il admirait naïvement.

« Seul, dans les champs, — raconte-t-il, — j'aimais par dessus tout voir la silhouette de mes vaches se détacher sur ce ciel de feu ; toutes ces choses me plaisaient sans savoir pourquoi. » Cependant, le petit pâtre s'en va à l'école des frères et, durant ses heures de loisir, il s'occupe à tailler dans des morceaux de bois, de petites figurines avec son couteau. Voyant ses dispositions, ses maîtres lui font suivre un cours de dessin ; il y travaille avec ardeur et au bout de l'année remporte le prix.

Mais, hélas, les mois d'école passent vite ; il faut quitter l'hospitalière maison des Frères de Pontgibaud pour gagner son existence et Pierre Tullon s'en va au séminaire d'Avignon, en qualité de dépensier. Il y reste deux ans et demi, n'ayant

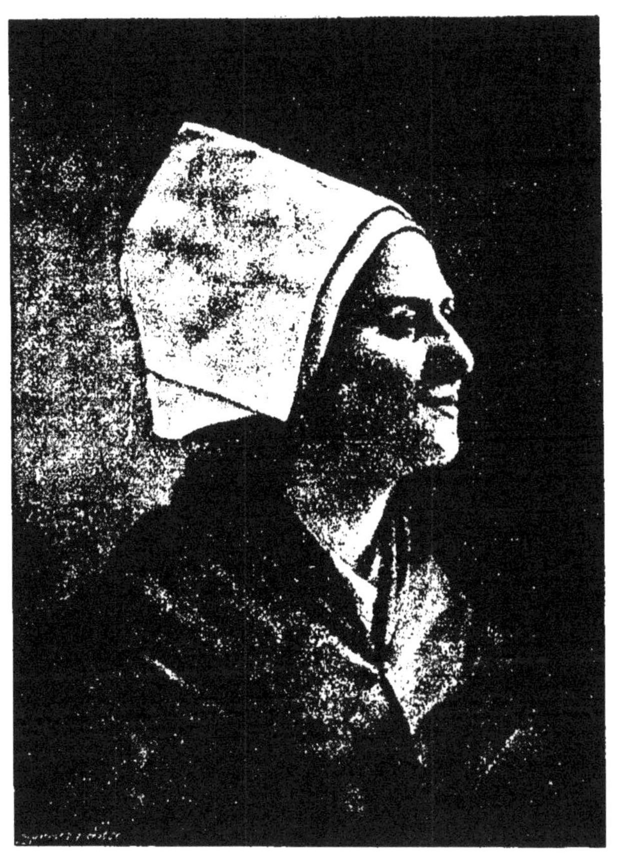

PIERRE TULLON. — *Une jeune Auvergnate.*

guère d'autre bonheur que d'aller à de rares intervalles au musée de la ville charmer ses yeux en regardant les peintures exposées et y faire, en quelque sorte, sa provision d'idéal.

Cependant, arrive l'époque du tirage au sort. Pierre Tullon, pour cette circonstance, était revenu, dans son village ; il a la fortune d'amener un bon numéro. Il va donc enfin pouvoir suivre sa vocation qu'il sent irrésistible. En vain, ses proches et ses amis cherchent à le détourner et lui parlent de l'avenir de misère qu'il se prépare. Il n'écoute personne : «Je serai peintre, » se dit-il, « je le veux » !

Et alors il s'en vient à Clermont-Ferrand chez un peintre décorateur qui lui fait faire un peu de tout, « même de la peinture unie » !

Mais, cela ne faisait point le compte de l'apprenti artiste qui voyait bien qu'il perdait son temps en un métier grossier et sans intérêt. Enfin, il rencontre un homme qui s'intéresse à lui, M. Tamisier, professeur de dessin, et celui-ci lui conseille de se rendre à Paris.

Bièn vite le bagage fut préparé et quelques semaines plus tard Pierre Tullon faisait son entrée dans la capitale. Alors, commence une nouvelle existence misérable et pleine de joies en même temps, entièrement adonnée au travail, et qui, enfin, se terminera par une victoire.

Les débuts artistiques de M. Pierre Tullon consistèrent à faire de la peinture en bâtiment ; il avait dû en effet s'embaucher dans une équipe d'ouvriers peintres pour gagner de quoi manger chaque jour; cependant, il eut vite mis de côté quelques piécettes blanches, de quoi vivre une semaine peut-être.

Cette petite fortune, c'est l'indépendance pour quelques jours, c'est le travail chéri, si longtemps désiré. Tullon achète une toile, prend quelques vieux pinceaux et se rend au Louvre. Il s'arrête devant une nature morte de Roland de Laporte et s'efforce de la copier.

Cependant, tandis qu'il s'essayait avec ardeur à reproduire son modèle, deux spectateurs le regardaient attentivement. Tout à coup, l'un d'eux s'adressant à lui :

— De qui êtes-vous élève ?

— Monsieur, répond-il ému et rougissant, je n'ai pas eu de maître.

— Ces choses là du reste ne s'apprennent pas reprend son interlocuteur. Venez me voir, vous pouvez compter sur moi.

Cet inconnu qui lui parlait ainsi et qui lui ouvrait le paradis rêvé c'était un artiste de premier mérite, M. Timbal, conservateur du musée du Louvre.

Quelques semaines plus tard, Pierre Tullon concourait pour entrer à l'école des Beaux-Arts où il était reçu le premier. Bientôt après, grâce à l'intervention de M. Bardoux, le conseil général du

Puy-de-Dôme lui accordait d'abord une demi bourse, puis une bourse entière.

A partir de ce moment, le jeune peintre était sauvé et il allait faire des progrès rapides.

II

Que nous sommes loin aujourd'hui de ce temps de misère et de lutte.

Maintenant, avec le talent, l'aisance est venue, et l'artiste qui autrefois pouvait à grand peine s'abriter dans une humble mansarde possède actuellement un charmant atelier.

Le mobilier en est peu considérable ; une grande table de chêne, un immense sopha, quelques vieilles chaises en bois sculpté où le temps a marqué sa patine, une horloge dans sa longue boîte de bois bruni, un ancien lit tel qu'on en trouve dans les villages d'Auvergne, et un très beau vieux bahut Louis XV, en chêne. Ce dernier meuble a été acheté par Tullon un jour qu'il parcourait la montagne en quête de paysage. Et, ceci est une des caractéristiques de notre ami. Tullon est un collectionneur et un bibeloteur enragé et son atelier est rempli de ces objets découverts au prix de mille recherches ; parmi ses bonnes trouvailles, je citerais une vierge en bois sculpté, un vieux coffret en bois de fabrication auvergnate et un lampadaire trouvé à Gergovie.

Et puis, ce sont de vieilles armes, des épées et des hallebardes, une idole australienne, de vieilles faïences, une tapisserie égyptienne multicolore figurant la bonne déesse Isis et une robe japonaise brochée d'or.

Et tout cela est interposé entre les toiles achevées, entre des études, entre des souvenirs artistiques, parmi lesquels on remarque notamment un magnifique buste du maître du logis par le sculpteur Mombur, un compatriote et un ami du peintre.

III

Comme artiste, M. Pierre Tullon cultive avec succès diverses branches de son art, et, tantôt il se révèle à nous comme un peintre de genre habile, tantôt il nous montre des natures mortes, tantôt enfin, il se décèle comme un portraitiste de mérite.

En ce dernier genre, M. Tullon a produit un certain nombre d'œuvres de réelle valeur. Il me suffira de citer rapidement ses portraits de M. Pierre Larousse, l'auteur du grand dictionnaire, et de sa femme, celui de M. Paillard Ducléré, le député de la Sarthe, de Mme Bergeron, de M. Martinet, de M. Giat, le critique d'art bien connu en Auvergne, de M. Baux, le synologue, celui de son père qui est au musée de Clermont-Ferrand, ceux de M. Quentin, et de son fils, M. Aurèle Quentin, aumonier du lycée Louis Legrand, de plusieurs des membres de la famille Redouly, et surtout cette toute petite toile exquise bien simplement appelée *Ma Mère*. On ne saurait s'imaginer le charme profond qu'il y a dans ce portrait; il semble qu'il possède la vie et qu'il ait une âme. Bien intéressants aussi sont ses deux portraits de M. Giat et de M. Baux, tous deux peints largement, grassement, avec un sens artistique véritable.

C'est encore un portrait, ce fusain intitulé la *Vieillesse*, une remarquable étude de vieillard qui représentait l'année dernière le peintre au *Salon* de 1887, et qui fait en quelque sorte le pendant de cette autre étude, également au fusain. *Une Jeune Auvergnate*, qui fut au palais de l'Industrie en 1881.

Dans ce genre du fusain, d'ailleurs, M. Tullon a depuis longtemps montré des qualités très marquées qui permettent de le compter au nombre de nos bons dessinateurs.

IV

Parmi ses tableaux de genre, deux plus particulièrement méritent de retenir l'attention.

L'un, qui fut au *Salon* en 1883 est intitulé *Une Confiturerie à Riom*; l'autre est un intérieur montagnard et s'appelle *Le repos du Dimanche*.

Au premier plan, deux caisses d'emballages brossées avec une vigueur et un réalisme peu ordinaires attirent vivement l'œil du spectateur et même le retiennent peut-être un peu trop au détriment des autres parties du tableau qui disparaissent dans un clair-obscur combattu seulement par les lueurs rouges du fourneau sur lequel repose la bassine de cuivre ou mijottent lentement les compotes savoureuses.

Le *Repos du Dimanche* est dans une note plus discrète, plus intime.

Près de la cheminée énorme, hospitalière,
Toute noir de suie où scintille un feu clair,
Où la marmite bout, où pend la crémaillière,
Où le chat somnolent rêve le nez en l'air,
Au retour de la messe un matin du dimanche
Ils sont assis tout deux Mariette et Jantou.
Mariette aux yeux noirs a mis sa coiffe blanche
Et son mouchoir à fleurs s'entr'ouvre sur le cou ;
Tout habillé de bleu le mari se repose
Chauffant sa large main à la flamme ; tous deux
Regardent la couchette où l'enfant blanc et rose
S'endort.... et souriant ensemble, ils sont heureux.

Cette charmante description poétique , signée Gabriel Marc donne la représentation parfaite du tableau dans lequel on remarque tout spécialement une fidélité extrême et une recherche patiente peut-être poussées à l'excès.

A côté de ces deux toiles il importe encore de noter l'*Enfant prodigue* qui est traitée dans une note très différente. C'est une étude de plein air, d'une coloration très blonde. Au pied d'un arbre qui s'élève dans la plaine est assis le malheureux voyageur, ses vêtements en lambeaux, et, tout en se reposant, il essaie de tromper sa faim en dévorant un peu de pain resté en son bissac.

Parmi les autres tableaux de genre de M. Tullon nous citerons encore : la *Terrasse du jardinier*, la *Place du Taureau à Clermont-Ferrand*, l'*Église d'Anvers Saint-Georges*, la *Place du Panthéon au lendemain de l'enterrement de Victor-Hugo*, le *Ragoût*, qui appartient au musée d'Amiens, et *Convoitise* qui est décrit dans le sixain suivant de M. Albarel.

J'aime à voir trottiner sur la fraîche verdure
Le lapin matinal, errant à l'aventure...
Dès que le moindre bruit le trouble en ses plaisirs,
Il demeure en arrêt près du chou qu'il convoite,
Et l'œil étincelant, l'oreille toute droite,
Il broute du regard l'objet de ses désirs.

Le grand intérêt de ce dernier tableau est dans son dessin minutieux, et, surtout, dans sa coloration qui présentait des difficultés considérables ; c'est que l'artiste, en effet, n'a plus les teintes variées de sa palette pour se faire valoir l'une l'autre ; du vert, rien que du vert, et il faut qu'il sache en graduer bien habilement les nuances pour obtenir l'effet désiré.

Cette énorme difficulté, le peintre l'a heureusement surmontée et les feuilles de son chou ont ce velouté particulier au savoureux légume si cher aux appétits Auvergnats.

Les natures mortes de M. Tullon se distinguent par des qualités analogues ; leur composition est en général des plus simples, une cruche de grès vert, quelques pommes lustrées aux teintes vives, un morceau de fromage, une poterie quelconque, d'ordinaire en font tous les frais ; mais avec quelle vigueur il sait rendre les accidents de la lumière ; les rouges des pommes et les verts ou les jaunes de la faïences vibrent fortement et l'effet est puissant ; c'est nature et d'une sincérité complète, et partant c'est charmant.

V

En somme, ce qui caractérise particulièrement le talent de M. Tullon, c'est sa profonde conscience artistique qui le fait parfois atteindre à la sécheresse, c'est son réalisme un peu brutal mais qui donne à son œuvre une marque primesautière très accentuée, c'est son sens de la couleur et de la lumière.

Je connais de lui telle petite pochade, insignifiante au premier abord, qui en dit à ce sujet plus long que bien des grandes toiles très léchées.

Comme tout artiste véritable, M. Tullon a la préoccupation constante du dessin et de la composition et ses cartons renferment quantité d'esquisses, d'ébauches, d'études faites en vue du tableau à venir.

Et, à ce propos, il nous faut citer sa nombreuse collection de dessins préparatoires pour une grande composition du *Jugement dernier* qu'il médite depuis longtemps déjà et qu'il sera peut-être encore bien du temps avant d'exécuter.

Mais, au fait, devons-nous nous plaindre de cette lenteur dans la conception ? Non, car elle est le plus sur garant de la solidité de l'œuvre.

HIPPOLYTE de VERGÈSES

I

Parmi les artistes qui se sont donnés pour mission de représenter l'Auvergne à Paris, M. de Vergèses (1) est un des nouveaux venus. C'est seulement en 1878, en effet, que son nom apparut pour la première fois sur les livrets du *Salon*. Son début fut heureux et promettait pour l'avenir ; M. de Vergèses a justifié ces espérances, et, chaque année, ou a pu constater des progrès réels et continus dans son talent.

Mais, avant d'examiner en détail son œuvre, jetons un rapide coup d'œil sur son intérieur. Aussi bien, ceci contribue-t-il à expliquer cela.

L'atelier de M. de Vergèses est installé 32 rue de St-Pétersbourg ; c'est une vaste pièce largement éclairée par de grandes baies vitrées, et dans laquelle

(1) M. JEAN-BAPTISTE, HIPPOLYTE de VERGÈSES est né à Issoire (P.-d.-D.), en Août 1847. Durant assez longtemps, il s'occupa de peinture en amateur et ne résolut définitivement de se consacrer à l'art qu'en 1875. Il entra alors dans l'atelier de M. Carolus Durand où il travailla activement, et, au *Salon* de 1878 il exposait pour la première fois un tableau qui fut remarqué. Depuis, M. de Vergèses n'a cessé de produire et, en 1886, il a obtenu une mention honorable Il est connu surtout comme peintre de portraits.

le propriétaire s'est plu à rassembler mille objets précieux par leur beauté ou simplement rares.

Tout au fond, se dresse un bahut de chêne formé de la réunion de deux de ces lits munis de portes sculptées que l'on rencontre aujourd'hui dans quelques villages de la basse Bretagne ; contre les murs, des tapisseries anciennes éternellement fleuries au travers desquels se promènent des personnages héraldiques ; et puis, des tapis d'Orient aux somptueuses couleurs et aux dessins variés, de vieilles étoffes aux teintes adoucies par le temps et brochées d'or et d'argent, des stores japonais, des tambourins, des étagères algériennes, des tableaux achevés, des études, des souvenirs, et deux superbes esquisses de Delacroix, le peintre prestigieux.

Dans un coin, un piano, et à côté de cet instrument moderne, un bahut crédence âgé de trois siècles et ramené d'Auvergne; en face, une grande armoire Louis XV aux panneaux exquisement fouillés et une horloge dans sa boîte sombre.

Au milieu de l'atelier, des chevalets chargés de toiles, des divans orientaux, un lit pour le modèle, un miroir, et le mannequin qui vêtu d'étoffes jetées sur lui au hasard semble dans la pénombre une odalisque coiffée de sequins d'or.

Nous sommes, — on le voit sans tarder, — chez un amoureux de la couleur et des belles lumières qui font chatoyer, si splendidement aux yeux les plis lourds des riches étoffes.

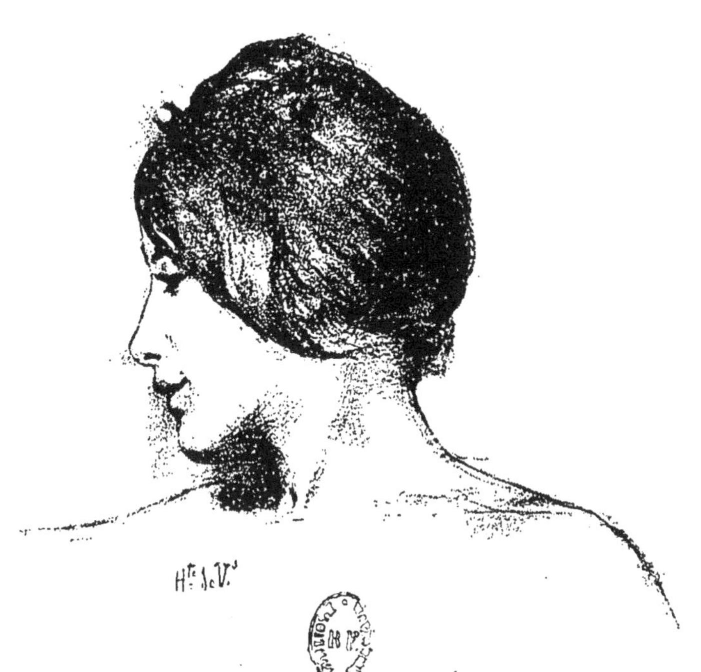

H. DE VERGÈSES. — *Étude.*

II

Un trait particulier du tempérament artistique de M. de Vergèses, c'est la préoccupation constante des valeurs lumineuses. Comme son maître, M. Carolus Durand, toujours il est coloriste, bien qu'avec des formules différentes, cependant. Dans ses premières toiles, son soucis évident est de noter certains jeux curieux de la lumière, et, il affectionne tout particulièrement de placer ses modèles dans un jour presque cru et se détachant fortement sur un fond sombre.

A cet égard, son premier salon, un *Intérieur d'atelier* est caractéristique.

Si M. de Vergèses est un nouveau venu au Salon, on ne saurait trop encourager ses débuts. Son *Intérieur d'atelier* m'a fait penser — et c'est une grande louange — à ceux du vieux Van der Meer de Delft. La jeune femme, assise près de son chevalet, vous regarde de face avec une bonne grâce amicale ; sa robe blanche, mouillée de reflets d'une fraîcheur brillante, éclaire toute la chambre. Un peu trop de hauteur dans la dimension, c'est le seul défaut qu'on puisse reprocher à ce doux et charmant tableau.

Il s'en dégage comme un parfum d'intimité et de modestie. (1)

Telle est la description que fit de ce tableau l'admirable critique Paul de Saint-Victor, dans l'un de ses articles sur le *Salon*, publiés dans le journal *La Liberté*.

Ces quelques lignes, écrites par un juge sembla-

(1) Paul de Saint-Victor, *La Liberté* du 18 juin 1878.

ble, devaient être un précieux encouragement pour le jeune peintre, et, l'année d'ensuite, il envoyait au *Salon* son autre *Intérieur d'atelier*. Cette fois, cependant, bien que l'ensemble de la composition rappellait encore son précédent tableau, il y avait quelques indications de la recherche d'une formule nouvelle.

Sur un énorme sopha couvert d'un tapis du Thibet est couché, baignée dans la clareté blanche qui tombe de la haute fenêtre, une jeune fille blonde, drapée dans sa chemise légère. Par terre, est étendue une peau de tigre, et, à gauche, se tient debout devant son chevalet, dans un clair-obscur, une jeune femme aux cheveux roux.

En arrière, le mur sombre au devant duquel se détache, dans l'ombre transparente, une table couverte de bibelots.

Cette toile est bien de la même famille que la précédente, mais pourtant, on y pressent déjà, malgré la tonalité discrète du coloris, le peintre des étoffes aux reflets superbes et aux couleurs somptueuses.

Cependant, cette manière n'allait pas se caractériser immédiatement, et, auparavant, M. de Vergèses devait faire un essai dans une note toute différente.

Sa *Marchande à la toilette* qui figura au Salon de 1881 est un tableau de genre, d'une conception un peu banale, peut-être, mais d'une exécution pleine d'humour et de fantaisie.

Dans sa pauvre mansarde, est assise une petite ouvrière, charmante en son simple peignoir de laine à longues raies grises et noires, et une vieille marchande à la toilette, coiffée d'un chapeau cabriolet invraisemblable, couverte d'un grand châle jaune comme seules savent en trouver ces sortes de négociantes, essaye sur elle les séductions d'un bracelet d'or.

Qui triomphera, de la vertu ou du bijou ?

C'est ce que le peintre ne dit pas, s'étant contenté uniquement de traiter d'un pinceau savant les diverses parties de sa toile dans laquelle certains clairs-obscurs, notamment, sont tout particulièrement intéressants.

Mais, voici une transformation complète. Avec *Hérodiade* ; le coloris acquiert subitement une richesse éclatante ; les claires étoffes brochées de soie et d'or, les pierreries étincellent ; c'est un ravissement pour le regard.

Oh, combien elle est belle la Juive cruelle, superbe et hautaine qui, les bras nus, contemple longuement et sans pâlir la tête du saint que lui présente une esclave.

Un léger frémissement semble agiter ses narines délicates, et son sein se soulève avec lenteur.

Il se dégage de cette toile une impression intense et elle est de celles que l'on n'oublie point ; d'ailleurs, la correction du dessin qui est très serrée, concourt avec les qualités du coloris à en faire une œuvre des plus attrayantes.

Il est d'un sentiment analogue cet autre tableau : *Parisienne à sa toilette*, qui nous montre une jeune femme devant son miroir et se couvrant le visage de poudre de riz ; la tonalité très claire est d'une harmonie parfaite et d'une grande délicatesse.

Cependant, M. de Vergèses est d'un tempérament trop curieux, trop artiste, pour ne pas continuellement chercher le nouveau. Déjà nous l'avons vu modifier sa facture ; nous allons encore assister à une nouvelle transformation toute récente, et celle-là des plus considérables. Un œil subtil comme le sien est fatalement attiré par les valeurs lumineuses ; cette fois, c'est dans le plein air qu'il en étudie les aspects. Voici, en effet, deux toiles bien curieuses, l'une qu'il intitule *Querelle d'enfants*, et qui figure, dans la pleine campagne, deux marmots et une bonne vieille sous le plein soleil; l'autre, *Un Jardinier*. Ce dernier tableau est d'un coloris tout particulièrement remarquable. Le paysage est d'une grande profondeur, et l'air, d'une transparence et d'une limpidité extrême, a ces tons gris violacés propres aux beaux jours et qui résultent d'une sorte de décomposition des rayons lumineux.

Dans cette clareté, toutes les couleurs sont éteintes et d'une douceur infinie, comme si elles se fondaient toutes insensiblement, et il en résulte une impression très vive de calme, de repos et de simplicité.

A côté de ces deux études si curieuses qui figurent au Salon de cette année montrant leur auteur sous un jour inconnu jusqu'ici, M. de Vergèses a un autre envoi non moins remarquable, mais dans une autre forme, un pastel, intitulé *Marion dormait.*

Toute blonde, d'un blond de lin, les joues légèrement rosées, elle dort, doucement au milieu d'un nuage de dentelles blanches. Oh, la chose adorable que ce pastel, avec ses colorations fines et délicates, d'une tonalité si douce. Voilà de l'art vraiment exquis et d'un charme délicieux.

III

Mais, M. de Vergèses n'est pas seulement un peintre de genre ; il est aussi, et surtout un portraitiste, et excelle dans cette spécialité d'un abord si redoutable pour l'artiste.

De toutes les branches de l'art, en effet, la représentation de la figure humaine est incontestablement celle présentant les plus grandes difficultés, mais elle est aussi, assurément l'une des plus intéresantes, et son étude est, sans conteste, la plus directement profitable au parfait développement de l'artiste.

C'est que la figure humaine, en effet, est la chose inconstante par excellence, toujours semblable et en même temps toujours différente, variant continuellement et à l'infini suivant les passions ou les simples sentiments qui animent le modèle dans les divers instants de son existence. Les traits du visage ne changent que d'une manière insensible, il est vrai, mais leurs modifications si fugitives constituent de multiples expressions qui toutes sont susceptibles de présenter des nuances.

Or, pour saisir ces indications subtiles il faut des qualités exceptionnelles d'observation.

Le portrait, cependant, doit être la représentation fidèle de la vie ; en d'autres termes, il doit traduire le modèle aussi bien moralement que *photographiquement,* si l'on peut parler de la sorte, et il ne peut en être ainsi que si l'artiste possède assez de talent pour transporter sur la toile ces mille riens si délicats qui sont la physionomie et la personnalité même du personnage qu'il représente.

Là, est la seule raison pourquoi les portraits célèbres, — nous entendons par ce qualificatif ceux qui comme l'immortel portrait de la Fornarine, ou ceux que nous ont légués certains des maîtres de l'école Hollandaise, se distinguent entre tous les chefs-d'œuvres de l'art, — sont si peu nombreux, relativement, et pourquoi encore nous les admirons avec si juste raison.

A bon droit, en effet, ne peut-on point affirmer qu'ils portent en eux une trace de l'âme qui animait les individualités qu'ils figurent ?

Le peintre portraitiste, en quelque sorte, doit vivre son modèle ; il doit l'étudier profondément, le connaître de façon intime afin de savoir ses habitudes journalières et de pouvoir ensuite donner à son image un caractère de vérité absolue en là plaçant dans son milieu réel. Ainsi seulement, l'artiste fixera sur la toile une figure d'une réalité puissante ; ainsi seulement, il fera une œuvre digne d'attirer l'attention et près de laquelle personne ne saurait demeurer indifférent.

Une telle conscience artistique est rare ; mais aussi, quels résultats elle permet d'atteindre et de quel immense profit n'est-elle point pour l'artiste lui-même ?

Eh bien, M. de Vergèses toujours s'est imposé un soin semblable, et, grâce à ce labeur obstiné, ses portraits sont tous des œuvres réellement intéressantes ; tel son portrait de Mme F. qui figurait au Salon de 1883 ; tel celui de Mme Manbrée, la veuve du compositeur bien connu, que l'on a pu voir à l'Exposition de peinture de 1884 ; tels ces deux portraits exquis de M. le docteur Raymond, et de Mlle Madeleine Aguilhon de Sarran qui, en 1886, valurent une mention honorable à leur auteur ; tel enfin, cet adorable portrait au pastel de Mlle X.... que le peintre a dessiné tout récemment.

Nous le voyons donc, que nous considérions le portraitiste, ou le peintre de genre, toujours nous trouvons en M. de Vergèses une même conscience artistique, une même recherche du mieux.

Aussi, est-il toujours franchement original.

M. de Vergèses est de ceux qui peuvent se tromper, mais il ne sera jamais de ceux qui donnent dans le banal et le convenu.

Et c'est là le meilleur éloge que l'on puisse faire de son talent.

LES

SCULPTEURS CISELEURS

J. CHÉRET

Sculpteur, architecte, décorateur et peintre, M. Chéret (1) est tout cela ! C'est dire en quatre mots combien son œuvre est étendue, et, en même temps, c'est aussi en tracer assez nettement le caractère spécial.

M. Chéret, en effet, n'est pas uniquement un statuaire ; ses travaux ordinaires sont surtout dirigés vers l'architecture et la décoration et il combine à cette fin déterminée toutes les diverses formes de l'art.

I

Malgré l'objectif particulier de ses travaux, M.

(1) M. Joseph CHÉRET est né à Clermont-Ferrand (Puy-de-Dôme) en 1838. De bonne heure il vint à Paris et étudia la sculpture dans l'atelier de Carrier-Belleuse et dans celui de Gallois. Il exposa pour la première fois au *Salon* en 1863 et il a obtenu des mentions en 1885 et 1886. M. Chéret a participé à plusieurs concours de la manufacture de Sèvres et il a par trois fois remporté le prix. En 1872 il a remporté une médaille d'or à l'exposition de Vienne, et, en 1880, le jury lui en a décerné une également en or à la suite de l'exposition d'arts industriels où il avait envoyé le modèle d'un meuble exécuté pour la maison Fourdinois. A la mort de Carrier-Belleuse, M. Chéret a refusé la place de directeur des arts à la manufacture de Sèvres qui lui fut offerte alors. M. Chéret est un des principaux collaborateurs artistiques de la maison Christophle, des usines de Baccara, etc.

Chéret ne laisse pas d'avoir, à diverses reprises, exécuté des œuvres qui ressortent du seul domaine de la sculpture pure.

Tel, par exemple, le groupe en haut relief qui surmonte la porte principale de l'immeuble de la Société d'assurances la *Prévoyance*, dans la rue de Londres, à Paris, et qui représente un quadrige traîné par des chevaux fougueux, se cabrant pour ne point écraser sous leur pied un homme tombé à terre et qui se soulève à demi ; tel, ce bas relief, la *Danse* qui orne aujourd'hui la propriété de M. Guérin à Nogent et qui figure un faune sur son stèle, jouant des pipeaux tandis qu'autour de lui dansent en rond une bande de jeunes enfants joufflus ; tels encore les médaillons décoratifs qu'il a exécutés pour la propriété de Mme Dunod, à Saint-Cloud, tels enfin les nombreux sujets, figures en ronde bosse ou bas reliefs, qui ornent les nombreuses cheminées monumentales qu'il a dessinées. Parmi ces derniers travaux, quelques-uns sont particulièrement intéressants étant des œuvres d'une grande importance.

La cheminée de cuisine monumentale que M. Chéret a composé pour l'hôtel de M. Georges Godillot, à Passy, est d'une disposition dès plus originales et fort artistique. Les lignes en sont simples, d'une ornementation très sobre, mais la corniche supporte à ses deux coins et en son milieu des figures en ronde bosse représentant un cuisinier et des

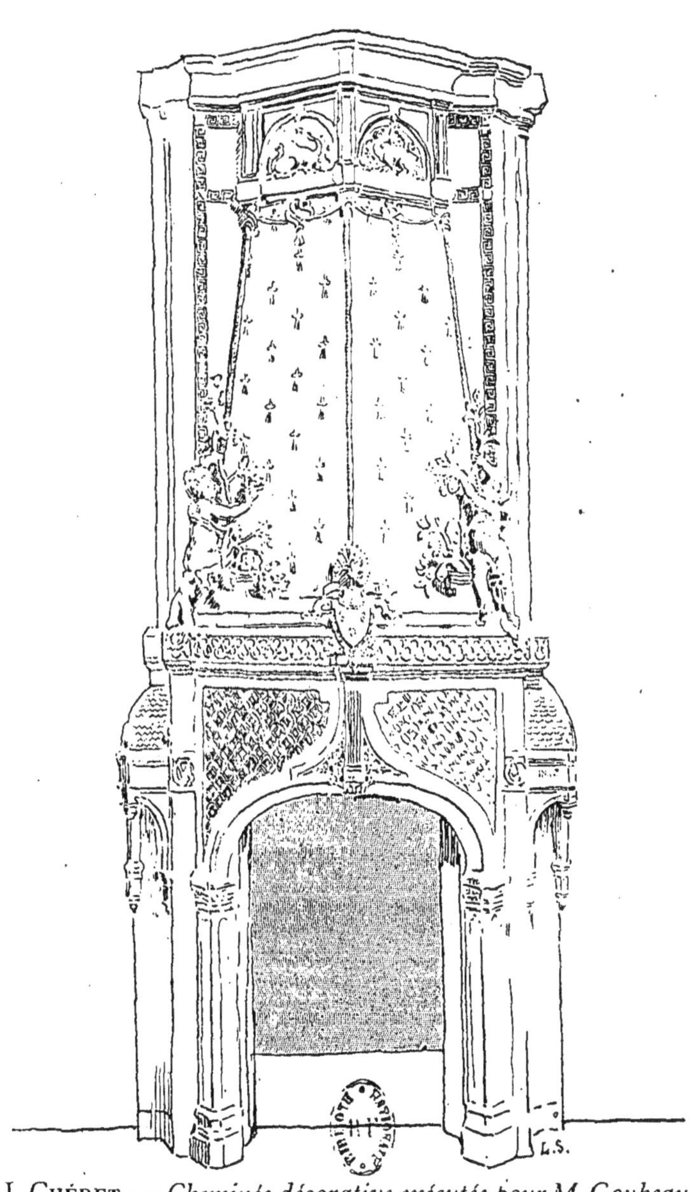

J. Chéret. — *Cheminée décorative exécutée pour M. Goubeau*

mitrons, et, sur la hotte, est dessiné un bas relief, *le retour du marché*, d'un modèle très soigné et d'une allure fort curieuse.

Une autre cheminée d'un grand style est celle qu'il a exécuté pour l'une des salles de l'hôtel de M. Dervillé et dont le modèle en plâtre figura au *Salon* de 1886 et lui valut une mention honorable. Le motif décoratif est une femme symbolisant la musique qui, le buste nu, les jambes drapées dans une étoffe flottante est assise sur le chapiteau de la cheminée et joue du violon.

A remarquer encore la superbe cheminée de l'hôtel de M. Guérin de Nogent sur la hotte de laquelle l'artiste a sculpté un haut relief d'une composition exquise, *la Peinture* ; celle élevée dans l'hôtel de M. le comte Jamoiski ; celles exécutées avec la collaboration de M. Dalbin qui sont rehaussées de bas reliefs exquisement fouillés, pour une propriété de M. Gravier, en Touraine ; celle construite chez M. Goubeau, directeur du journal la *Mode* et qui est d'une élégance parfaite et d'une rare fantaisie.

Cependant, à côté de ces œuvres importantes et de haut style, M. Chéret a également fait en assez grand nombre des travaux de sculpture de genre.

Ces dernières œuvres, en général, sont de petites compositions modelées avec beaucoup d'esprit et de verve et que l'artiste lui-même a éditées en terre cuite.

II

Comme architecte décorateur et sculpteur, M. Chéret a exécuté trois œuvres capitales, la façade de l'hôtel de M. Dervillé qui appartint autrefois à Sarah Bernhardt, un projet de monument à Gambetta et un autre de monument commémoratif de la Révolution.

La façade de l'hôtel de M. Dervillé est un travail considérable ; l'artiste, avec un goût très sûr et une grande imagination a dessiné une maison moyen-âge, sans style bien précis, pourtant, et où l'on retrouve des traces de l'architecture gothique et renaissance. Les détails de la porte monumentale, ceux de la tourelle et des deux croisées des étages supérieurs situées au dessus la porte, notamment, sont curieusement traités et d'une composition soignée.

Le projet de monument à Gambetta est une composition de grande allure.

Au milieu d'une sorte de tribune dont le fond était rehaussé de bas reliefs, s'élève le piédestal supportant la statue du tribun.

Cette dernière œuvre ainsi que son projet de monument commémoratif de la Révolution, ne ressort pas seulement de l'architecture ; il appartient encore à la grande sculpture et nous prouve amplement que si M. Chéret eut voulu s'adonner spécialement à l'art de la statuaire il y aurait remporté de très grands et légitimes succès.

III

Parmi les grands travaux d'art de M. Chéret, figurent encore ceux qu'il a exécutés pour la manufacture nationale de Sèvres, notamment pour les concours ouverts par cet établissement. Trois fois, d'ailleurs, cet artiste a obtenu le prix et ses trois compositions, deux vases et une jardinière, se trouvent aujourd'hui à l'Opéra, à la bibliothèque nationale et au musée même de la manufacture.

De ces trois œuvres, le vase de la bibliothèque nationale est particulièrement magnifique. C'est un vase monumental, en porcelaine, d'une grande élégance de forme, d'un coloris délicat, et sur lequel se trouve peinte une allégorie figurant le passage de Vénus sur le Soleil.

Tel est, bien sommairement indiqué, l'ensemble des travaux de M. Chéret. Leur diversité extrême prouve hautement l'imagination de leur auteur et leur exécution habile et savante montre à quel point il est expert dans toutes les choses de l'art. La science, l'habileté, et l'invention sont les qualités les plus marquantes de l'artiste et M. Chéret les possède complétement.

JEAN COULON (1)

Dans les arts du dessin, la sculpture est peut-être la manifestation la plus élevée du beau, parce qu'elle exige comme base essentielle de son existence la pureté de la forme et l'harmonie des lignes, c'est-à-dire le dessin parfait.

Les anciens, les Grecs surtout, avaient compris cette condition primordiale, et, artistes inimitables, ils nous ont légué des chefs-d'œuvres incomparables comme la *Vénus victrix* ou le *Laocoon*.

Et, c'est la grande gloire de l'école française moderne de sculpture de n'être pas indigne de l'antiquité et de compter des artistes dont les Praxitèle et les Phidias seraient fiers d'être les maîtres.

Jamais, en effet, comme en ce siècle, nos sculpteurs n'ont montré plus de science et de talent, ni produit davantage d'œuvres de premier ordre.

I

L'Auvergne compte parmi ses artistes plusieurs

(1) M. JEAN COULON est né à Ebreuil, (Allier), en 1853. Il entra à l'école des Beaux-arts en 1876. En 1880, M. Coulon exposait pour la première fois au *Salon* et son envoi lui valait une troisième médaille. En 1886, le jury d'examen lui a décerné une deuxième médaille.

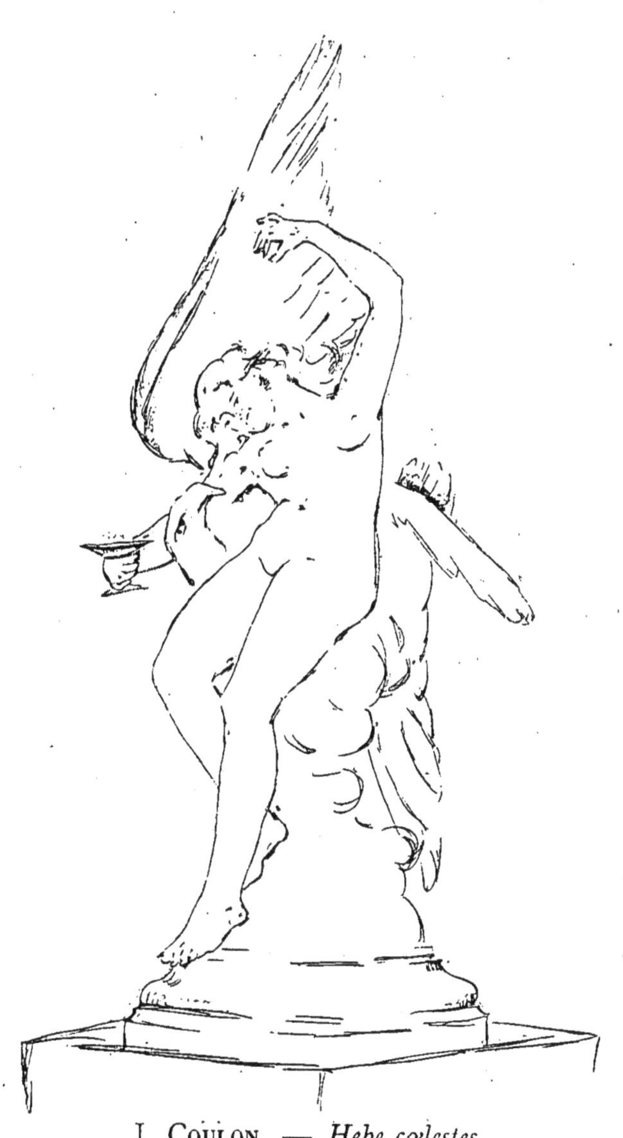

J. COULON. — *Hebe cœlestes.*

sculpteurs de grand talent, et, parmi eux, il convient à juste titre de ranger M. Jean Coulon.

Rarement, en effet, il est donné de rencontrer une nature d'artiste mieux organisée et mieux douée. M. Coulon, à cet égard, a d'ailleurs hautement fait ses preuves et a su marquer nettement sa personnalité. Tout jeune eneore, en quelques années il a conquis une place importante et s'est caractérisé comme un talent très souple et très sûr à la fois.

La raison de cette évolution si rapide, c'est qu'il a su échapper de bonne heure à l'influence stérilisante de l'Ecole. En art, il importe en effet d'être *soi-même* le plus vite possible ; or, c'est là le grand défaut de l'Ecole, de ne pas apprendre l'élève à penser et à voir de ses yeux, mais, au contraire, de lui donner un enseignement toujours le même, d'arrêter l'idéal entre des formules algébriques, presque, de restreindre le beau et de le rapetisser à n'être plus qu'une chose conventionnelle.

M. Coulon comprit vite le danger et il sut s'y soustraire. A l'Ecole, il ne s'éternisa point en des concours d'un médiocre intérêt, mais il étudia soigneusement les grands maîtres, puisant à leur source la science, et ensuite s'essaya en des œuvres personnelles.

Cette méthode de travail ne pouvait qu'être féconde et l'artiste lui doit aujourd'hui le meilleur de son talent.

II

Les débuts de M. Coulon au *Salon* de 1880 furent pour employer une formule bien classique, un véritable coup de maître.

Son envoi, *La mort de Pyrame*, obtenait du jury une troisième médaille.

« Voyant le voile de sa chère Thisbé qu'il croit morte, il presse cette draperie sur son cœur qu'il perce dans son désespoir, en s'écriant : Reçois aussi mon sang ! » Tel est le récit du passage d'Ovide qui a inspiré le sculpteur. Le jeune infortuné est debout, le bras droit élevé, un poignard dans la main, prêt à retomber.

De longs cheveux flottants encadrent sa belle tête d'éphèbe qui se penche sur sa poitrine et son visage douloureux est baigné de larmes.

Cette statue qui est aujourd'hui au musée de Dinan, est d'une venue excellente ; la pose en est naturelle, d'une noble simplicité, et les modelés en sont dessinés avec une grande fermeté.

Flore et Zéphyre, qui représente l'artiste au musée de Moulins, et qui fut exposé au *Salon* de 1882, est un groupe d'une toute autre allure.

Ici, la scène à figurer est toute gracieuse.

Le déesse est assise sur un amas de feuillage et de roses et Zéphir s'apprête à placer sur son front charmant une couronne de fleurs embaumées.

Flore, sous le souffle si doux du dieu volage,

s'éveille et étend le bras comme pour le retenir dans une étreinte caressante.

L'ensemble du sujet est traité avec une grâce légère et harmonieuse et, par son caractère se rattache à l'école du dix-huitième siècle.

La *Musique*, est une œuvre de toute autre nature qui symbolise l'origine de la musique, selon la thèse développée par Lucrèce.

Dans une pose simple et gracieuse, une jeune femme, idéalement belle, le visage inspiré et grave, se tient debout, le bras droit élevé et s'appuyant sur une harpe. Ses longs cheveux flottent sur ses épaules, et il semble qu'elle écoute des harmonies célestes inconnues aux mortels.

Hebe Cœlestis qui valut à M. Coulon sa seconde médaille fut exposée au *Salon* de 1886 et a été achetée par l'Etat pour qui l'artiste vient d'exécuter son œuvre en marbre.

La déesse, mollement appuyée sur un nuage, présente la coupe de nectar à l'oiseau de Jupin dont les ailes l'enveloppent. Elle est belle adorablement, et d'une beauté exquisement troublante ; c'est une vierge, mais une vierge amoureuse, presque lascive.

Quant à l'ensemble du groupe, il serait difficile de le concevoir plus harmonieux, plus charmeur ; le corps de la femme est d'un galbe irréprochable et le mouvement d'une élégance exquise. *Hebe Cœlestis* appartient au grand art.

En dehors de ces œuvres capitales que nous

venons de passer rapidement en revue, M. Coulon en a encore exécuté un certain nombre d'autres d'une importance moindre, notamment des portraits dont plusieurs ont été justement remarqués à diverses expositions.

Quoiqu'il en soit, l'examen sommaire que nous venons de faire de son œuvre nous en montre la haute valeur et nous permet à bon droit de compter M. Coulon parmi les artistes les mieux doués de ce temps.

Henri GOURGOUILLON

M. Henri Gourgouillon (1) est sans conteste l'un des mieux doués parmi les jeunes artistes d'Auvergne. Presque sans maître, grâce à son seul labeur, il a réussi, à diverses reprises, à faire admettre ses envois au *Salon*, et, la critique a été unanime à y découvrir de très réelles qualités d'observation et d'exécution. Or, il est bon de le remarquer, M. Gourgouillon vit loin de toutes les coteries artistiques, loin aussi du grand centre parisien, ce qui ne l'a pas empêché d'exécuter plusieurs œuvres d'un réel intérêt et qui nous permettent d'en espérer d'autres non moins attachantes.

C'est par des portraits que M. Gourgouillon a débuté dans la statuaire. En 1880, en effet, à l'exposition artistique de Clermont-Ferrand, il exposait plusieurs bustes, entre autre celui de M. Fabre, qui lui valait le premier des prix accordés aux artistes de la ville.

(1) M. GOURGOUILLON (Henri) est né à Olliergues, (Puy-de-Dôme), le 16 janvier 1858. A l'âge de treize ans, il entra dans l'atelier de M. Mombur sculpteur à Clermont-Ferrand, et suivit les cours de l'école professionnelle de cette ville. M. Gourgouillon a exposé pour la première fois au *Salon* en 1882. Depuis 1884, il est professeur de dessin et de modelage à l'école départementale d'architecture de Volvic et à celle des Arts et Métiers de Clermont-Ferrand.

C'était là un encouragement précieux. Le jeune sculpteur n'eut garde de l'oublier ; il travailla avec ardeur et, deux ans plus tard, en 1882, il avait deux bustes admis au *Salon* de peinture et de sculpture, ceux de M. Jacquemin et de son petit garçon.

L'année suivante, M. Gourgouillon tentait un premier essai dans la sculpture de genre. *Qui vive* est une statuette en plâtre figurant un petit bonhomme de quatre ou cinq ans, vêtu d'une simple chemise trop courte, d'une chaussette indocile, et, tenant en la main un sabre de bois. Il est gentil tout plein, *le bambino*, et son attitude et son geste sont pleins de naturel.

Jeune pâtre, groupe en plâtre qui figura au *Salon* de 1886 est une œuvre plus importante.

Le sujet est fort simple ; contre une grosse pierre, un jeune berger est assis et joue avec son chien qu'il fait sauter en l'air en lui montrant un morceau de pain.

L'ensemble de la composition est agréable ; la pose est heureuse et les modelés du corps un peu grêle du jeune homme sont bien traités ; une critique, cependant : les traits du visage, notamment la bouche qui est trop grande et entr'ouverte, manquent un peu de distinction.

L'*Etude interrompue* qui figurait l'année dernière au Palais de l'industrie et qui a été achetée par la ville de Clermont-Ferrand, est une œuvre charmante.

Il était une fois une petite fille bien sage, et surtout bien laborieuse. Chaque matin, de très bonne heure, elle se levait pour apprendre ses leçons et recopier sa page d'écriture. Un jour, il lui arriva, ayant dormi cinq minutes de plus qu'à l'ordinaire, d'oublier dans sa précipitation de se vêtir avant d'aller travailler. Elle se mit pourtant à la besogne. Cependant, Maigriou, son chat favori, vint se frotter délicatement le long de ses jambes roses et la fillette ne résistant point à cet appel oublia ses leçons et ses devoirs et se mit à agacer Maigriou avec les barbes de sa plume.

Et c'est tout !

Le sujet, comme l'on voit, est menu, mais la scène est charmante et elle a été exprimée avec beaucoup de grâce et une grande justesse d'attitude. La tête de l'enfant, notamment, est d'une expression délicate et son corps d'un bon modelé !

C'est d'ailleurs un peu la marque caractéristique de M. Gourgouillon que la représentation des formes indécises de l'enfance. Son œil est habile à saisir les sveltesses de ces jeunes corps et il excelle à les reproduire.

Une œuvre semblable est éminemment intéressante et est bien d'un véritable artiste.

J. O. MOMBUR

Parmi les artistes auvergnats qui ont su se créer une situation importante, grâce à leur talent, M. J. O. Mombur (1) apparaît au premier rang, et, depuis longtemps déjà, il a su faire connaître son nom du grand public qui apprécie vivement aussi bien le portraitiste que le statuaire.

I

La première œuvre sculpturale importante de M. Mombur fut un haut relief, *Tobie rendant la vue à son père*, qui lui valait un premier second grand prix de Rome.

On connaît la scène biblique.

Le sculpteur l'a rendue avec beaucoup de bonheur. Tobie debout devant son père lui frotte légèrement les paupières avec le fiel ; le vieillard, dont les yeux sont encore clos, tend les bras et conserve un air

(1) M. MOMBUR (JEAN-OSSAYE) est né à Ennezat (Puy-de-Dôme), en 1850. C'est seulement à l'âge de 19 ans qu'il commença ses études artistiques, d'abord à l'école de dessin de Clermont-Ferrand, puis à l'école des Beaux-Arts à Paris où il entra en 1872. M. Mombur qui en 1879 obtint un premier second grand prix de Rome exposa au *Salon* pour la première fois en 1876 ; en 1882, il a obtenu une mention honorable ; et, en 1884, une médaille de troisième classe.

résigné. En arrière, se tient l'ange, l'air calme, le bâton du pélerin à la main, et, regardant la scène, la mère de Tobie, attend avec anxiété.

La composition du groupe est véritablement savante et harmonieuse, et le dessin en est irréprochable, ainsi que les modelés qui sont pétris fermement. Les étoffes, entre autres, sont traitées avec beaucoup d'habileté.

Ce haut relief est aujourd'hui au musée de Clermont-Ferrand. En 1882, M. Mombur obtenait au *Salon* une mention honorable avec sa *Paysanne Auvergnate* qui fut achetée par la ville de Paris et qui maintenant est exposée dans le square de Montrouge.

Sur ses épaules, et s'accrochant à son cou, la belle et robuste paysanne, au visage pur et calme, supporte un jeune enfant. Les manches de sa camisole sont relevées laissant voir les bras nus et brunis par le hâle ; dans son tablier replié, elle tient des herbes potagères, et, sur son bras repose une bêche.

Une poésie intense se dégage de cette composition si simple et si charmante à la fois.

Un Sauveteur, groupe bronze, qui valut à l'artiste une médaille de troisième classe, date du *Salon* de 1884, et orne actuellement le square de la Pépinière.

C'est une œuvre de grande allure digne en tous points d'attirer l'attention.

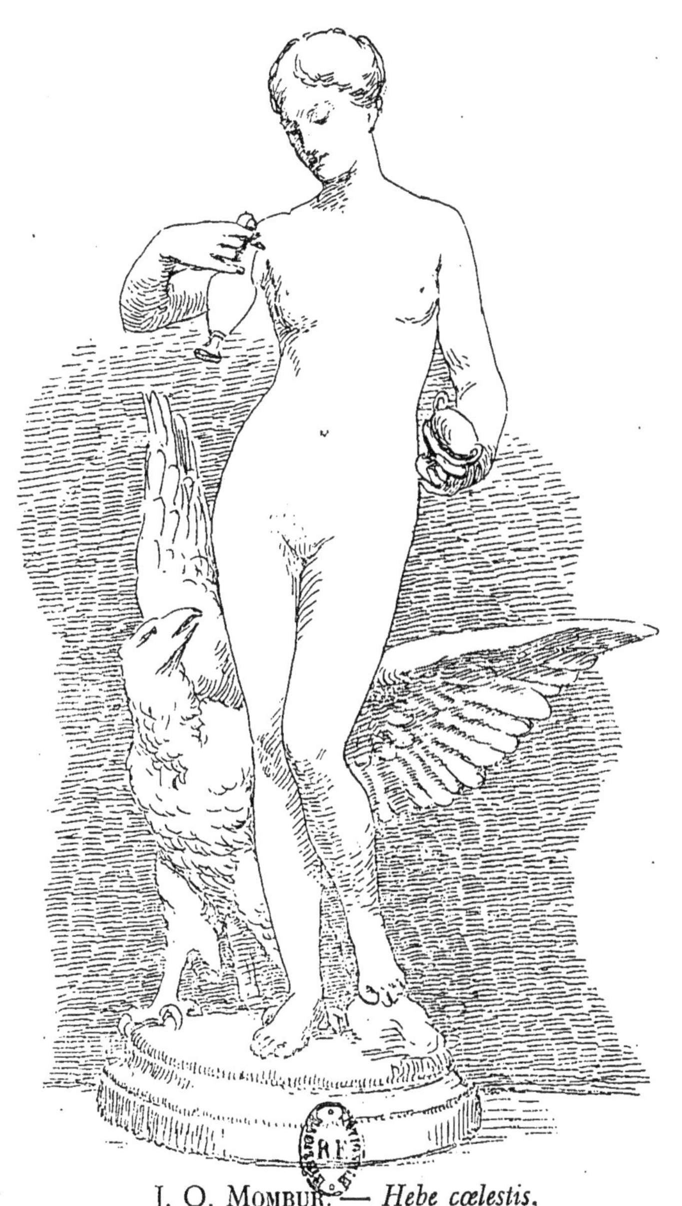

J. O. MOMBUR. — *Hebe cœlestis.*

Sortant des flots amers, l'homme robuste et fort,
Le vigoureux plongeur, aussi brave qu'un athlète,
Porte l'enfant, longtemps roulé par la tempête,
Qui, pâle entre ses bras, s'affaisse à demi mort.

Affrontant le trépas, muet, sans terreurs vaines,
L'homme vient de lutter avec le gouffre noir.
Ses muscles sont tendus. Le sang gonfle ses veines.
Il est calme, pourtant, ayant fait son devoir.

D'un pied ferme et nerveux atteignant le rivage,
Le héros inconnu, le modeste vainqueur,
Songeant : « Il est sauvé ! Je sens battre son cœur » !...
Penche son front bruni sur ce tendre visage.

Ces vers de M. Gabriel Marc, le poète auvergnat, en disent plus sur ce beau groupe, dont M. Schmoll a fait plusieurs réductions, que de longues descriptions.

Hebe Cœlestis qui figura en 1886 au Palais de l'Industrie est d'un haut style et, par son caractère, appartient à la grande sculpture.

Cette fois, c'est la beauté radieuse de la femme que l'artiste a représentée. La jeune déesse est debout dans une attitude d'une grâce parfaite ; elle tient la coupe et l'amphore et, s'apprête à verser le nectar. A ses pieds, l'aigle de Jupiter étend ses larges ailes et la regarde.

Depuis, M. Mombur a encore exécuté une œuvre de première importance, le *Monument de Saint-Austremoine* qui figure en ce moment à Rome, à l'Exposition Vaticane, est qui est offert au Pape par le diocèse de Clermont.

Au dessus d'un piédestal de bronze qui repose lui-même sur une marche en pierre noire de Volvic s'élève la statue de bronze du saint évêque,

Sur les quatre faces du piédestal, sont des inscriptions et des bas reliefs, dont l'un figure notamment le saint prêchant la parole divine, et sur la corniche sont reproduits les portraits des trente-deux évêques canonisés du diocèse.

II

Cependant, M. Mombur ne s'adonne pas uniquement à la grande sculpture, ou à la sculpture de genre. Il est encore un portraitiste exercé, et, chaque année, presque, il adresse aux expositions d'art des bustes justement remarqués.

Parmi ses travaux de semblable nature, il convient de ranger la statue de Béranger, le chansonnier populaire, qu'il exécuta pour la décoration de l'hôtel de ville de Paris.

Nous citerons encore, parmi ses bons portraits, le buste de son père qui représentait l'artiste au *Salon* de 1883, celui de sa mère qui accompagnait, *Un sauveteur* au Palais de l'Industrie, le buste en marbre de M. de Barante qui fut exposé en 1886, celui de M. Escalais, de Mme Lureau-Escalais, et de M. le docteur Gaudichier dont les marbres figurent cette année à l'exposition de sculpture.

Tous ces portraits sont des œuvres au grand sens

du mot ; M. Mombur est en effet de ces artistes consciencieux et savants qui poussent à l'extrême la recherche du vrai et de la sincérité. A juste titre, il estime que la représentation de la figure humaine est une des formes d'art les plus élevées et il étudie ses modèles avec un soin extrême, s'efforçant de traduire dans le marbre leur être moral, de rendre leur individualité.

Comme portraitiste, sa grande préoccupation est en effet non d'interpréter, mais de figurer fidèlement son modèle, avec tous ses traits particuliers. Et, ainsi faisant, il a la certitude absolue d'exécuter des œuvres dignes de son talent.

François MOULY

L'art a ses martyrs !

Le sculpteur Mouly, (1) mort si malheureusement voici tantôt deux ans, alors qu'il était dans la pleine vigueur de son talent, est une de ces malheureuses victimes de l'idéal ! Plein de courage et d'amour pour son art, d'une intelligence très ouverte, d'une santé robuste, d'une force peu commune, il semblait qu'il eut du vivre longtemps encore et enfin parvenir à conquérir de haute lutte la situation que lui promettait son talent ; hélas, une fatalité inexorable allait réduire à rien tant de belles qualités et le malheureux sculpteur devait disparaître laissant une femme et des enfants adorés, sans avoir eu cette suprême consolation de savoir leur avenir assuré.

[1] M. MOULY [François, Jean, Joseph] est né à Clermont-Ferrand, [Puy-de-Dôme] le 22 septembre 1846. Tout jeune, il s'adonna avec passion à l'étude du dessin, et suivit les cours de l'école des Beaux-Arts, de Clermont-Ferrand. Après avoir exercé le professorat à Moulins [Allier] il vint à Paris, à l'école des Beaux-Arts, et entra dans l'atelier Jouffroy où il travailla durant quatre années ; il suivit également les leçons du sculpteur Chapu.

M. Mouly, qui exposa pour la première fois en 1876, a à diverses reprises obtenu des mentions honorables, et en 1880, le jury de l'exposition régionale de Clermont-Ferrand lui décernait une médaille d'or. M. Mouly est mort à Libourne près Bordeaux, en 1886.

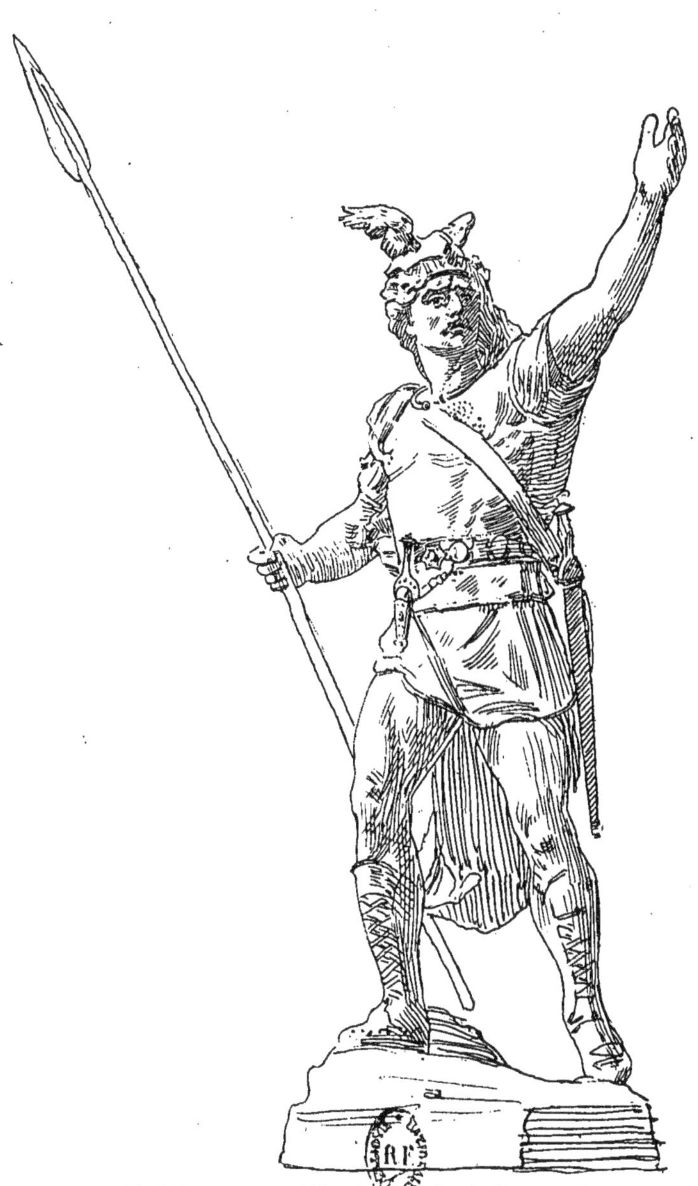

F. MOULY. — *Vercingétorix à Gergovie.*

I

L'œuvre artistique de M. Mouly est assez considérable et comprend une quantité importante de dessins, de nombreux portraits, plusieurs groupes et statues.

Sa première étude réellement intéressante, celle qui devait lui ouvrir les portes de l'école des Beaux-arts, fut un buste de M. l'abbé Maison, curé de Billom ; ce buste, qui fut fort remarqué au *Salon* de 1876 a été reproduit et les musées de Riom et de Clermont-Ferrand en possèdent chacun un exemplaire.

C'est un fort bon portrait, plein d'allure et de finesse ; d'ailleurs en cet art si particulièrement difficile du portrait, M. Mouly était d'une très grande habileté. Avec beaucoup de bonheur et de science il excellait à saisir les moindres délicatesses du visage, tout ce qui constitue la physionomie en un mot. Sous sa main expérimentée, la glaise prenait une forme vivante et la figure de son modèle apparaissait étonnamment fidèle, pleine de caractère, et non comme figée sous un masque conventionnel.

Ces qualités si rares et si précieuses chez l'artiste, on les retrouve dans ses nombreux bustes, dont quelques uns, notamment, méritent d'être mentionnés tout particulièrement ; nous citerons entre autres le buste colossal en marbre de M. Lecocq, qui appar tient au musée de Clermont-Ferrand et dont le marbre fut donné par l'Etat ; celui en bronze de M. Richard (du Cantal) que l'on a comparé à un Frank-Hals ; celui colossal, en bronze également, de Calvé Soupraïa Chattiar, actuellement à Pondichéry ; le médaillon en marbre de l'illustre physiologiste Claude Bernard et qui fut acheté par l'Etat; le buste de M. Laussedat, celui de M. le sénateur Corbon, etc, etc.

Mais, sans plus nous attarder, examinons comme il convient ses autres œuvres.

II

La marque particulière de M. Mouly est un tempérament fin et délicat, très propre à rendre les conceptions gracieuses, capable aussi à l'occasion d'atteindre à la plus haute inspiration.

En dehors du portrait, ses premiers essais ressortent de la sculpture de genre qu'il n'abandonne qu'une seule fois, pour exécuter son œuvre capitale, son *Vercingétorix*.

De ces œuvres légères, si l'on peut parler ainsi, la plus ancienne est *Part à deux*, une composition aimable qui nous montre une fillette et un chat. L'enfant est assise et supporte de la main gauche la tasse où est son déjeuner ; dans sa main droite elle tient une cuillère, et, sous ses jambes, passe un jeune chat maraudeur qui vient tremper dans le lait tiède un bout de sa langue rose.

Ce n'est rien, comme l'on voit, et néanmoins c'est charmant. Et, il en est ainsi, parce que cela a été vu et étudié de près, parce que les mouvements ont été saisis sur le vif et reproduits avec humour.

La statue en marbre, *la Légende de l'Etang*, qui fut acheté par l'Etat, fut inspirée à l'artiste par quelques vers d'une légende populaire.

Petits enfants n'approchez pas,
Quand vous courrez par la vallée,
Du grand étang qu'on voit là-bas,
Là-bas, là-bas, sous la saulée.

Il nous montre une jeune enfant, au corps frêle et gracile, s'avançant vers le lac où elle trouvera la mort; le visage est fort remarquable comme expression ; on voit que la fillette cède à l'attirance de l'eau qui la fascine et en même temps on sent qu'elle éprouve comme une crainte mystérieuse de cette grande nappe fluide qui étincelle sous les baisers du soleil.

Quant au mouvement général il est d'un naturel parfait; l'inclinaison du corps penché légèrement en avant, le fléchissement des jambes, le geste du petit bras qui semble repousser un danger imminent, tout est rendu avec un tact mesuré et un charme pénétrant.

Parmi les bonnes œuvres du sculpteur, nous devons encore ranger le *Jeune faune dansant*, statue en bronze, qui décore depuis déjà plusieurs années le jardin Lecoq à Clermont-Ferrand.

Aspirant des forêts la senteur, qui l'enivre,
Le Faune, thyrse en main, se sent heureux de vivre,
Et joyeux, de son pied s'appuyant sur le sol,
Il gambade...... On dirait qu'il va prendre son vol.

Ces vers de M. Gabriel Marc, qui sont gravés sur le bronze, en donnent une très sincère description.

Cette statue demi-dieu au pied fourchu est une excellente étude de nu qui se recommande spécialement par l'harmonie du mouvement, par le modelé des muscles, par la correction du dessin.

III

Il semblerait à n'examiner que ces quelques œuvres dont nous venons de parler, que M. Mouly fut surtout un interprète de scènes un peu mièvres, qu'il recherchait surtout le gracieux. Son *Vercingétorix* nous montre hautement qu'il n'en est point ainsi et que s'il sait être doux, il sait aussi, quand son sujet le commande, avoir toute la vigueur nécessaire.

.........Impatients de secouer le joug de la domination romaine et décidés à mourir les armes à la main plutôt que de ne point reconquérir la vieille gloire militaire et la liberté qu'ils avaient reçues de leurs ancêtres, les principaux chefs Gaulois se rallièrent à la voix du jeune Vercingétorix, fils de l'arverne Celtill, et à l'unanimité lui donnèrent le commandement.......

Telles sont les lignes des *commentaires* de César qui ont servi de texte à l'artiste pour exécuter sa composition.

Le fier Gaulois est debout, dans l'attitude de la marche ; le bras droit, légèrement rejeté en arrière tient une lance ; le bras gauche lancé en avant d'un geste grand et noble semble montrer l'ennemi.

« *Et le fils de Celtill, farouche, l'œil ardent,*
« *Apparaît formidable au sommet d'une roche.* »

Sur les robustes épaules du guerrier, flotte un manteau aux longs plis; sa tête est coiffé du casque ailé ; à sa ceinture sont attachés un glaive et un poignard.

Cette statue colossale, d'une très grande simplicité et en même temps d'une fort belle allure, est d'un aspect tout-à-fait monumental. Hélas, ce fut le grand désespoir de l'infortuné sculpteur que de ne point voir dressé sur son socle le héros Gaulois dont il avait évoqué la figure tragique.

Aujourd'hui, son vœu le plus cher est réalisé ; l'année dernière, en effet, figurait au *Salon* sa statue de Vercingétorix coulée en fer de fonte bronzée, d'une seule pièce, par les usines de Tusey pour la ville de Gien où elle est actuellement érigée, et la ville de Bordeaux l'a faite reproduire en bronze pour la dresser sur l'une de ses places. Enfin, un éditeur de bronzes d'art, M. Ch. Gauthier en a fait des réductions qui ont été mises dans le commerce.

Puissent ces suprêmes hommages adoucir les regrets de sa femme et de ses enfants.

IV

M. Mouly, nous l'avons vu, fut surtout un délicat ; son tempérament le portait vers tout ce qui était charmant et gracieux, et, pourtant, il avait aussi la force et le talent solide qui convient aux œuvres fières.

Le corps si frêle de la fillette de la *Légende de l'étang* et celui si robuste du rude adversaire de César ont bien été modelés par le même artiste.

L'un comme l'autre, en effet, portent la marque de sa personnalité, la trace d'un vrai savoir et d'une grande sincérité.

DIOMÈDE

L'art de la ciselure est à la fois très ancien et tout moderne. Sans parler de la perfection qu'il atteignit dans les sociétés antiques, il suffit de rappeler les œuvres merveilleuses de la Renaissance dues au ciseau et au burin d'un Benvenuto Cellini. Cependant, après avoir ainsi brillé d'un éclat incomparable, il avait été délaissé, et, ce n'est guère qu'à notre époque que des artistes français au premier rang desquels il convient de citer M. Diomède, (1) l'ont remis en honneur, ou, plus exactement, l'ont cultivé à nouveau, car on n'avait point cessé d'admirer les ouvrages superbes des artistes passés que nos ouvriers étaient devenus inhabiles à continuer.

M. Diomède est pourtant peu connu du public amateur des chose d'art ; cela tient à ce que, depuis de longues années, il n'a jamais exposé ses œuvres sous son propre nom ; étant chargé par la maison

(1) M. PAUL DIOMÈDE est né à Sauxillanges (Puy-de-Dôme), en 1833. De bonne heure, il étudia la ciselure et travailla durant plusieurs années sous la direction de M. Fanières. Depuis trente ans, M. Diomède fait des œuvres de ciselure spécialement pour la maison Odiot.

M. Diomède a obtenu aux diverses expositions universelles de Paris une médaille de bronze, une médaille d'argent et un diplôme d'honneur comme collaborateur de la maison Odiot.

Odiot de l'exécution de tous les grands travaux commandés à cette maison il a toujours tenu à mettre sous son patronnage les pièces importantes dues en leur entier à son travail personnel.

Parmi ses premières œuvres de haute valeur, l'une des plus considérables est le service en or qu'il exécuta pour le vice-roi d'Egypte et que ce dernier offrit à l'impératrice Eugénie. Dans ce même ordre de travail, il faut encore citer les deux admirables services en argent ciselé et repoussé qui figurèrent à l'exposition universelle de 1878 et dont l'un fut exécuté pour M. le duc de Galiéra et l'autre, de style Louis XV, fut acheté par le comité de la loterie de l'exposition pour figurer le lot de cent vingt-cinq mille francs, et celui qu'il vient tout récemment de terminer pour le roi de Roumanie.

Cependant, à cette même exposition, M. Diomède exposa dans la vitrine de M. Odiot une autre pièce d'un grand intérêt artistique. C'est une buire en argent ciselé et repoussé qui fut achetée pour le *jockey-Club.*

L'œuvre est d'un travail remarquable et d'une élégance inimitable ; du style renaissance le plus pur, sur les flancs arrondis du vase sont dessinés au marteau d'adorables bas reliefs représentant les saisons ; au-dessus, est un faune en ronde bosse d'un modèle parfait, et qui contemple amoureusement le vin doré qu'il tient dans une coupe légère ;

et, le tout est entouré d'ornementations fleuries d'une grâce et d'une délicatesse extrême.

A l'exposition universelle de 1889 M. Diomède ne sera pas moins bien représenté ; on pourra en effet admirer une douzaine de pièces dont certaines sont d'une haute importance.

Parmi ces dernières, il faut citer une grande coupe en fer exécutée pour M. de Saint-Léon et dont il a fait tout le travail de ciselure, et surtout trois pièces entièrement dues à sa composition et qui sont destinées à M. Théssié, une boite à gants, une coupe en fer et argent et un coffret également en fer et en argent.

Le réveil de l'aurore fait le motif de la décoration de la coupe, et l'artiste l'a traité avec beaucoup de bonheur. Phœbus-Apollo monté sur son char commence sa course à travers le ciel qu'il irradie des premières lueurs roses. Alors, la déesse allanguie s'éveille, ses longs cheveux flottants sur ses épaules et de jeunes amours les bras chargés de fleurs nouvelles écloses s'envolent dans l'azur. Sur le pourtour de la coupe, est ciselé une guirlande dans le goût renaissance entremélée d'amours et d'animaux des bois.

Mais, la pièce la plus importante de l'envoi de M. Diomède sera certainement son grand coffret en fer et argent qui lui aura coûté près de quatre années de travail. Les sept péchés capitaux ont servi de texte à l'inspiration du ciseleur qui les a figurés et dans des bas reliefs fixés sur les faces latérales du coffret, et aussi dans des statuettes en ronde bosse qui alternent avec les bas reliefs. Seule, la paresse, représentée par une femme couchée sur le couvercle du coffret, n'a point de bas relief correspondant.

Ces motifs principaux de la décoration sont en argent ; ils sont encadrés dans d'autres ornements ciselés et repoussés, rehaussés de damasquinures, en argent et en fer, avec des inscrutations d'or. On s'imaginerait difficilement une œuvre plus riche et plus belle.

En somme comme il est facile d'en juger par le rapide examen que nous venons d'en faire, les travaux de M. Dioméde sont ceux d'un grand artiste et ils resteront parmi les plus beaux spécimens de cet art admirable et noble entre tous de la ciselure.

MOREL-LADEUIL [1]

Dès les temps anciens, les hommes ont ainsi à marquer dans le métal les scènes diverses de la vie et ainsi à en conserver la représentation fidèle. De très bonne heure, d'ailleurs, nos ancêtres portèrent les arts métalurgiques à une très haute perfection ; ils surent bien vite assouplir le métal et ils se plurent à l'orner. Et, c'est ainsi que dans Homère. comme dans la bible, nous trouvons des descriptions d'œuvres d'art ciselées et forgées, les armes principalement, du travail le plus admirable et le plus précieux.

Avec les siéles, ce goût n'a point changé, le beau était une chose immuable, — et dans nos sociétés modernes il se rencontre quelques rares artistes qui se livrent patiemment à ce noble travail, marient dans un merveilleux assemblage, le fer, l'argent et

(1) M. Léonard MOREL-LADEUIL est né à Clermont Ferrand (Puy-de-Dôme) en 1820. Il étudia la ciselure avec Vechte et la sculpture avec Feuchères. En 1859, M. Morel-Ladeuil obtint au *Salon* une mention honorable ; en 1874, le Jury lui décernait une médaille de 1re classe et en 1878 une médaille d'or de 1re classe. M. Morel-Ladeuil qui était membre associé de l'Académie des beaux-arts de Vienne depuis 1873 et chevalier de la Légion d'Honneur depuis 1870 a succombé il y a quelques mois à Boulogne-sur-mer où il s'était retiré depuis environ trois ans.

l'or et, avec l'aide seule du burin et du marteau figurent dans le métal les scènes les plus variées et les plus délicates.

M. Morel-Ladeuil, qui appartenait à cette catégorie d'artistes fut un des plus remarquables ciseleurs de notre époque, et, l'œuvre qu'il a laissée comporte des pièces d'une valeur inestimable.

Les deux premières pièces un peu importantes en ciselure de M. Morel-Ladeuil furent en 1865, un bouclier allégorique destiné à l'empereur Napoléon III, et, en 1859 une coupe, dite *Coupe de la Nuit*, en argent repoussé, qui lui valut au *Salon* une mention honorable.

Ce dernier travail avait parfaitement attiré l'attention sur son talent si sûr et d'un goût si parfait et une des plus considérables maisons d'orfèvrerie d'Angleterre, la maison Elkington de Birmingham, lui fit des offres brillantes qu'il accepta. A partir de ce moment, M. Morel-Ladeuil se consacra uniquement à l'exécution d'œuvres en ciselure ou repoussé pour la grande maison Anglaise, et, avec une fécondité extrême, il produisit des pièces importantes d'un travail remarquable.

Parmi ces dernières, l'on compte au premier rang une table guéridon ayant pour sujet *la Nuit et les Songes*, qui obtint une médaille d'honneur à l'exposition de Londres de 1862 et qui fut achetée par la ville de Birmingham pour être offerte à la princesse de Galles en guise de présent de noces.

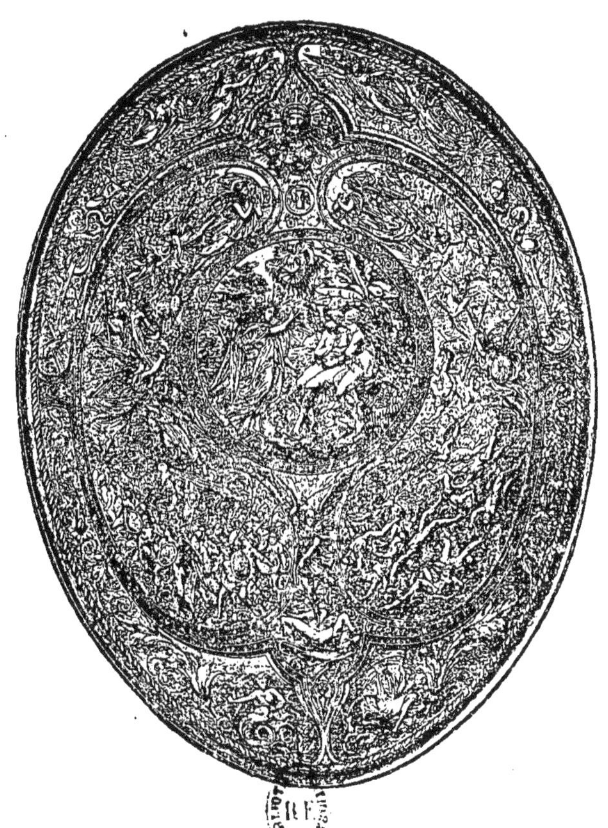

MOREL-LADEUIL, — *Le bouclier de Milton.*

Le *Bouclier de Milton* qui fut exécuté pour l'exposition universelle de Paris de 1867 est une œuvre réellement superbe. Il est en fer et argent ciselé rehaussé de damasquinures et représente, au milieu d'ornements d'une richesse extrême, les principales scènes du *Paradis perdu* d'après le poème du grand écrivain Anglais.

Ce bouclier appartient actuellement au musée de Keusingthon par qui il fut acheté.

En 1878. M. Morel-Ladeuil a encore envoyé au Palais de l'Industrie un autre bouclier, qui en quelque sorte, fait le pendant de celui dont nous venons de parler. *Le Voyage du pèlerin* est un grand bouclier en argent et fer repoussés et damasquinés ; le motif des divers sujets qui ornent cette belle œuvre d'art est la lutte prolongée que doit soutenir Chrétien contre Apollyo pour arriver enfin à gagner son accès aux demeures célestes. Cet envoi valut à l'artiste une double distinction : le jury, en effet, lui décerna une médaille d'or de première classe et il fut d'autre part nommé chevalier de la Légion d'honneur.

Mais, l'œuvre capitale de l'artiste est sans conteste le *Vase de l'Hélicon* qui figura en 1873 à l'exposition de Vienne et qui fut acheté pour être offert à la reine Victoria à l'occasion de son Jubilé. C'est un surtout de table en argent et fer repoussés et damasquinés. Au pied d'une sorte d'amphore ciselée et rehaussée de damasquinures, sont disposées deux figures en ronde bosse, en argent, représentant la poésie et la musique, et, sur le pourtour du surtout, sont dessinés ou repoussés les bas reliefs en argent damasquinés personnifiant les différentes formes de la musique et de la poésie.

En dehors de ces travaux que nous venons d'indiquer, M. Morel-Ladeuil a encore créé nombre de pièces importantes parmi lesquelles les plaques de *Beaucoup de bruit pour rien* et du *Marchand de Venise* dont les sujets sont empruntés à Schackespeare.

En ces temps derniers, encore, il préparait de nouvelles œuvres ; hélas la mort est venue l'enlever alors qu'il était dans toute la force de son admirable talent !

Sa perte est un véritable deuil pour l'art de notre pays.

TABLE DES MATIÈRES

LES ÉCRIVAINS

A. Bardoux. 3
Francisque Mandet 41
Hypolyte Gomot 51
Henri Doniol 74
Gabriel Marc 78
Félix Ribeyre. 108
Eugène Lintilhac. 128
Arthur Tailhand. 132
Pierre Giat 145
Louis Fouquet. 155
Joceleyn Bargoin. 162
G. Saint-Joanny. 166
J.-B.-M. Bielawski 171
A. Richard (du Cantal). 178

LES PEINTRES

J.-J. Bellel. 183
N. Berthon. 187
A. Cornet 204
Jean Desbrosses 218
P. Franc-Lamy. 233

ANTOINE ROUX 245
AUGUSTE SCHENCK. 253
PAUL SCHMITT. 266
JOSEPH TARAVANT. 269
JULES TOULOT 271
PIERRE TULLON 283
HIPOLYTE DE VERGÈSES 295

LES SCULPTEURS ET CISELEURS

J. CHÉRET 309
JEAN COULON 316
GOURGOUILLON. 322
MOMBUR. 325
MOULY 332
DIOMÈDE. 341
MOREL-LADEUIL 345

Issoire, — Imprimerie CLAUDIUS CAFFARD, 15, boulevard de la Manlière, 15.

www.ingramcontent.com/pod-product-compliance
Ingram Content Group UK Ltd.
Pitfield, Milton Keynes, MK11 3LW, UK
UKHW020604230726
13926UKWH00005B/2186

9 782019 182694